Human Resource Management

# 人的資源管理

事例とデータで学ぶ人事制度

佐野嘉秀／池田心豪／松永伸太朗[著]

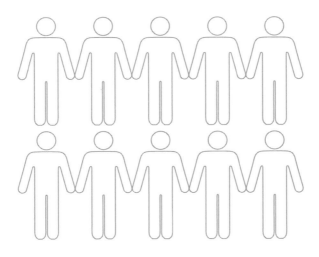

ミネルヴァ書房

# は じ め に

　本書は「人的資源管理」を学ぶためのテキストである。「人的資源管理」が意味する内容については，第1章で詳しく紹介したい。さしあたり短く表現すると，企業が経営のために行う社員（企業が雇用する人々＝employee）のマネジメント（管理）ということになる。

　企業はそのための拠り所となる「人事制度」を作り，これにもとづいて日々のマネジメントを実践している。例えば，賃金の社員への配分を決める賃金制度や，社員の出社や退社の時刻などを定める労働時間制度などがこれにあたる。こうした人事制度は，社員のマネジメントのための，企業内でのフォーマル（公式）なルールと見ることができる。ルールとしての人事制度にしたがい，企業は社員をマネジメントし，社員は働くことになる。これを可能とするように，人事制度の多くは，社員に適用する明文化された（明確に書き表された）ルールである就業規則や，社員との雇用関係（雇い雇われる関係）についての契約である雇用契約，制度を説明する社内の文書などのなかに明記されたりしている。

　このほか企業による社員のマネジメントのなかには，人事制度として明文化されないままに，ある程度，安定的に日々，実践されているものがある。そうしたマネジメントのパターンは「慣行」と位置づけられる。例えば，日本企業では，「正社員」として雇った社員の雇用を長期的に保つために，解雇，すなわち企業側からの雇用関係の解消をできるだけ避けようとする取り組みが行われている。こうした企業の取り組みは，日本企業の多くで広く実践されている。しかし各企業の方針として，必ずしも明文化されてはいない。それゆえ，長期雇用の「慣行」と見ることができる。

　慣行の内容は，これ以外にも様々なものがある。とはいえいずれも，企業が社員のマネジメントを実践するうえでの拠り所とされる。それゆえ，企業による社員のマネジメントを方向づけるルールとして，上記の人事制度とともに，

広義の，すなわち広い意味での「人事制度」をかたちづくっている。このテキストでは，とくにこうした広義の「人事制度」としての，人事制度や慣行に着目する。そして，その合理性，すなわち企業の経営上の目的に照らして，適切な手段となっているかについて考える。もちろん，正解は一つではなく，様々な選択肢がある。それぞれの利点と欠点を踏まえて，各企業が選ぶべきものである。

それでも，日本やアメリカ，イギリスなどといった国のあいだで比較すると，各国の企業における「人事制度」は，互いに異なる個性的な特徴をもつことも事実である。この背景として，企業を取り巻く経済的な環境や，法的な規制，社員に共有された価値観などは，国ごとに異なる面がある。これに応じて，企業にとって適切な「人事制度」の選択肢は，国ごとにちがう可能性がある。他方で，とくに基本的な仕組みに関しては，国を越えた共通点も確認できる。このテキストでは日本企業の「人事制度」を中心に，他国の企業との相違点や共通点についても確認しつつ，その適切なあり方を考えていきたい。

このような「人事制度」にもとづく社員のマネジメントとしての人的資源管理も，その内容は多岐にわたる。以降の各章では，まず第1章と第2章で，人的資源管理の基本的な考え方について学ぶ。そのうえで，続く各章では，人的資源管理の各領域にそれぞれ焦点を当てて，適切な社員のマネジメントのあり方について考えることとしたい。

各章とも，基本的には，まず取り上げるテーマや領域について確認したうえで（第1節），経営のためという目的に照らして，先行研究の知見を踏まえつつ，適切な「人事制度」のあり方を論理的に考える（第2節）。いわば理論にもとづいて基礎的な考え方を学ぶ節といえる。続く節では，これを受けて，各章の領域におけるトピックについて，企業での具体的な実例（事例）をもとに「人事制度」の実情を理解する（第3節）。また，統計的データの集計をもとに「人事制度」に関わる社会を単位とした傾向や変化を確認している（第4節）。

本書のタイトルとした『人的資源管理――事例とデータで学ぶ人事制度』は，以上のようなテキストとしての特徴と構成を反映している。タイトルどおり，

はじめに

企業による社員のマネジメントとしての人的資源管理について，基礎の説明に加えて，事例とデータをもとに，「人事制度」（人事制度と慣行）に焦点を当てつつ，体系的かつ多角的に学ぶこととしたい。

2025 年 1 月

著者一同

# 人的資源管理

事例とデータで学ぶ人事制度

# 目　次

はじめに

第1章　人的資源管理の考え方：経営のための働く人の管理……………………1

　1　人的資源管理とは何か　1

　2　経営のための働く人の管理　2

　3　事例で理解する：雇用システムの比較　13

　4　データで確認する：社員は仕事の何に満足しているか　16

第2章　人的資源管理のコンテクスト：経営と社員の期待に応える…………18

　1　人的資源管理のコンテクストとは何か　18

　2　経営と社員の期待に応える　19

　3　事例で理解する：コンテクストとしての「均衡処遇」　30

　4　データで確認する：企業と社員は何を話し合っているのか　33

第3章　社員格付け制度：序列を決める………………………………………36

　1　社員格付け制度とは何か　36

　2　社員の序列を決める　37

　3　事例で理解する：技能形成と社員格付け制度の改定　49

　4　データで確認する：企業は何を基準に給料を決めているのか　51

第4章　雇用区分：グループに分けて管理する………………………………54

　1　雇用区分とは何か　54

　2　雇用区分を分けて管理する　55

　3　事例で理解する：生命保険業における雇用区分の再編　69

　4　データで確認する：なぜ非正社員を雇用するのか　71

第5章　採用管理：人を募集して雇う…………………………………………74

　1　採用管理とは何か　74

　2　社員を募集・選考して雇う　75

　3　事例で理解する：採用基準とコンピテンシー評価　87

　4　データで確認する：企業は人物の何をみて採用しているのか　89

第6章　要員管理：人数を適切に保つ…………………………………………92

　1　要員管理とはなにか　92

2　社員の人数を適切に保つ　93

　3　事例で理解する：百貨店における要員管理　105

　4　データで確認する：終身雇用は時代遅れか　107

第7章　労働時間管理：働く時間を管理する……………………………………109

　1　労働時間管理とは何か　109

　2　働く時間を管理する　110

　3　事例で理解する：労働時間の長さと仕事管理　121

　4　データで確認する：日本企業では休暇を取りにくいか　123

第8章　教育訓練：人を育てる……………………………………………………126

　1　教育訓練とは何か　126

　2　企業として人を育てる　127

　3　事例で理解する：OJT と「工程設計力」　141

　4　データで確認する：企業は教育訓練にいくら使っているのか　143

第9章　配置転換：社内で人を動かす……………………………………………146

　1　配置転換とは何か　146

　2　社員の配置を変える　147

　3　事例で理解する：企業は転勤に何を求めているのか　159

　4　データで確認する：転勤にはどのような不便があるのか　161

第10章　昇進管理：管理職へと選抜する………………………………………164

　1　昇進管理とは何か　164

　2　上位の役職・格付けへと選抜する　165

　3　事例で理解する：女性管理職育成と女性社員の意識　176

　4　データで確認する：女性活躍時代の昇進管理　178

第11章　人事評価：社員の貢献を評価する……………………………………181

　1　人事評価とは何か　181

　2　社員の貢献を評価する　182

　3　事例で理解する：グローバル化と人事評価の公正性　196

　4　データで理解する：優秀な部下は優秀な上司になれるか　198

vii

第12章　賃金管理：賃金の配分を決める……………………………………201

　　1　賃金管理とは何か　　201

　　2　賃金の配分を決める　　202

　　3　事例で理解する：ゾーン別賃金表と賃金水準の収斂　　216

　　4　データで確認する：男女の賃金格差はなぜ生じるのか　　218

第13章　福利厚生：社員の生活を支援する……………………………………221

　　1　福利厚生とは何か　　221

　　2　社員の生活を支援する　　222

　　3　事例で理解する：法定外福利としての団体長期障害所得補償保険　　232

　　4　データで確認する：人件費には福利厚生費も含まれる　　234

第14章　多様な人材と就業形態の管理：人々と働き方の多様性を取り込む

　　　　……………………………………………………………………236

　　1　人々と働き方の多様性を取り込む　　236

　　2　多様な属性の社員の人的資源管理　　237

　　3　派遣社員とフリーランスの人的資源管理　　246


　参考文献　　255

　索　引　　267



**執筆担当**

◇　はじめに（佐野嘉秀）

◇　第1章〜13章は，第1節：はじめに（佐野嘉秀），第2節：人的資源管理の基礎
　　解説（佐野嘉秀），第3節：事例で理解する（松永伸太朗），第4節：データで確
　　認する（池田心豪）

◇　14章は，第1節：はじめに（佐野嘉秀），第2節：多様な属性の社員の人的資源
　　管理（池田心豪），第3節：派遣社員とフリーランスの人的資源管理（松永伸太朗）

<table>
<tr><td>第1章</td><td>人的資源管理の考え方<br>経営のための働く人の管理</td></tr>
</table>

## 1　人的資源管理とは何か

　みなさんは人的資源管理という言葉で，どのような内容をイメージするだろうか。あまり見かけない言葉だと思う人もいるかもしれない。それでは人材マネジメントという言葉ではどうか。あるいは人事管理や労務管理などでもよい。いずれも人に関わる管理を意味する言葉である。

　具体的な活動をいくつか思い浮かべる人もいるだろう。例えば，大学生の多くが経験する就職活動との関係でいえば，企業が人を採用することも，人的資源管理の一環である。このほか企業は，新入社員研修を実施したり，賃金を支払ったり，勤務のシフトを決めたり，昇進を決めたりする。また，一般の社員からは少し見えにくいものとしては，企業として雇う社員の人数を決めたり，正社員や契約社員，パート社員などの社員の分け方を決めたりしておく。これらのための制度（人事制度）を設計することも，またこれをうまく運用することも，人的資源管理として位置づけられる。

　もちろん何もかもが人的資源管理というわけではない。これらの活動に共通する目的により人的資源管理の範囲は区切られる。それは，企業が社員から貢献を引き出すことで，事業の運営と展開，売上と利益，企業の存続や成長につなげることといえる。そのための企業の取り組みが，人的資源管理の範囲にある。より短く表現すると，人的資源管理は，企業の経営のための社員の管理に関わる取り組みである。

　したがって，人的資源管理の良し悪しは，最終的に，経営のためになっているかで判断される。とはいえ管理の対象は人である。それぞれが仕事に関して

様々な期待をもつ。これには、どんな管理上のあつかいが納得のいく公正なものかについての各人の価値観も関わってくる。そうした社員の思いを大事にしなくては、社員の貢献を引きだすことは難しい。

　社員の期待にこたえつつ、最終的には経営のためとなる適切な管理を考えることが、人的資源管理の最も重要な課題となる。本章では、この教科書のはじめに、こうした人的資源管理の基本的な考え方について学ぶことにしたい。

## 2　経営のための働く人の管理

### (1)　人的資源管理の目的

　人的資源管理は、経営のための活動である。この教科書では、現代社会の様々な組織のなかでも、とくに営利企業に焦点を当て、そこでの人的資源管理について学ぶ。この場合、「経営のため」というのは、企業が事業活動をつうじて利益を得て存続したり成長したりするため、と考えることとしたい。人的資源管理は、その手段となる。

　もちろん企業が目標とすることは様々である。企業のなかには、社員の幸福を大事にすることを「社是」や「企業理念」などとして公表するところもある。また便利さや生活の充実など、自社の製品・サービスをつうじて消費者や社会に貢献するという目標は、多くの企業でかかげられている。

　とはいえ営利企業であれば、共通して、事業をつうじ売上を立てるとともに、そのための活動に必要な費用（コスト）を支払うなかで、金銭的な利益を得ていくことが欠かせない。そうした利益のなかから次の事業活動に向けた投資を行い、企業としての存続と成長につなげる。このような経営のサイクルが回らなくなると、上記のような社会的に有意義な様々な目標も実現できない。

　それゆえ企業にとって、利益をあげて存続や成長につなげることは、広く共通する経営の課題となる。企業はそのために様々な「もとで＝資源（resource）」を利用する。そうした経営のための資源（経営資源）は、大きく分けると「ヒト、モノ、カネ、情報」の4つに分類できる。このうち「モノ」は生産やサービス

のための設備や原材料など，「カネ」は事業のための資金，「情報」は市場や技術などに関する知識を指す。そして「ヒト」という経営資源＝人的資源（human resource）が，文字どおり人的資源管理の対象となる。

したがって，企業が雇う人々（社員＝employee）を経営にとって価値ある資源としてとらえ，その適切な管理を行うことが，人的資源管理（human resource management）ということになる。

ただしここでいう「管理（management）」には，日常のなかで用いる意味よりも広い内容が含まれる。「管理」という日本語の表現に，もし厳格で不自由なイメージがあるようなら，「マネジメント」とカタカナで表現してみてもかまわない。「管理＝マネジメント（management）」には，「うまくやり繰りする」という意味がある。それゆえ，人的資源の管理＝マネジメントには，監視や指示，規則などによる厳格な管理（統制）だけでなく，賃金による動機づけ，さらには社員の自発的な行動を促すための支援や環境整備など，よりゆるやかな働きかけも含まれる。要は，社員から経営への貢献を引き出すことができればよい。そのための企業による多様な取り組みや工夫，社員への働きかけが，広く人的資源管理（human resource management）の内容となる。

このような人的資源管理について学ぶ学問は，人的資源管理論と呼ばれる。経営資源との関係でいえば，「モノ」に管理について学ぶ生産管理論などや，「カネ」の管理に関わる会計学やファイナンス論，「情報」の管理を考える情報技術論などとならぶ，経営学の一分野である。

人的資源管理論では，企業が経営のために，価値ある資源としての社員に働きかけてうまくやり繰りする方法について考える。この教科書では，その基礎を体系的に学ぶこととしたい。


## (2) 人的資源管理の基本的な役割

それでは人的資源管理は，どのようなかたちで企業の経営に役立つのだろうか。そのプロセスについて考えると，企業は，社員から仕事上の貢献を得ることで事業を営み，売上や利益につなげている。こうした関係のなかで，人的資

源管理は，社員に働きかけて貢献を引き出すことで，企業の売上や利益，存続や成長につなげる役割を果たしている。

　ではどうしたら社員の貢献を引き出すことができるか。これを考えるには「AMO 理論」と呼ばれるシンプルな考え方が参考になる（Appelbaum, Berg and Kalleberg 2000）。この理論（物事のあいだの関係を説明するもの）の名称にあるAMO のうち，Aは能力（ability），Mは意欲（motivation），Oは機会（opportunity）を示す。AMO 理論は，さらに貢献（performance）を P という記号で示すと，表 1-1 に示したように，P = f（A，M，O）という式で表現される。

表 1-1　AMO 理論

| $P = f (A, M, O)$ | P：貢献(performance)<br>A：能力(ability)<br>M：意欲(motivation)<br>O：機会(opportunity) |
| --- | --- |

（出所）Appelbaum, Berg and Kalleberg（2000）にもとづき筆者作成

　ここで f は，関数（function）を示す記号であり，高校までの数学で学ぶような，y = f（x）と，同様の式と見てほしい。x という変数（様々な値をとるもの）の値が，y という変数の値と何らかのかたちで対応関係にあることを示している。AMO 理論では，x に相当する変数が，A（能力），M（意欲），O（機会）ということになる。したがってP = f（A，M，O）という式は，A，M，Oで示される社員の能力や意欲，機会が充実することで，各人の仕事上の貢献が高まるという関係を表現している。

　たしかに社員による仕事上の貢献を大きくするには，まず社員が仕事に必要な能力（A = ability）をもつことが重要となる。こうした能力の高いほど，社員はより確実に，より短い時間や期間で，より多く，より質の高い仕事を行うことができる。またより適切な仕事上の判断や課題の発見，新たなアイデアなどをつうじて，企業の売上や利益に大きく貢献することを期待できる。

　AMO 理論によれば，これに加えて，社員が仕事に取り組もうとする意欲

（M=motivation）が重要となる。例えば一見，仕事の成果が機械のペースにより決まりそうな工場の組立ラインの仕事についても，これは当てはまる。すなわち，ベルトコンベアで運ばれてくる製品に同じ部品を繰り返し組み付けるといった単調作業のもとでは，作業員が仕事への関心を失い，慢性的な欠勤により作業がとどこおるなどの深刻な問題の発生が知られている（Walker and Guest 1952）。

　さらに営業や研究開発，経営の企画や管理などのホワイトカラーと呼ばれる職種では，仕事の進め方や方法について社員の自由度が高いことも多い（佐藤 2001）。こうした仕事では，社員の意欲が仕事のできばえをより大きく左右するだろう。

　それでは，能力のある社員が仕事への意欲をもてば貢献が期待できるかというと，まだ不十分である。AMO 理論によれば，社員がそうした能力と意欲を発揮する機会（O=opportunity）が組織のなかにあることが欠かせないためである。

　例えば職場での仕事の改善について関心の高い社員がいたとする。しかし，かれらが気づいたことについて発言しにくい雰囲気が職場にあるかもしれない。そのような職場では，社員が仕事の改善について提案し，生産性の向上に貢献する機会が失われてしまう。また，例えばどんなに接客が上手な販売員でも，売場であつかう商品が流行おくれだったり，品出しや在庫管理など接客以外の仕事だけを担当したりしていては，接客の能力を活かし売上に貢献する機会を失うことになる。やはり社員の能力や意欲を貢献に結び付けるには，社員が組織（職場の人間関係や任された仕事など）のなかでそれらを活かす機会がなくてはいけない。

　以上のように，AMO 理論をもとに考えると，企業としては，社員各人の貢献を促すため，社員の能力と意欲を高め，これらを発揮する機会をととのえることが重要となる。

　このうち社員の能力を高める手段としては，企業内での教育訓練（研修や上司による指導など）による社員の育成や，仕事に必要な能力をもつ社員の採用などがある。また社員の意欲を高めるには，社員の仕事ぶりを評価し，賃金の上

昇や，より上位の仕事への配置（昇進）などで報いたりする。さらに仕事について社員が発言しやすい職場の雰囲気を醸成したり，各人の能力に応じた仕事に配置したりすることは，社員が能力や意欲を発揮する機会をつくる手段となる。

　こうして人的資源管理の様々な取り組みにより社員の能力，意欲，機会をととのえ充実させることで，企業は社員からより大きな貢献を得ることができる。AMO 理論の $P = f$ （A，M，O）という式は，このように，企業が人的資源管理をつうじて社員から貢献を引き出すための取り組みについて考えるうえで，社員の能力，意欲，機会という重視すべき要因を示している。

　しかし人的資源管理の役割は，社員から貢献を引き出すことだけにとどまらない。なかでも欠かせないこととして，費用（コスト）のマネジメントが挙げられる。上記のような人的資源管理のための取り組みを行うには，いずれも費用がかかるためである。

　最もわかりやすい例として，企業が社員に賃金を多く支払えば，当然ながらそのぶん企業の金銭的な費用は大きくなる。このほか，例えば人事評価や教育訓練を実施する際には，これを担当する職場管理者などが時間を割くことになる。企業は，少なくともその時間ぶんの担当者の賃金として，人事評価や教育訓練にかかる費用を負担している。このほか，人事評価や教育訓練の制度の設計などに関わる人事担当者の活動に関しても，同様に金銭的な費用が発生する。

　これらの例のような賃金や人事評価，教育訓練にかぎらず，人的資源管理の様々な取り組みを充実させるには，それぞれに相応の費用がかかる。これにより社員の貢献が高まり，売上の向上を期待できるかもしれない。しかしそれ以上に，これにともなう費用が増えると，企業の利益は減ってしまう。企業としては，そうならないように，小さな費用で大きな効果を得るという「効率性（efficiency）」の観点から，人的資源管理のための取り組みを選ぶ必要がある。

　まとめると，企業として利益を得て存続・成長につなげるため，適切な水準に費用を抑えつつ，社員の能力，意欲，機会をととのえて貢献を引き出すことが，人的資源管理の基本的な役割となる。

第1章　人的資源管理の考え方

### (3)　人事管理から人的資源管理へ

　ところで人的資源管理とよく似た言葉に「人事管理」がある。日本企業の実務のなかの用語としては，むしろこちらのほうが一般的かもしれない。人的資源管理は human resource management の和訳である。この human resource management という用語がいち早く普及したアメリカでも，それまでは「人事管理」に相当する personnel management という用語が一般に使われてきた。

　アメリカの実務や研究の世界で，このような「人事管理（personnel management）」に代わる用語として「人的資源管理（human resource management）」が一般的となるのは 1980 年代とされる。ほどなく人的資源管理という用語は，イギリスなどの英語圏，さらには日本を含むより広い社会へと普及していく。

　「人的資源管理」という用語の発祥の地でもあるアメリカでは，早くも 1950 年代には「人的資源（human resource）」という用語が標準的な教科書（Yoder 1956）のなかにも現れていた。やがて 1970 年代には，「人的資源管理」をタイトルに用いる教科書も多く見られるようになる（岡田 2008）。ただし，このころまで「人的資源管理」という用語は，より今日的な表現ではあるものの，およそ「人事管理」と互いに置き換えられる同様の意味で用いられることも多かったとされる（Kaufman 2007）。

　とはいえこの間に，それまでの「人事管理」とは明確に区別できる「人的資源管理」の考え方についてのアイデアが，徐々に準備されていた。そうしたいわば源流となるアイデアの一つは，1960 年頃から経済学の分野で用意された「人的資本（human capital）」に関する考え方に見られる（岩出 1989）。

　すなわち当時，アメリカが発展途上国への経済的援助を進めるなかで，一国の経済成長にとって重要なのは，資本や技術などへの支援だけでなく，むしろこれらを使いこなせるような，人々のもつ知識や能力としての「人的資本」の増大を促すことだという考え方にいたる。そのための手段として教育訓練への投資（「人的資本投資」）が重視されるようになった。

　こうして経済学の分野で，「人的資本」としての人々のもつ能力の経済的価

値の重要性が確認される。このような「人的資本」の意味を含むかたちで，経済的に価値のある資源としての「人的資源」という用語が使われるようになった。またアメリカ国内での教育訓練をつうじた人的資源の開発の担い手として，企業の役割が期待されるようになっていた。

「人的資源管理」のアイデアのもう一つの源流は，「行動科学」と呼ばれる一連の研究のなかに見つけることができる。組織のなかでの人間の行動の解明を目指す行動科学は，人間の動機づけ（motivation）やリーダーシップ（leadership）のあり方に関する研究として発展してきた。代表的な研究者として，マズローやマグレガー，アージリス，ハーズバーグなどが挙げられる（岩出 1989）。

このような行動科学の研究に共通の考え方として，経済学が前提としてきた人についてのモデルのように，社員を経済的な利害から利己的にのみ動く「経済人（economic man）」として見るべきではないとする。そうではなく，心理学がとらえる様々な欲求や，社会のなかでの多様な願望をもつ人間であると見る。こうした見方をもとに，うまく仕事を設計し，管理を実行することで，組織はより高い生産性と成果を得ることができるとする（Kaufman 2007）。

例えば，動機づけの理論（モティベーション論）では，人間の行動を各人の欲求を充足する（満たす）ための行動として説明する。すなわち，人間は心のうちに動因（つき動かすもの）としてそれぞれの欲求をもっており，これに対応する魅力的な誘因＝インセンティブ（ほしいと思わせるもの）に向けて，欲求を充足しようと人を動かす心理的な力，つまり動機づけ（モチベーション）が生まれると考える。

ただし人々の欲求は多様であり，より多くお金を得たいとする金銭的な欲求や，安全な環境で安定した暮らしを営みたいなどの基本的な欲求だけにとどまらない。このほかにも，例えば仲間と良好な人間関係を築いたり，ほかの人から評価されたり，何かを達成したり，自身の成長を実感したりといった，より高次の多様な欲求が含まれる。このような欲求のちがいに応じて，動機づけのために有効となる誘因（インセンティブ）は異なってくる。

とりわけ 1960 年代のアメリカでは，経済的な豊かさが達成されるなかで，

第1章 人的資源管理の考え方

教育水準も向上し，若年層や女性，エスニックマイノリティーなどを含む人々の仕事への期待も，仕事への興味や挑戦など，内面的なものを重視する方向へとしていった。他方で大量生産を行う製造業の職場などでは，仕事の細分化や単純化が進んでいた。こうしたなか社員の職務への不満は高まり，無断欠勤をともなう高い欠勤率などの問題が深刻化していた。

このような状況を背景に，企業は行動科学の研究成果を取り入れ，社員のもつ高次の諸欲求を充足するような施策を取り入れるようになる。例えば，社員各人の職務を広げたり（「職務拡大」），権限や裁量をより大きくしたり（「職務充実」）といった「職務再設計」が試みられるようになる（岩出 1989）。

このように，1960 年代以降にとくに発展した行動科学では，人間として高次な諸欲求をもつ社員のイメージ（社員像）を前提として，その動機づけを重視する。こうした行動科学と，すでに見たような人的資本の理論とを基礎として，「人的資源管理」という新たな管理のあり方が構想されるようになる。アメリカにおいて 1980 年代には，そうした「人的資源管理」の考え方が広く支持されるようになった（Kaufman 2007）。

その特徴は，社員の能力を企業にとって価値ある資源（「人的資源」）としてとらえ，教育訓練による社員の能力の向上や，人間としての社員の高次の諸欲求の充足による動機づけなどをつうじて，その有効活用をはかる点にあると見ることができる（岡田 2008）。このような考え方は，社員からの貢献を左右する要因として，能力や意欲（動機づけ），これらを発揮する機会を重視するAMO 理論などの，その後の人的資源管理の考え方にも受け継がれている。

### (4) 人的資源管理の意味の広がり

それでは，以上のような「人的資源管理」の考え方は，従来からの「人事管理」についての考え方とどのように異なるのか。代表的な Guest（1987）の議論をもとに，あらためて整理してみたい。

ただし両者の比較は，こうあるべき理想としての「人的資源管理」と，事実としての「人事管理」との比較となりがちとなる。事実としての「人事管理」

9

表 1-2 「人事管理」と「人的資源管理」の相違

|  | 「人事管理」 | 「人的資源管理」 |
|---|---|---|
| 時間軸 | 短期的 | 長期的 |
| 企業との関係 | コンプライアンス<br>（最低限の義務を果たす） | コミットメント<br>（積極的に貢献する） |
| 統制の仕方 | 外からの統制 | 自己統制 |
| 社員との関係 | 利害の相違 | 利害の共有 |
| 組織の構造 | 集権的，公式に役割を定める | 分権的，柔軟な役割 |
| 担い手 | 人事担当の専門家 | 職場管理者が多くを担う |
| 重視する基準 | 費用の最小化 | 貢献の最大化 |

（出所）Guest（1987: 507）の表 1 をもとに筆者作成。ただし一部省略と意訳を含む

には，当然ながら問題や限界もある。それゆえ「人的資源管理」のほうが望ましいと見るかたよりをもつ。そうした，主な先行研究でのいわば先入観（ステレオタイプ）を反映した「人的資源管理」と「人事管理」の対比的な特徴づけを Guest（1987）は表 1-2 のように整理している。

表 1-2 から，「人事管理」としては，社員との利害の相違を前提に，集権的な組織のもと指示や命令による統制（コントロール）を行い，事前に定めた職務に応じた賃金ぶんの仕事による貢献を期待するという管理のイメージが浮かび上がる。これに対し「人的資源管理」としては，社員との利害や価値の共有を前提として，分権的な組織のもと社員に裁量を与え，賃金と仕事の関係をゆるやかにして，社員の自発的な貢献を期待するという管理のイメージが伝わる。

またこのようなちがいと関連して，「人事管理」では企業が社員に期待する貢献の大きさは固定的となる。これを賃金による動機づけと統制により実現するほかは，費用をいかに抑えるかに力点が置かれる。これに対し「人的資源管理」では，社員の積極的な取り組みによる貢献の最大化が期待される。これを促す社員のコミットメント醸成に向けて，長期的な視点による管理が重要となってくる。

このような対比は，もちろん前節で確認したような，社員の能力の向上や，賃金以外の高次欲求の充足による動機づけをつうじた人的資源の有効活用を重

第1章　人的資源管理の考え方

視する「人的資源管理」と，これとは異なる従来からの「人事管理」のイメージとの相違とも重なり合う。

　以上のように「人的資源管理」と「人事管理」の特徴を比較すると，社員からの自発的な最大限の貢献を期待する「人的資源管理」のほうが，やはり優れているようにも見える。「人的資源管理」は，これまでの「人事管理」のあり方を反省し，「理想」として新しく示された考え方であるぶん，より優れているだろうという推論もできる。

　しかし Guest（1987）も指摘するように，必ずしも「人的資源管理」のほうが優れているとはいいきれない。実は今でも，これら2つのタイプの人の管理のいずれが効果的であるかについて，事実にもとづく結論はでていない。そもそも，人の管理に関わる基本的な考え方に関して，研究や実務の世界での議論は長いあいだ揺れ動いてきている（Barley and Kunda 1992）。

　すなわち長い時間軸で見ると1980年代より前にも，「人的資源管理」の考え方のように，社員の多様な価値観や高次欲求の充足による自発的な貢献を重視する，いわば「ソフト」な管理が支持される時期があった。また，「人事管理」の特徴づけに見られるような，社員に対する経済的な動機づけと統制を重視する，いわば「ハード」な管理が支持された時期もある。

　Barley and Kunda（1992）はアメリカを例に，「規範的管理（normative control）」と「合理的管理（rational control）」というマネジメントに関する価値観（イデオロギー）の変化として，こうした変化を整理している。これを参考にして整理すると図1-1のようになる。

　アメリカでは20世紀はじめ頃には，テイラーの考え方にもとづく「科学的管理法」が支持を集めた。社員のノルマとなる標準作業量を定め，ノルマの達成と賃金とを結びつけることで動機づけを与える賃金制度を提案するなど，「ハード」な管理の性格を強くもつと考えられる。

　これに対し1920年代以降に提唱された「人間関係論」は，アメリカのウェスタン・エレクトリック社がもつホーソン工場での実験（「ホーソン実験」）にもとづく。実験から，賃金や休憩時間，照明の明るさなどの労働・作業条件より

11

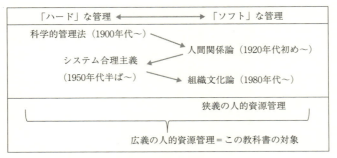

**図 1-1** 人の管理の考え方の変化と人的資源管理
(出所) Barley and Kunda (1992) をもとに筆者作成

も，仕事へのやりがいなどの社員の感情が，作業能率などに影響を与えることを発見している。「ソフト」な管理のあり方を支持する理論と見ることができる。

1950 年代以降になると，再び「ハード」な管理の発想も支持されるようになる。「システム合理主義」の考え方は，「科学的管理法」のアイデアと同様に，科学的知見にもとづく明確な管理の手法を慎重に選んで用いることで生産性を高めることを重視している。

さらに 1980 年代になると，「組織文化論」など，社員の価値観に重きを置くかたちで，再度，「ソフト」な管理が支持される。1980 年代に広く普及した「人的資源管理」の考え方も，そうした「ソフト」な管理としての性格をもつものであった。

このように，人の管理に関する基本的な考え方は，「ソフト」と「ハード」の両極のあいだを「振り子」のように揺れ動いている，あるいは「循環」しているように見える。いずれかが優れているのの決着はついていない (Barley and Kunda 1992)。

その理由に関して，一つには，企業で働く社員の多くは賃金をもとに生計を立てている。そのため賃金に無関心ではいられない。実際に社員として働く人々のなかには，賃金への関心もそれ以外の幅広い期待も，ともにあるのがふつうだろう。楽して賃金を得たい気持ちもあれば，やりがいのために仕事に打ち込みたいという希望をもつこともある。人によっても異なるし，同じ人でも考え

方は変化する。それゆえ「ハード」な管理と「ソフト」な管理のいずれかにかたよりすぎた管理では，必ずしも十分に社員を動機づけられないのかもしれない。

むしろ賃金も含め，多様な要因による動機づけをどう組み合わせるかが，企業にとり重要な選択となる。これと対応して，社員に仕事上の裁量をどの程度もたせるかといった，統制と自発のバランスも変わるはずである。社員の仕事への期待も踏まえて，「ハード」から「ソフト」までの管理の広がりのなかで，適切な管理のあり方を考えることが重要と考えられる。

また，そうした判断は，人の管理の観点からのみすべきでもない。例えば，表1-2の整理にもあるように，たしかに「人的資源管理」のような「ソフト」な管理には，社員の裁量を与える分権的組織のほうが適当かもしれない。仕事上の裁量が社員にやりがいをもたらすことを期待できたりするためである。しかし組織としての意思決定の観点も重要となる。すなわち分権的組織では，職場などの分権的なレベルで，市場の変化などに柔軟に対応しやすい利点がある。他方で，組織の性格上，企業全体としての迅速な意思決定を行ううえでは，集権的組織のほうに利点が大きい。これを重視して集権的組織を選ぶとしたら，人の管理も「ハード」な管理のほうが適合するかもしれない。人の管理の都合を常に優先して決めるわけにもいかない。

そこでこの教科書では，図1-1の下段に整理したように，「ソフト」な管理という性格をもつ「人的資源管理」（狭義の人的資源管理）だけでなく，従来の「人事管理」のイメージに近い「ハード」な管理も含めた広い意味で，人的資源管理という言葉を用いることとする。そのうえで，「ソフト」から「ハード」までの管理の広がりのなかで，適切な人的資源管理（広義の人的資源管理）のあり方について考えてみたい。

## 3　事例で理解する：雇用システムの比較

「はじめに」でも指摘したように，人的資源管理の制度は社会により異なる。

日本企業における人的資源管理の特徴を理解するためには，他国の制度と比較することが有効である。表1-3は，ロナルド・ドーア（Dore 1973 ＝ ドーア 1987）が日英の製造企業の比較研究をとおして明らかにした制度のちがいを一覧にしたものである。すでに半世紀前の研究成果ではあるものの，同研究は現在も読みつがれており，その後の日本企業の雇用システム（人的資源管理と労使関係の制度）の変化を論じるうえで参照されている。

表1-3　日本とイギリスの雇用システムの比較

| 制　度 | 日本の場合 | イギリスの場合 |
|---|---|---|
| 雇用 | 終身雇用 | 転職が多い |
| 賃金 | 企業ベースの（年功）賃金 | 市場ベースの賃金 |
| キャリア形成 | 企業内キャリア形成 | 企業横断的なキャリア形成 |
| 能力開発 | 企業内研修 | 公的機関による職業訓練 |
| 労働組合 | 企業別組合 | 産業別・職業別組合 |
| 福利厚生 | 企業福祉の充実 | 社会保障の拡充 |
| 従業員意識 | 企業へのコミットメント | 専門性・地域・階級へのコミットメント |

（出所）Dore（1973）＝ ドーア（1987）をもとに筆者作成

　ドーア（1973）は，人的資源管理を支える制度の日英のちがいを，雇用・賃金・キャリア（職業経歴）形成・能力開発・労働組合・福利厚生・従業員意識の要素ごとに整理して明らかにした。表にあるように，日本とイギリスは対照的な特徴を示している。一言でいえば，人的資源管理を企業内の制度で完結して行う傾向をもつのが日本であり，企業を横断した制度に依拠するのがイギリスであると特徴づけられる。

　より具体的に表1-3を見てみよう。日本においては，賃金や社員のキャリア形成が企業内のルールによって統制されていることがわかる。キャリア形成が企業内で行われる以上，能力開発についても企業内研修による技能（仕事を行う能力）の形成が重要な位置を占めることになる。また，このように企業内で賃金決定やキャリア形成のあり方が決まる部分が大きいことに対応して，社員

は同一企業にて長期的に勤続する志向をもちやすい。

　これに対しイギリスにおいては，賃金が企業を超えた市場ベースで決定される部分が大きく，キャリア形成も企業横断的に行われる傾向がある。これと関連して，能力開発についても公的機関や学校などによる職業訓練をつうじて行われることが主流となっている。このように企業外の制度が重要な位置を占めるため，人々にとって一つの企業にとどまり続けることのメリットが乏しく，人々は転職を繰りかえしやすくなる。

　ところで，これらの雇用・賃金・キャリア形成・能力開発に関わる制度には，社員に対する経済的な動機づけや統制に資する側面もあり，その意味では「ハード」な管理に関わる性格をもっている。ただし，例えば長期雇用への志向が社員にあり，それに重きを置く結果として賃金制度などが具体化しているととらえることもでき，「ソフト」な管理としての性格ももつと見なせる。研究上も，雇用システムが形成されるにあたって制度が先にあり人々の行為や意識が形成されるのか，逆に人々の行為や意識が先にあり制度が形成されるのかという問題は，しばしば議論の的になってきた（西村 2020）。

　他方で，表の下部にある労働組合・福利厚生・従業員意識は，社員の参加や福祉，仕事への多様な意識に関わる点で，主に「ソフト」な管理に関わると解釈できる。興味深いのは，これらについても上記で描いた企業内／企業外という日英間の対比が見られる点である。例えば福利厚生は，日本では企業内の福祉を充実させる方向性が強い。これに対しイギリスでは企業外にある社会保障の充実がより重視されている。

　実際に人的資源管理のあり方を考えるうえでは，統制や効率的な意思決定と，社員の参加ややりがいなどの要素のあいだを往復しながら考えていかなければならない場合もある。こうした作業は，人的資源管理の「ハード」と「ソフト」の両側面を考慮しながら企業ごとの適切な制度を模索していく作業にほかならない。

## 4 データで確認する：社員は仕事の何に満足しているか

　企業に雇用されて働く労働者としての社員（employee）と勤務先企業の関係は，社員が使用者（企業）の指揮命令のもとで労働し，賃金としてその対価を受ける交換関係である。経済学は労働と対価のバランスを問題にする。しかし，社員は経済的対価だけを問題にしているわけではない。

　尾高（1941）は，「職業」を生計の手段，自己実現（個性の発揮），社会的連帯という３つの側面から定義している。自己実現とは自分らしさの表現，社会的連帯とは社会集団のなかで他者とつながり，自分の役割を果たすことだといえばわかりやすいだろう。

　仕事をつうじて自分の能力を発揮できれば，自分という人間の存在価値を感じることができる。他人から期待されて責任のある役割を任されることで，働く意欲がわいてくる。また，良い評価を受けることで，やりがいを感じ，次も頑張ろうと思える。

　したがって，労働の対価として高い賃金を報酬として得られれば，社員は満足するという単純な話ではない。賃金に会社からの期待や評価，そして自分自身の存在価値を感じることができることが重要である。低い賃金に社員が不満をいうときも「お金の問題ではない」ということがよくあるのは，そのためである。

　また，賃金以外の見返りで，社員の満足度を高めることもできる。仕事を行う能力を評価した結果として，責任のある仕事や，自分の能力が発揮できる仕事の機会を与えられることも報酬の一つに含まれる。賃金がそれほど上がらなくても役職を与えたり，本人の意向に応じた配属先に異動したりすることで仕事への満足度が上がることもある。

　図1-2は，労働政策研究・研修機構（2003年9月までは日本労働研究機構）が定点観測調査として実施している「勤労生活に関する調査」（調査対象は全国20歳以上の男女4,000人）であるが，「自分の能力が十分に発揮できる」ことや「責

第 1 章　人的資源管理の考え方

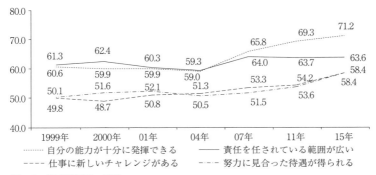

図 1-2　仕事満足度の推移
注：「満足している」「まあ満足している」の合計。
（出所）労働政策研究・研修機構「勤労生活に関する調査」

任を任されている範囲が広い」ことに満足する労働者の割合は，「仕事に新しいチャレンジがある」ことや「努力に見合った待遇が得られる」ことに比べて一貫して高い。とはいえ，いずれもおよそ半数以上が満足している。

　これらのうち，「努力に見合った待遇」とは賃金などの労働の対価である。ただし，これを決めるうえでの基準として自らの努力という要素が含まれることに着目したい。社員は楽をして良い待遇を得たいわけではない。頑張ったぶんはきちんと評価して欲しいという価値観がうかがえる。なお，同じ調査において，「努力」「実績」「必要」「平等」のどの基準で富を分配することが社会のルールとして望ましいかということも聞いており，やはり努力に対する支持は高い。そして，この努力重視の意識が，終身雇用や年功賃金への支持と結びついていることも明らかになっている（今田 2000）。

　また，責任の範囲は管理職やリーダーであることなど組織内での地位，仕事の新しいチャレンジは職務の難易度にそれぞれ関わる。これに対し能力発揮は自らのポテンシャル（可能性）を実際に活かすことを意味する。とくに 2004 年以降は「自分の能力が十分に発揮できる」ことに満足する労働者の割合がいっそう高くなっている。対価や組織からの期待というよりも，自分との関係で仕事を評価する意識が高まってきているといえる。

<table>
<tr><td>第**2**章</td><td>人的資源管理のコンテクスト<br>経営と社員の期待に応える</td></tr>
</table>

## 1　人的資源管理のコンテクストとは何か

　前章で確認したように，人的資源管理は，経営のための社員の管理である。ここで「経営のため」というのは，事業をつうじて金銭的な利益を得て，存続と成長をはかるという企業の目的に資することを意味する。こうした目的はどの企業にも共通のものである。

　しかし，そのための事業の内容は企業ごとに多様である。例えば同じく衣服を販売するアパレルの小売業を営む企業でも，富裕層向けに品質のよい衣料を販売する企業もあれば，一般的な消費者に向けて，値ごろな商品を提供する企業もある。ブランド品を仕入れて販売する場合もあれば，衣服のデザインと製造を自社でてがける場合もある。

　このように，どのような製品・サービスを誰に向けて販売し，そのためにどんな活動を行うか，またそのために経営資源をどう用いるかは，企業により異なる。こうした企業活動についての，長期的な視点にもとづく基本設計は「経営戦略」と呼ばれる（伊丹 2003）。そして経営戦略が企業ごとに多様であれば，これを支える手段としての人的資源管理も異なるものになるかもしれない。

　さらに人的資源管理の対象は社員である。それぞれ企業とは自律的な考えをもつ。そうした社員各人が，企業による人的資源管理の取り組みをどう受けとめるかで，その効果は変わってくるだろう。企業が社員から貢献を引き出すには，企業ごとに異なる社員の期待を知り，これを人的資源管理に反映させることが大事なはずである。そのためには，企業の経営側と社員とのあいだでの話し合いや交渉などを意味する労使コミュニケーションが欠かせない。

第2章　人的資源管理のコンテクスト

このように人的資源管理は，一方では経営戦略の実行という経営からの要請，他方では社員の期待に応えることが求められる。いずれも企業ごとに異なるならば，そのコンテクスト（文脈）に合わせた人的資源管理が重要となる。こうした視点から，本章ではまず経営戦略と人的資源管理との関係について考える。さらに，労使コミュニケーションをつうじて企業が社員の期待を知り，これを人的資源管理に反映させることの効果についても考えることとしたい。

## 2　経営と社員の期待に応える

### (1)　経営戦略との「ベストフィット」

経営戦略のなかで決めるべき事柄のうち，人的資源管理は，とくに経営資源をどう用いるかに関わる。経営資源としての人（人的資源）の管理をつうじて，経営戦略の実行（implementation）を支える役割を果たしている。

とはいえ，もちろんすべての企業がこれを実現できているわけではない。むしろ人的資源管理が不十分なため，事業の展開に人材の確保が追いつかなかったり，社員の貢献を十分に引き出せなかったりすることも多い。それゆえ，企業にとって，経営戦略の実行を支える人的資源管理を行えることは，それ自体，製品・サービス市場での競争における他社に対する強み（競争優位）の源泉となる（Barney 2002 ＝バーニー 2003）。

ここで大事な問いとなるのは，上で述べたように多様な経営戦略があるなかで，経営戦略の内容が異なれば，その実行を支える効果的な人的資源管理も異なるかである。

もしそうならば，ある企業で企業業績に結びつく人的資源管理のあり方が，経営戦略の異なる他の企業では，同じようにうまくいくとはかぎらない。そうだとしたら，それぞれの企業の経営戦略に最も適合するような，いわば「ベストフィット（best fit）」する人的資源管理を取り入れる必要がある。

こうした考え方から，経営戦略と人的資源管理のあいだの「ベストフィット」な関係はどのようなものかについて，研究が進められてきた。経営戦略のなか

19

表 2-1　競争戦略のタイプと人的資源管理

| タイプ | 競争戦略 | 人的資源管理 |
|---|---|---|
| 防衛型 | 安定的な狭い製品群，効率性重視 | 社内での訓練・人材開発，取り組み重視の人事評価，社内の公平性重視の賃金 |
| 探求型 | 変化する製品群，研究開発・市場開拓重視 | 採用重視，成果重視の報酬連動型人事評価，対外的競争力重視の賃金 |
| 分析型 | 両タイプの組み合わせ | 両タイプの組み合わせ |

（出所）Miles and Snow（1984）をもとに筆者作成

でも，とくに製品・サービス市場において，いかに他社との競争を有利に進めるかという「競争戦略」との関係に焦点を当てたものが多い。

　ある代表的な研究（Miles and Snow 1984）では，企業の競争戦略として「防衛型（defenders）」「探求型（prospectors）」「分析型（analyzers）」の３つのタイプを取り上げ，それぞれに適合する人的資源管理の施策を提案している。その関係を整理したものが，表 2-1 である。

　「防衛型」の競争戦略は，安定した製品市場の狭い領域で事業を行い，低いコストで事業を運営できるような効率性を強みとして市場競争を勝ち抜こうとする。これに対し「探求型」は，常に新しい製品と市場の機会を探し求め，他社よりも一歩先を行くことで競争を有利に進めようとする。「分析型」は，両者の組み合わせをねらう競争戦略といえる。

　これらの競争戦略のタイプごとに，最適の人的資源管理の施策があるという。すなわち「防衛型」では，社内での人材育成や，各人の成果よりも取り組みを重視する人事評価，社員間の公平性を重視しな賃金が適切とされる。これに対し「探求型」では，社外からの採用や，成果を重視して賃金に反映させる人事評価，採用に有利な競争力のある賃金が適切となる。「分析型」では，適合する人的資源管理も両者を組み合わせた内容となる。

　それではなぜ，このように競争戦略と人的資源管理のあいだに対応関係があるべきなのか。別の研究では，競争戦略のタイプ分けの仕方は異なるものの，

20

社員に期待される行動のちがいから，両者の関係を説明している（Schuler and Jacson 1987）。

　すなわち例えば，製品・サービスの開発を重視する競争戦略では，創造的で，リスクを引き受け，仲間と協力する行動が社員に求められる。そこで，人的資源管理としては，社員に裁量を与え，教育訓練を充実させ，長期的な成果を重視して人事評価などを行うべきとする。これに対し，コスト削減による製品・サービスの低価格化を重視する競争戦略では，社員には，生産量に関心をもち，リスクを避けつつ，それぞれ行動することが期待される。そこで，各人の仕事を狭く特定し，必要最低限の教育訓練を行い，短期的な成果を重視した人事評価を行うべきということになる。

　このように，競争戦略が異なれば，仕事において社員に期待される行動が異なる。それゆえ，これを促すための人的資源管理のあり方も異なるとされる。たしかに，こうした「ベストフィット」の考え方には，一理あるように見える。

## (2)　人的資源管理の「ベストプラクティス」

　しかし，上で紹介した2つの研究のあいだにも見られるように，競争戦略のタイプ分けの仕方や，人的資源管理との結びつけ方には，研究ごとにちがいがある。これこそが「ベストフィット」な関係だという決定的な答えが見つかっているわけではない。

　さらに，そもそも人的資源管理のあり方は，競争戦略との関係だけで決めるわけにはいかない。少なくとも同時に，社員の動機づけや人材の確保のため，仕事における社員の期待にも応えることが欠かせない。

　上記の研究の示すように，低価格化を追求する競争戦略には，社員各人の仕事を狭く定め，教育訓練の機会を少なく抑えることが適合するのかもしれない。しかし，そうした働き方は，多くの社員にとって魅力的とはいえないだろう。その結果，社員の動機づけや人材確保が果たせないと，事業運営がとどこおってしまう。少なくともこれらを実現できるような人的資源管理を行う必要がある。

そしてもし，社員が仕事において期待することに，共通点があるならば，これに対応する共通の人的資源管理が，社員の動機づけや人材確保を促すことになる。競争戦略を問わず事業の実行を支えるような，最も適切な人的資源管理の取り組み，つまり「ベストプラクティス（best practices）」があるはずだという見方も成り立つ。実は，企業の事例や調査データにもとづく研究では，このような「ベストプラクティス」の効果を支持するものが多い（岩出2002）。

　それでは，どんな人的資源管理の取り組みが，「ベストプラクティス」といえるか。代表的な研究の一つをとりあげると，①雇用の保障，②徹底した採用選抜，③自己管理チームと権限委譲，④企業業績に応じた高賃金，⑤充実した教育訓練，⑥地位の差の縮小，⑦社員との情報共有が「成功のための7つの条件」とされる。これらを組み合せて取り入れることで，時間はかかるものの，やがて企業は高い業績を手に入れられるとしている（Pfeffer 1998＝フェファー2010）。

　ここでは，社員の動機づけや，能力の向上，仕事上の裁量を与えることにより，社員からの献身的な貢献（コミットメント）を引き出すことが重視されている。第1章で見たAMO理論の発想とも重なる。「ソフト」な管理としての狭義の「人的資源管理」の考え方にも近いと解釈できる。上に紹介した7つの取り組みは，その具体例と見ることもできるだろう（Boxall and Purcell 2003）。

　「ベストプラクティス」として取り上げられる施策には，研究ごとのちがいもある。とはいえ，およそ共通して社員に対し仕事上の決定に参加する機会をあたえ，企業への献身的な貢献（コミットメント）を引き出し，社員との長期的な関係のもと社内で人材を育成する取り組みが挙げられている（岩出2002）。

　この背景を考えると，日本を含む先進諸国で経済的な豊かさが達成され，高学歴化がすすみ，自由・平等などの民主的な価値観が人々に共有されるようになっている。それゆえ，仕事のやりがいなど，賃金によらない動機づけの重要性が高まっている。また産業構造の変化から管理職や専門職などのホワイトカラーの比重も高まり，仕事の成果が，社員の仕事上の判断に左右されるような裁量性の高い仕事が多くなっている。

第2章　人的資源管理のコンテクスト

　こうしたなか，「ベストプラクティス」とされるような，社員に仕事上の裁量をあたえ，教育訓練を充実させ，献身的な貢献を引き出すような人的資源管理の取り組みの効果が高まっているのだと考えられる。「ベストプラクティス」の施策も，現在の社会・経済的な状況というコンテクスト（文脈）に適合的な，いわば「フィット」する取り組みと見ることもできる。こうした社会・経済的な要因と比べると，企業の競争戦略は，人的資源管理のあり方を決めるうえで，必ずしも決定的な要因ではないのかもしれない。

　それでも，上で紹介したような，大ぐくりの競争戦略のタイプとの関係はともかく，より具体的な競争戦略の実行の場面では，これに合わせた人的資源管理の展開が不可欠である。競争戦略の一環として，例えば，AI（人口知能）の技術をもちいたサービスの展開をはかるのであれば，AIに関する専門的知識をもつ人材を採用で補ったり，社員にAIの知識に関する研修を実施したり，強化する事業への社員の配置換えを行ったりなど，人的資源管理の領域における対応が必要となる。

　企業の競争戦略は，このような製品・サービス市場に対する具体的な働きかけの組み合わせからなる。それゆえ企業ごとに特殊なものになる。だからこそ，他社とのちがいによる競争上の有利さ（競争優位）の基盤となれる。上で紹介した研究のように，3つ程度の一般的な競争戦略のタイプに分けたのでは，そうしたちがいを十分にとらえきれないのかもしれない。企業ごとの具体的な競争戦略に合わせた人的資源管理を選ぶことは，企業の競争力を左右する重要な課題となるはずである（Paauwe and Farndale 2017）。

　以上のように考えると，「ベストプラクティス」と「ベストフィット」という2つの見方は，どちらかのみが正しいともいえない。いずれも正しいということもありうる。

　これについての一つの解釈として，「ベストプラクティス」として挙げられる施策は，徹底した採用選抜や充実した教育訓練など，基本的な人的資源管理の方針に近いものである。人的資源管理のいわば「基層」に相当する，こうした一般的な方針としては「ベストプラクティス」の考え方が成り立つ可能性が

23

```
┌─────────────────────────────────────┐
│            表　層                    │
│   人的資源管理の取り組みや施策       │
│ ── 社会・産業・組織のコンテクストから │
│       強い影響を受ける               │
└─────────────────────────────────────┘
─────────────────────────────────────────
┌─────────────────────────────────────┐
│            基　層                    │
│ 人的資源管理の一般的なプロセスや     │
│ 労働のマネジメントに関わる一般的な方針 │
└─────────────────────────────────────┘
```

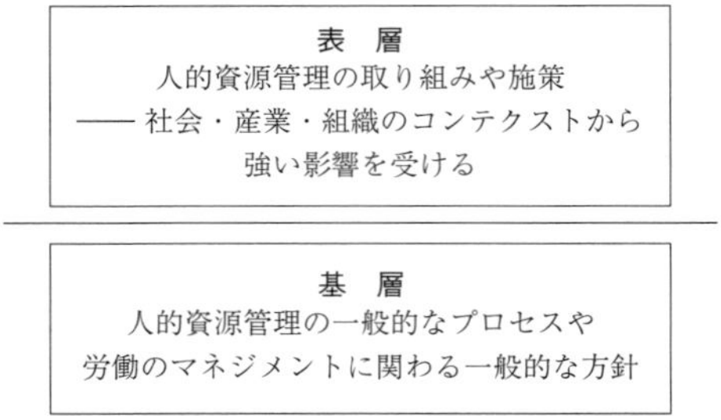

図2-1　「ベストプラクティス」と「ベストフィット」
　　　　の関係

（出所）Boxall and Purcell（2003: 69）の図 3.11 をも
とに筆者作成

ある。

　同時に，より具体的な人的資源管理の取り組み，例えば採用の基準や教育訓練の方法，賃金制度などを決める際には，競争戦略をはじめとする様々な要因を考慮する必要がある。そうした人的資源管理の具体的な施策や取り組みとして現れる，いわば「表層」部分については，「ベストフィット」の考え方が有効でありうる（Boxall and Purcell 2003）。こうした関係を図にすると図 2-1 のようになる。

　さらにいうと，「ベストプラクティス」とされる人的資源管理の取り組みも，現在の先進諸国の社会・経済的な状況に「フィット」するものとして提案されている。それゆえ社会・経済の変化のなかで，社員のもつ仕事への期待などが大きく変わっていけば，「ベストプラクティス」の内容も，これまでとはちがったものになるかもしれない。「ベストフィット」とされる取り組みも，社会・経済的な環境や社員の仕事への期待といったコンテクスト（文脈）の変化のなかで，常にその正しさを確認していく必要がある。

　企業としては，「ベストプラクティス」と「ベストフィット」の考え方や知見のいずれも視野に入れることが大事だろう。すなわち，企業の置かれた社会・経済的な環境や，競争戦略，そして社員の仕事への期待といったコンテクスト（文脈）に合わせて，共通の部分（「ベストプラクティス」）と企業ごとにいわばカスタマイズする部分（「ベストフィット」）とを組み合わせるかたちで，適切な人的資源管理の取り組みを選んでいくことが重要となる。

## (3)　労使コミュニケーションの効果

　企業が考慮すべきコンテクスト（文脈）のうち，社員の仕事への期待につい

第2章　人的資源管理のコンテクスト

ては，自由・平等などの広く共有された価値観や，人間の心理に共通する傾向などから，共通する部分があるだろう。これが「ベストプラクティス」の人的資源管理が成り立つ理由ともなることは，上で確認したとおりである。

　しかし他方で，社員はそれぞれ異なる価値観をもち，働き方やキャリアに対する希望も人それぞれという面がある。したがって企業ごとにも，社員の具体的な仕事への期待は様々となる。企業がこれを受けとめ，人的資源管理の取り組みに活かすには，社員と対話し，社員の期待を知ることが重要になる。

　もちろん企業と社員の利害は対立する側面もある。例えば，社員が高い賃金を期待しても，企業として利益を確保するには，その期待にどこまでも応えるわけにはいかない。さらに賃金にかぎらず，上記のように社員各人の期待が異なるなかでは，企業がそのすべてを満たすことは難しい。

　それでも社員との話し合いや交渉により，妥協点を見出そうとする企業の取り組みは重要である。というのも，たとえ社員の期待を十分に満たすことができなくても，企業を経営する立場，つまり経営側として，社員の期待に応える姿勢を社員に示すことはできる。また社員は，経営側に意見を伝えたり，経営側の考えを知ったりする機会を得る。こうして社員が，人的資源管理に関して，経営側の考えを「一理あるな」と理解したり，経営側の一方的な決定ではなく，自分たちの意見を反映させたりする機会があること自体が，社員の納得性を高めるためである。

　こうした企業と社員の対話は，広く労使コミュニケーションと呼ばれる。その代表的な方法は，企業の経営側と労働組合とのあいだでの話し合いや交渉である。働く人が，労働組合を結成し，これをつうじて経営側と交渉する権利は，先進諸国で広く認められている。日本では憲法28条が「勤労者の団結する権利及び団体交渉その他の団体行動をする権利はこれを保障する」として，「団結権」「団体交渉権」「団体行動権」という「労働三権」を保障している。

　このうち「団結権」は，働く人々が労働組合を結成して，これを運営する権利である。また「団体交渉権」は，労働組合が働く人々の労働条件や，経営側と労働組合のあいだのルール（労使関係ルール）について経営側に交渉を申し入

25

れる権利である。

　これを受けて，労働組合に関わる法律である労働組合法は，こうした労働組合による交渉（団体交渉と呼ばれる）に応じる義務を定める。経営側は，労働組合との交渉に決着がつくよう，つまり妥結に向けて誠実に交渉しなくてはいけない。したがって，労働組合の求めに応じて，労働組合との交渉というかたちで労使コミュニケーションを行うことは，企業にとって義務でもある。

　さらに「団体行動権」は，労働組合がそうした交渉を有利に進めるための手段として，ストライキなどの行動をとる権利である。ストライキは，労働組合のメンバーである労働組合員が，いっせいに仕事を放棄する行動のことをいう（野川 2021）。

　経営側としては，できるだけストライキにいたらないよう，誠実に労働組合と交渉することが重要となる。例えば，組合員の賃金の上昇を求める労働組合の要求を拒否して利益の確保をはかっても，ストライキにより事業が停止たりしてとどこおると，経済的な損失を受けることになる。これにともない利益の確保がかえって難しくなってしまうのは得策ではない。

　さらにそれ以上に，経営側としては，労働組合とのあいだに対立的ではない関係を築くことの意義は大きい。協調的な関係のもとでこそ互いの情報を広く開示でき，問題解決に向けた建設的な話し合いや交渉が期待できるためである。

　また，そうした実質的な労使コミュニケーションがあると，社員は労働組合をつうじて経営側に対して不満や苦情，要望などの意見をだすこと，つまり発言する機会を得ることができる。

　これにより，企業としては，社員の離職をより少なく抑える効果も期待できる。というのも，社員が賃金などの労働条件に不満をもつとき，それを解決する主な方法の一つは，より労働条件のよい企業へと転職することであるためである。企業側から見ると，社員が離職してしまうことになる。

　社員としては，労働組合をつうじてではなく，個人として直接，企業に不満や苦情を企業に伝えても，なかなか聞き入れてくれないのではないかという不安がある。またこれにより，人事評価などで不利にあつかわれるのではないか

26

という心配も生じる。そのため，社員が不満をかかえたまま，これを企業に伝えることなく離職することが起こりやすい。

これに対し，企業に労働組合があり，社員の意見を集約して組織として企業と交渉するのであれば，社員には，そうした労働組合をつうじた発言をつうじて，不満を解消するという選択肢が広がる。そうであれば，社員は，問題解決の手段として離職を選ばなくてもすむようになる。その結果，社員の離職が抑えられると考えられている（Freeman and Medoff 1984 ＝ フリーマン・メドフ 1987：中村 1988）。

こうして社員の離職が少なくなれば，企業としては，離職した社員の代りとなる新たな社員を採用して育成するためのコストを減らせる。また社員の育成にコストをかけても，これが無駄になることが少なくなる。それゆえ，企業は効率的に貢献度の高い人材を確保することができる。

さらに，他国と比べて転職が一般的ではない日本の慣行のもとでは，社員が不満をかかえながら，企業で働き続けるということも起こりやすい。この場合，離職にともなうコストはかからないものの，現状への不満から社員の仕事への意欲が低下するなかでは，貢献を大きく引き出すのは難しいだろう。これを避け，社員に仕事へのインセンティブを効果的に与えるためにも，労働組合との労使コミュニケーションは重要な役割を果たすと考えられる。

## ⑷　日本企業での労使コミュニケーション

他の先進諸国と比べた日本の労働組合の特徴は，企業別労働組合が主流となっている点にある。企業別組合は，企業ないしその事業所ごとに，そこで働く社員（employee）を組合員とする形態である。他国を見渡すと，一般的な労働組合の形態としては，特定の職業を単位とする職業別労働組合や，産業を単位とする産業別労働組合などがある。

これら職業別や産業別の労働組合は，企業を横断するかたちで複数の企業に合員をもつ。これに対し，日本で主となる企業別労働組合は，特定の企業の社員のみを組合員とする。そのため企業別労働組合の側も，企業の存続や成長に

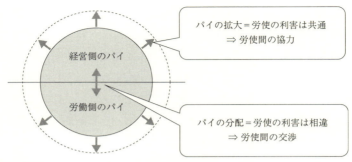

図 2-2 労使関係におけるパイの拡大と分配
（出所）筆者作成

より強い関心をもつ。それが社員である組合員の雇用や賃金を守るための前提となるためである。

この点に関して，それぞれの企業の労使，すなわち経営側と企業別労働組合にとって，自社の稼ぐパイ（利益）を大きくすることは，互いの分け前のもととなる原資を大きくすることにつながる。こうした関係をイメージにすると図2-2のようになる。

企業としてのパイの拡大は，労使に共通の関心事となる。利益の拡大は経営の目的であるし，自社の利益が大きくなることは，社員の雇用を安定させたり，賃金などの労働条件を向上させたりする余地を広げるためである。

それゆえ労使はこれに向けて協力できる。実際，日本の企業別労働組合は，社員の負担をともなうような経営側の要求についても，パイの拡大に向けて広く協力してきた。例えば，新技術の導入は，職種転換や再訓練などによる組合員の負担をともなう。しかし企業の成長に向けて，これを積極的に受け入れてきた。そのうえで労働組合は，その成果としての利益の賃金への配分など，労使の利害の異なるパイの分配に関しては，組合員の協力に見合った正当な分け前を要求している。

企業がパイの拡大に向けて労働組合の協力を得るためには，普段から，労働組合とのあいだで，経営戦略なども含めて広く情報共有し，人事制度の変更なども含む幅広い事項について，話し合いの機会をもつことが重要である。実際

第2章　人的資源管理のコンテクスト

に日本企業では，労働組合とのあいだで，必ずしもストライキをともなわない「労使協議」というかたちで，幅広い事項について建設的な話し合いを行うことが多い（仁田 1988）。

このように労働組合との労使コミュニケーションは，人的資源管理のうえでも重要な意義をもつ。しかし実は，現在の日本において，労働組合がある企業は，大企業を中心とする一部にかぎられる。その割合も小さくなる傾向にある。こうしたなか，社員のなかから従業員代表として選ばれた社員と話し合う従業員代表制が，いっそう重要な労使コミュニケーションのルートとなってきている。

これら労働組合や従業員代表との労使コミュニケーションは，社員の集団を代表する組織や代表者との話し合いを行うことから，集団的な労使コミュニケーションに分類される。これに加え，企業が社員各人とのあいだで直接，情報共有や対話を行う個別的な労使コミュニケーションの重要性も高まっている。

個別的労使コミュニケーションの具体的な方法としては，職場管理者による職場メンバーとの個人面談や，人事部門の担当者が事業所や職場を巡回するなどして行う社員との個人面談，企業として設置する社員向けの相談窓口をつうじての意見や苦情などの収集，社員アンケート調査による社員の意見や満足度などの把握，全社集会や社内報，社内一斉メールなどによる企業側から社員への情報提供など，様々なものが挙げられる（藤村 2006）。

こうした個別的労使コミュニケーションも，人的資源管理への社員の期待を確認したりする点で，労働組合などとの集団的労使コミュニケーションに準じた効果を期待できる。さらに，社員各人の個別な不満や苦情に対応する点では，社員の集約した意見をあつかう集団的労使コミュニケーションを補う役割も期待される。

集団的か個別的かを問わず，労使コミュニケーションのなかでは，経営側に，人的資源管理の制度や取り組みの効果や必要性についての，社員に対する説得的な説明が求められる。これは，社員の目を前に，人的資源管理の合理性をあ

29

らためて確認する機会ともなる。

　ところで，このように企業が社員の期待を受けとめて，人的資源管理を行うことは，国ごとに異なる人的資源管理の特徴をもたらす。社会により，何が公正（fair）かという人々の価値観（公正観）が異なるためである。

　例えばイギリスで，工場の生産現場で働くブルーカラー（生産職）の社員に人事評価が普及するのは，ようやく1990年代以降と見られている（上田2007）。それまでイギリスの労働組合は，これを認めてこなかった。経営側の恣意的な判断がまぎれこむため，公正でないと考えたためである。これに対し日本の労働組合は，いち早くブルーカラーの社員への人事評価を受け入れてきた。働きぶりに報いることがむしろ公正という価値観が，働く人々のなかにあったためと解釈される（石田1990）。

　このように，社会により働く人々の価値観が異なれば，効果的な人的資源管理のあり方もちがってくる。この点でも，コンテクスト（文脈）に合わせた人的資源管理の選択が重要といえる。この教科書では，他国と比較した日本企業の特徴も重視しながら，効果的な人的資源管理のあり方について考えることとしたい。

## 3　事例で理解する：コンテクストとしての「均衡処遇」

　人的資源管理をコンテクストに合わせていく取り組みは，実際には人事制度の改定などに現れることになる。ここでは総合スーパーにおける雇用区分（社員グループ）の見直し事例（平野2018）にもとづいて，実際にどのようにしてコンテクストに合わせた人的資源管理が行われているのかを見ていく。

第2章　人的資源管理のコンテクスト

| 主な職位 | 正社員 | | | 非正社員 | |
|---|---|---|---|---|---|
| | L社員<br>（転勤なし） | R社員<br>（勤務地限定） | N社員<br>（全国転勤） | フレックス社員<br>（短時間） | キャリア社員<br>（フルタイム） |
| 経営幹部<br>戦略スタッフ<br>事業部長<br>大型店店長 | | | E S<br>S-5<br>S-4<br>S-3<br>S-2<br>S-1 | | |
| 中小型店店長<br>副店長<br>統括マネージャー | | M-3<br>M-2<br>M-1 | M-3<br>M-2<br>M-1 | | |
| 売場長<br>マネージャー | J-3<br>J-2<br>J-1 | J-3<br>J-2<br>J-1 | J-3<br>J-2<br>J-1 | | マスター<br>エキスパート |
| 担当 | 社員2級<br>社員1級 | 社員2級<br>社員1級 | 社員2級<br>社員1級 | 職務Ⅲ<br>職務Ⅱ<br>職務Ⅰ<br>フレッシャー | レギュラー |

**図2-3　A社人事制度（2004年以前）**

注1：図では正社員と非正社員の等級を並列的に描いているが，正社員と非正社員の人事体系は別立
　　てであるため相互に連動しているわけではない。例えば職務Ⅲのフレックス社員がL社員のJ
　　1に自在に転換できるわけではない。その場合，雇用契約の変更が必要になる。

注2：非正社員には，フレックス社員とキャリア社員以外に，契約社員とアルバイトの区分が存在し
　　たものの，等級は設定されていなかった。

（出所）平野（2018：44）

| 職群 | 人事等級制度 | 主な職位 | 等級 | | | | 労働時間 |
|---|---|---|---|---|---|---|---|
| | | | N社員<br>（全国転勤） | R社員<br>（勤務地ブ<br>ロック限定） | コミュニティ社員<br>（転居転勤なし） | | |
| S職 | 職務等級制度 | 経営幹部<br>戦略スタッフ<br>事業部長<br>大型店店長 | S-6<br>S-5<br>S-4<br>S-3<br>S-2<br>S-1 | | | | 年間1920時間<br>（フルタイム） |
| M職 | | 中小型店店長<br>副店長<br>統括マネジャー | M-3<br>M-2<br>M-1 | | | マネジメント層 | |
| J職 | 職能資格制度 | 売場長<br>マネージャー | J-3<br>J-2 | | | | |
| | | 担当 | J-1 | | 職務Ⅲ<br>職務Ⅱ<br>職務Ⅰ<br>フレッシャー | オペレーション層 | 年間1920時間<br>未満<br>（パートタイム） |

**図2-4　A社人事制度（2004年改定後）**

注1：フレッシャーは試用期間中（約3カ月）の格付け。

注2：アルバイトは別体系で運用。

注3：鮮魚士や薬剤師など資格免許をもって働く社員には，市場価格で評価・処遇する「エキスパー
　　ト制度」を別途適用。

（出所）平野（2018：45）

多様な働き方が社会的に広がっていくなかで，多くの企業で非正社員が量的・質的に重要な戦力としての位置を占めるようになる「基幹化」が指摘されるようになった。非正社員が売場での経験を積むなかで店舗において重要な役割を果たしていることなどが多く見られ，そうした役割を担う人材は企業の経営的観点からみても重要な存在となる。しかし基幹化した非正社員には，正社員と担当する仕事のレベルはあまり変わらないにもかかわらず，処遇（賃金など）には正社員とのあいだで大きな差があることへの不満が生じる傾向も見られた。

　こうしたなか，総合スーパーＡ社では「均衡処遇」（雇用区分間の処遇のバランスをはかること）を実現する要請が強まっているという認識にもとづき，「同一資格＝同一処遇」となるように制度を改定してきた。ここでは平野（2018）で取り上げられている制度改定のうち，2004年に行われたものに注目したい。図2-3は2004年の制度改定以前，図2-4は改定後の雇用区分を示したものである。

　とくに図2-3の「フレックス社員」「キャリア社員」の位置づけの変化に注目したい。制度改定以前には「正社員」と「非正社員」の区分が明確に存在しており，「非正社員」と位置づけられた「フレックス社員」と「キャリア社員」は，正社員のうち転勤（転居＝住所の変更をともなう配置転換）のない「Ｌ社員」と比較しても処遇が低かった。

　これに対し改定後の制度においては，「正社員」「非正社員」という区分が廃止されており，転勤の有無や範囲を基準として「Ｎ社員（全国転勤あり）」「Ｒ社員（一定ブロック内での転勤あり）」「コミュニティ社員（転居転勤なし）」の区分をもうけるのみになっている。従来の「フレックス社員」や「キャリア社員」は，このなかで「コミュニティ社員」のなかに位置づけられ，「Ｎ社員」「Ｒ社員」の担当職～中小型店店長職相当までと同等の社員格付け（等級）が与えられる。

　こうした改定は，従来は非正社員として位置づけられていた社員を経営上の必要性にもとづいて戦力化する取り組みでもあり，社員の処遇の向上への期待

に応えるものでもあるだろう。それと同時に，均衡処遇という課題は，いわゆる「同一労働・同一賃金」（同等の仕事には同等の賃金を支払うべきとする原則）実現の課題とも関連して，企業に寄せられる社会的期待に応えるものでもある。

人的資源管理のコンテクストとして経営と社員という当事者が重要であることは疑いえない。これに加えて，企業も社会のなかで運営される事業体である以上，社会からの期待も一つのコンテクストとして働く場合があることを理解しておく必要がある。

## 4　データで確認する：企業と社員は何を話し合っているのか

毎年春に労働組合が賃金引き上げを要求する春闘（春期生活闘争）の時期になると，大手企業がどの程度の賃上げをするかが報道される。しかし，日常的な労使コミュニケーションはもっと多岐にわたる。表2-2に示しているのは厚生労働省が定期的に行っている「労使コミュニケーション調査」の令和元年（2019年）調査（全国の約5,500事業所が対象）である。全事業所の「計」をみると，労使コミュニケーションを重視する内容として，「日常業務改善」「作業環境改善」「職場の人間関係」の割合が高く，「賃金，労働時間等，労働条件」の割合はそれほど高くない。しかし，労働組合の有無によって差がみられる。

表2-2　労使コミュニケーションを重視する内容別事業所割合

（複数回答）単位：%

| | 日常業務改善 | 作業環境改善 | 職場の人間関係 | 賃金，労働時間等，労働条件 | 教育訓練 | 福利厚生，文化・体育・レジャー活動 | 人事（人員，配置・出向，昇進・昇格等） | 経営に関する事項 | その他 | 不明 |
|---|---|---|---|---|---|---|---|---|---|---|
| 計 | 75.3 | 72.9 | 69.5 | 57.3 | 43.0 | 37.8 | 33.9 | 27.6 | 2.9 | 1.4 |
| 労働組合あり | 73.2 | 73.4 | 62.0 | 75.2 | 36.8 | 46.4 | 35.2 | 38.5 | 3.8 | 0.8 |
| 労働組合なし | 76.2 | 72.7 | 72.8 | 49.5 | 45.7 | 34.0 | 33.3 | 22.8 | 2.5 | 1.7 |

（出所）厚生労働省「労使コミュニケーション調査」（2019）

労働組合をつうじた労使関係を集団的労使関係といい，社員一人ひとりと勤務先企業との関係を個別的労使関係という。個別的労使関係においては，個々の社員がもつ不満や悩みを使用者が直接，聞き取ることになる。そのため，労使コミュニケーションは上司・部下面談や人事面談，従業員意識調査のようなかたちで人的資源管理に組み込まれている。一方，労働組合をつうじた集団的労使関係における労使コミュニケーションは，労使協議や団体交渉というかたちで通常の人的資源管理から離れて行われる。

　その点に留意して，労働組合の有無別にこのデータを読むと，労働組合がない事業所では「日常業務改善」「作業環境改善」「職場の人間関係」を重視する割合がとくに高い。また「教育訓練」も労働組合ありに比べて高い。人的資源管理との連続性がうかがえる。一方，労働組合がある事業所では「賃金，労働時間等，労働条件」が最も高い。「福利厚生，文化・体育・レジャー活動」の割合も労働組合のない事業所と比べて高い。

　労使交渉の基本となるのは，企業が獲得した収益を社員に分配する交渉である。パイの分配に関わるこのような交渉をつうじて，社員への分配率（労働分配率という）を上げることで社員の賃金は上がる。しかし，同じ労働分配率でも，企業の収益が向上し，賃金原資が増えれば，社員の賃金も増えるという側面がある。そのためには，労働組合もパイの拡大に向けて，生産性を高めるために使用者と協力したほうが合理的である。

　前者の面に着目すれば，社員と使用者は対立的な関係になる。歴史的にみれば，激しい労働運動により労使が対立してきた時代もある。しかし，第二次大戦後，復興期から高度経済成長期にかけて後者の側面が際立つようになった。第二次世界大戦後の復興を目指すヨーロッパで始まった生産性運動に触発され，日本でも1955年に日本生産性本部という組織がつくられ，①雇用の維持拡大，②労使の協力と協議，③成果の公正な分配を三原則とする生産性運動が展開されるようになった。

　上のデータにおいて，労働組合がある場合でも，「日常業務改善」や「作業業務改善」の割合は高いのは，生産性への関心の表れといえる。また，企業別

第2章　人的資源管理のコンテクスト

労働組合が一般的である日本において企業と労働組合は一つの運命共同体（コミュニティ）のようなところがある。それゆえ労働組合がある場合には「経営に関する事項」の割合が高くなることも納得できるだろう。

　間宏（1974）は，日本の企業コミュニティの特徴の一つとして，イギリスの労使関係は賃金に焦点が絞られるのに対し，日本の労使関係は職場の人間関係など争点が多岐にわたることを指摘している。上記の集計結果は，日本の企業コミュニティが今なお健在であることを示しているともいえる。

<table>
<tr><td>第**3**章</td><td>**社員格付け制度**<br>序列を決める</td></tr>
</table>

## 1　社員格付け制度とは何か

　社員格付け制度は，企業における社員（employee）の序列を示す制度（企業
として定めたフォーマルな仕組み）である。すなわち，企業としてもうけた序列
としての格付け（等級＝ランク）のなかに社員各人を位置づける，つまり格付
け（ランキング）を行うことで，社内における社員のあいだのフォーマル（公式）
な上下関係を決める仕組みである。

　企業は，このような社員の格付けを踏まえて，毎月支払う基本的な賃金とし
ての基本給のおよその額（賃金水準）を決める。その際，上位の格付けにある
社員ほど，高い賃金水準となるようにする。

　また社内では，上位の格付けの社員ほど「えらい」と見なされる。社員がそ
うした秩序を心から受け入れているかは別として，企業の公式見解としては，
上位の格付けの社員ほど，社内では「えらい」，すなわちより上位の人材とし
て位置づけることになる。

　さらに社員格付け制度は，直接ないし間接的に，社内における社員の権限と
も関連する。後で整理するように，社員の格付けは，一つには，担当する仕事
の価値にもとづき決められる。この場合，部下をもつ管理者としての仕事など，
権限の大きい職務につく社員ほど，高い格付けとなる。また，社員の格付けが，
社員のもつ能力の価値にもとづくこともある。この場合も，上位の格付けが，
管理者等として権限をもつ職務へと社員を登用する条件とされたりする。

　社会学では，以上のような賃金水準＝経済力，えらさ＝権威，権限＝権力を，
多くの人が求めるものの実際にもつ人は少数にかぎられる魅力的かつ希少な資

36

源（生活のもとで）と見る。こうしたなか，社内では社員格付け制度で上位の格付けほど，これらの資源をいずれもより多く得ることができる。

それゆえ，上位の格付けに位置づけられることを期待する人は多いはずである。人的資源管理では，これを利用して，社員の仕事への動機づけ（インセンティブ）を与えようとする。とはいえ、もちろんそう簡単にはいかない。社員の多くが納得して受け入れる「公正」な格付けの基準を選ぶなど，それなりの工夫が必要となる。

## 2　社員の序列を決める

### (1) 社員格付け制度の機能

このような社員格付け制度は，人的資源管理の様々な領域に影響を与える。企業内での社員の序列を決める社員格付け制度は，企業として，どのような人材を採用したり育成したりして確保すべきか，どんな社員を高く評価し，管理者などの重要な職務に登用し，高い賃金を支払うべきかを決める大事な目安となるためである。

それゆえ，社員格付け制度は，これら採用や人材育成，人事評価，昇進管理，賃金管理といった広い領域に関して，企業の人的資源管理のあり方を方向づける基礎となる。このような社員格付け制度の特徴は，次の章で見る雇用区分の仕組みとともに，人的資源管理全般を支える「基盤制度」として位置づけられる（今野 2008）。また，各領域の人事制度の背後で働く「OS」（コンピューターのオペレーションシステム）にも例えられる（今野・佐藤 2022）。

こうした関係について，主なものを具体的に確認しておこう。まず賃金との関係につ

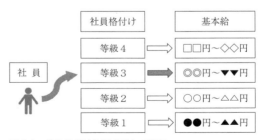

図3-1　社員格付けと基本給との関係
（出所）筆者作成

いて，社員格付け制度による格付け（等級）は，基本給のおよその水準（いくら支払うか）を決める基準となる。基本給は，企業が社員に毎月，支払う基本的な賃金である。図3-1は，これをイメージとして示したものである。社員格付け制度におけるそれぞれの格付け（等級）ごとに，基本給の水準が対応づけられている。例えば，図のイメージのように，社員格付け制度により，ある社員の社員格付けが「等級3」となる場合，その社員はこれに対応する「◎◎円〜▼▼円」の水準の基本給を得ることになる。

　なおこの図では，格付け（等級）ごとに，上限と下限のある基本給の水準を対応づけている。社員各人に実際に支払う基本給の額は，この範囲（レンジ）内で，人事評価の成績などを踏まえて決められる。このほか，格付け（等級）ごとに一律の基本給の水準を対応づける場合もある。こうした制度のもとでは，社員格付け制度によりある社員の格付けが決まれば，基本給の額も決まることになる（基本給の賃金制度について，より詳しくは12章を参照）。

　このように社員格付け制度は，基本給の水準を決めるうえでの根拠となる。さらに，こうした基本給の水準は，夏と冬などに支払われる賃金である賞与（ボーナス）の額や，社員の退職時に支払われる退職金の額を決める基準ともされる。そのため社員格付けは，企業が社員にお金として支払う金銭的報酬を大きく左右する。

　さらに社員格付けは，このあと確認するように，社員の能力の高さや担当する仕事の重要度など，社員の企業への貢献度に関わる側面を評価して決められる。それゆえ人事評価の基準も，社員格付け制度で用いる基準のちがいを踏まえて設定する必要がある。能力の価値にもとづく格付けであれば，人事評価では，その基準となる社員の能力についての情報を得られることが重要となる。仕事の価値による格付けであれば，格付けの根拠となる仕事での，社員各人の貢献についての評価が重視されたりする。

　また，格付け（等級）ごとに社員に求められる能力や仕事の水準は，人材育成の目標ともなる。格付けごとに社員が受けるべき教育訓練のプログラムを用意する企業も多い。また社外から採用による場合にも，採用すべき人材を選抜

第3章　社員格付け制度

する重要な基準となる。さらに社員格付けが能力の価値にもとづく場合は，管理者としての能力の基準を満たすような高い格付けにあることが，管理者としての職務への社員の登用（役職昇進という）の条件とされたりする。またこうした役職昇進のほかにも，社員をどのような職務に配置したり，どんな仕事を割り振ったりするかの目安とされる。

　社員格付け制度において，上位の格付けへと社員が上がっていくことは「昇格」と呼ばれる。すでに述べたとおり，社員は上位の格付けに位置づけられることで，より高い賃金水準や，社内でより大きな威信と権限をもつようになる。多くの社員がこれを期待するなかでは，昇格は，社員に対して仕事に励むよう動機づける手段（インセンティブ）となる。すなわち，企業は，何らかの基準で測られる社員の企業への貢献を昇格の条件とすることで，社員から企業への貢献に向けた意欲を引き出すことができる。

　以上のように，社員格付け制度は，賃金や人事評価，採用や人材育成，昇進や配置の基準を提供するとともに，昇格の仕組みをつうじて，社員の仕事に励むインセンティブを与える役割を果たす。


## (2)　社員格付け制度の条件

　このような社員格付け制度は，平等が重要な価値観となっている社会において，人に序列をつける仕組みである。また，権力，権威，経済力といった，社員の利害に深く関わる。それゆえ，社員の多くにとって「公正」なものとして受け入れられる必要がある（今野 1998）。高い格付けに位置づけられても「うしろめたい」気持ちにならず，社内の誰かよりも自分の格付けが下とされても「しかたがない」と思えるような，多くの社員の納得できる基準であることが大事となる。

　社員格付け制度により示された社員間の秩序を社員が「公正」なものとして受け入れない場合には，社員格付けにおいて上位に位置づけられた社員の社内での権限や権威の正統性は損なわれてしまう。これにともない，管理者などの上位者による指示に社員が誠実にしたがわなくなると，日々の仕事の遂行さえ

39

とどこおりかねない。また，上位の格付けの魅力が損なわれれば，昇格を目指して仕事に取り組むインセンティブも小さくなるだろう。さらには，格付けを根拠とする賃金の水準に対する社員の不満から，離職をまねくことも考えられる。

　人的資源管理上は，「公正」な社員格付け制度をつうじて，これらの事態を避け，社員間の指揮命令の関係を円滑に保ったり，昇格に向けた社員の仕事への意欲を引き出したり，企業への定着を促したりすることが課題となる。

　それでは，どのようにしたら社員格付け制度が「公正」なものとして社員に受け入れられるか。これについては，社員を格付け（ランキング）する際に用いる基準の選択によるところが大きい。

　第1に，社員格付けの基準は，社員の企業への＜貢献度を反映＞するものである必要がある。企業への貢献度が高い社員ほど，高い価値をもつ人材として，社内で高く格付けられることは，多くの人の公正観と対応していると考えられるためである。能力が高かったり，担当する仕事が高度なものであったりして，貢献度が高い社員には，そうでない社員よりも企業内で高い位置づけを与えるべきという価値観としての公正観である。

　また，社員格付けの基準が社員の貢献度を反映するものであることは，企業が安定的に利益を確保するうえでも重要となる。というのも，すでに確認したように，高い格付けの社員ほど基本給の水準は高く設定される。それゆえ，貢献度と無関係に社員格付けを決めてしまうと，社員によっては低い貢献度に見合わない高い賃金が支払われることになる。そのような場合が多いと，企業としては利益を得ることが難しくなってしまう。これを避けるため，企業は貢献度に関わる基準で社員を格付けることで，社員各人について貢献度に見合った賃金を支払うようにすることが重要となる。

　第2に，社員格付けの基準とする要素は，社員の努力により変化する性格，つまり＜努力による可変性＞をもつことも重要となる。これにより，上位の格付けを目指す社員に，貢献度につながる要素を高めるよう努力するインセンティブを与えられる。また，そのように努力に応じて組織内で高い位置づけを

得るという仕組みは，人々の努力に応じた達成（アチーブメント）に対して報いるべきと考える社会の一般的な価値観に照らして「公正」と見なされるだろう。

とはいえ，社員の貢献そのものである，売上や利益に関する成果などを社員格付け制度の基準とすることは，通常，避けられている。そうした成果は，短期的に変化してしまうからである。例えば，ある社員が同じように営業活動を行っていても，商材によっては，他社が競合する新商品を発売したり，消費の流行が変化したり，景気が変動したりといった環境の変化により，月単位などの短い期間で売上が大きく変わることがよくあったりする。

このように本人の努力によらない要因によっても変化しやすい成果に応じて，社員の上下関係が短期的に変化するようでは，組織の秩序は不安定なものとなってしまう。その結果，指示や命令に関わるコミュニケーションがとどこおったり，短期的な秩序ゆえに「えらさ」の重みが軽くなったり，立場の不安定さから社員に過度な不安を与えたりしてしまう。これらを避けるには，社員格付けの基準とする要素は，＜努力による可変性＞という性格をもちながらも，ある程度＜安定的＞である必要がある（今野 1998）。

### (3) 社員格付け制度の多様性と変化

それでは，どのような基準が，＜貢献度を反映＞，＜努力による可変性＞，＜安定性＞といった３つの条件を満たすだろうか。このうち＜貢献度を反映＞するものであるかは，社員が成果を生むプロセスに着目するとわかりやすい（今野・佐藤 2022）。図3-2では，そのようなプロセスにそって＜貢献度を反映＞する要素を並べてみた。

すなわち，社員は，①年齢・勤続を重ねるなかで仕事の経験を積むことにより，②能力が高まる，そして能力に応じて③徐々に高度な価値のある仕事への配置が行われ，④企業への貢献，成果が高まる。こうしたプロセスをたどっていくと，成果（貢献）につながる，①年齢・勤続，②能力，③仕事が，それぞれ＜貢献度を反映＞する要素となる。これらの要素は，＜努力による可変性＞，＜安定性＞といった条件も満たし，社員格付け制度の基準とされる。他方で，

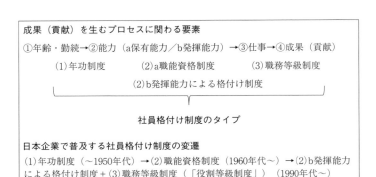

図3-2 格付け基準の多様性と社員格付け制度のタイプ
(出所) 今野・佐藤 (2022：53) の図3-1を参考に筆者作成

④成果（貢献）それ自体は，短期的に変化することが多いため＜安定性＞の条件を満たさず，社員格付け制度の基準には向かないと考えられる。

社員格付けの基準として，これらのうちどの要素を選ぶかによって，社員格付け制度のタイプは異なる。図3-2はそうした対応関係を示している。すなわち，①年齢・勤続つまり仕事経験の長さに応じた格付け制度は，(1)年功制度と呼ばれる。②社員のもつ能力の価値を格付けの基準とする代表的制度としては，(2) a 職能資格制度が挙げられる。同制度が，社員の保有する能力を広く格付けの根拠とするのに対し，そのうち仕事で実際に用いる(2) b 発揮能力を重視する社員格付け制度のタイプもある。③社員の担当する仕事の価値にもとづく社員格付け制度は，(3)職務等級制度である。

日本企業で広く普及する社員格付け制度は，これらのタイプのあいだで，長期的に変化してきた。1950年代に一般的であったのは(1)年功制度である。その後の1960年代以降には，(2) a 職能資格制度が普及している。さらに1990年代以降は，(2) b 発揮能力による格付け制度のほか，管理職層を主な対象に(3)職務等級制度を取り入れる企業も一部で広がってきた。日本企業におけるこうした社員格付け制度の変化のなかでは，社員が成果を生むプロセスにおいて，より成果（貢献）に近い要素が格付けの基準として用いられるようになってきている（今野 1998）。

第 3 章　社員格付け制度

　こうした社員格付け制度の変化は，日本企業が置かれる社会・経済環境の変化を背景に，「能力主義」や「成果主義」といった人的資源管理の基本的な考え方，つまりパラダイムの変化と併せて進められてきた。

　各時代に一般的な社員格付け制度は，それぞれその時点では，多くの企業が合理的な制度として取り入れてきたものと考えられる。例えば，年功制度の基準となる年齢や勤続といった要素は，図 3-2 に示したように，年齢や勤続年数が長いほど，仕事経験をつうじて習得した能力の価値が高く，これに応じて重要な仕事を担当し，より高い成果を実現できるかぎりは＜貢献度を反映＞するという条件を満たす。＜努力による可変性＞に関しても，転職という選択肢があるなかで，企業に高い年齢まで長く勤続するのであるから，社員の意識的な努力によるものと解釈できる。しかも，年齢や勤続は追い越されることがないぶん＜安定性＞も高い。

　しかし，日本では 1950 年代半ば以降，技術革新が大きく進んだ。これにともない，新たな生産設備などを導入した工場の職場などでは，長い仕事経験をつうじてカンやコツを身に着けた中卒のベテラン社員の生産労働者の活躍の余地が小さくなる。むしろ工業高校などで科学的知識を身に着けた高卒の若手社員に，高い貢献が期待されるようになった。

　こうしたなか，年齢や勤続が長いほど企業における能力の価値が高く，したがって貢献度も高いという相関関係が弱まる（白井 1992）。年齢・勤続年数が，必ずしも社員の＜貢献を反映＞するものではなくなってきた。そこで日本企業の多くでは，年齢・勤続年数に代えて，より成果（貢献）に近い要素である能力を新たに格付けの基準として用いるようになったと解釈できる（今野 1998）。

　こうした能力にもとづく社員格付けとしての職能資格制度の普及は，人的資源管理に関する新たな考え方にもとづき，積極的に進められてきたことも見のがせない。「能力主義」のパラダイムがこれにあたる。その考え方が示された日経連による『能力主義管理』（日経連能力主義管理研究会編 1969）での説明にしたがうと，「能力主義」管理は「従業員の職務遂行能力を発見し，より一層開発しさらにより一層有効に活用することによって労働効率を高める少数精鋭主

43

義を追求する人事労務管理施策の総称」とされる。

キーワードとなる「職務遂行能力」は「＜職務遂行能力＞＝体力×適性×知識×経験×性格×意欲」と説明される。意欲などを含みつつも，基本的には，社員の保有する仕事に関する能力の全体が，職務遂行能力として人的資源管理のなかで重視されるようになった。1960年代以降，こうした職務遂行能力を基準とする社員格付け制度として，職能資格制度が広く普及していく。職能資格制度は，現在でも日本企業の多くで用いられる社員格付け制度である。

### (4) 「成果主義」と社員格付け制度の変化

さらにより近年では，人的資源管理のパラダイムとして「成果主義」の考え方も広がってきている。その背景として，1990年代以降に日本経済が低成長を続けるなか，製品・サービス市場での成功が不確実なものと受けとめられ，どのような能力が貢献につながるかが見通せなくなってきたと考えられる。こうした現状認識をもとに，多くの企業で，貢献＝成果につながるかが不確実な能力よりも，成果自体を重視して人的資源管理を行う方針が「成果主義」として示されるようになった（石田 2006）。

こうした「成果主義」のもと，社員格付け制度にも変化が見られる。一つには，社員格付けのために社員の能力の価値を評価する際に，社員がそれぞれ担当する仕事で発揮している能力（発揮能力）を重視する方向への変化がある。職能資格制度のもとでは，社員が担当する仕事で活用していることが明らかな能力にかぎらず，社員の保有する能力を広く評価して，社員格付けに反映させる性格が強かったといえる。これを見直し，仕事の成果に直結する発揮能力を社員格付けの基準とし，昇格の判断などに用いるようになった。例えば，営業職の社員であれば，保有する能力全体ではなく，営業に関わる仕事で実際に用いている能力を発揮能力として評価し，昇格の判断に用いる。

このような発揮能力を評価する手法として，コンピテンシー評価を用いる試みも見られる。ここでコンピテンシーとは，よく参照される定義によれば，ある職務において，測定できる卓越した業績を生む要因となる個人の根源的特性

44

とされる（Spencer and Spencer 1993 ＝スペンサー・スペンサー 2011）。こうした定義は論者により様々であるものの，①高業績と関連すること，②行動として現れる（顕在化する）ことが，共通の特徴とされる（高橋 2010）。

これに対応して，企業でのコンピテンシー評価では，「顧客の声をもとに，顧客が何を求めているか調査したか」など，仕事上の成果につながる具体的な行動特性のリストを評価基準として用いることが多い。そうした行動特性を把握するには，企業ごとに高業績の社員へのインタビューやアンケート調査を行うほか，これまでの研究や実務での実践をつうじて整理された標準的なコンピタンシーのリスト（モデル）を利用することもできる。

コンピテンシー評価では，そうした基準に照らして，社員の実際の仕事上の行動（仕事における取り組みなど）を評価していく。こうした仕組みから，コンピテンシー評価は，社員の発揮能力を評価する手法として用いられる。その結果を社員の昇格の判断に用たり，格付け（ランク）ごとに必要となるコンピテンシーの基準をもうけたりすることで，発揮能力にもとづく社員の格付けを行うことができる（佐藤 2019）。

「成果主義」のもとでの社員格付け制度のもう一つの変化としては，管理職層を中心に，担当する職務（役職）の価値にもとづく格付け制度が導入されるようになった。そうした制度は「役割等級制度」などと呼ばれる。アメリカやイギリスの企業などで一般的な職務等級制度とは異なり，社員が担当すべき職務の範囲が事前に詳細に定義されておらず，部門の業績目標などをもとに，ある程度，柔軟に仕事が割り振られる。これに応じて社員がそれぞれ担当する仕事（＝「役割」）の価値を踏まえて，格付けを行う仕組みである（石田 2006）。

このように，「成果主義」のもとで取り入れられるようになった社員格付け制度では，発揮能力や職務の価値など，職務遂行能力と比べ，より成果（貢献）に近い要素が格付けの基準として用いられるようになっている（図3-2）。すなわち，管理職層については，役職に応じた職務の価値，一般層については，仕事において発揮される能力（発揮能力）を社員格付けの基準として用いる企業も増えてきた。

### (5) 仕事にもとづく格付けと能力にもとづく格付け

現在では，さらに欧米の人的資源管理をイメージしていると考えられる「ジョブ型」の人的資源管理への移行を主張する意見も見られる（日本経済団体連合会2021）。そうなると，一般社員層も含めて，職務の価値にもとづく社員格付け制度である，職務等級制度を導入するべきかどうかが問われるであろう。というのも，すでに指摘したように，社員格付け制度は，人的資源管理の「基盤」となる制度である。それゆえ，欧米企業で一般的とされるジョブ（job）＝職務を重視する人的資源管理を本格的に導入するとすれば，その中心にある社員格付け制度も変えることが必要になるはずだからである。

職務等級制度における職務等級は，アメリカやイギリスの企業などでは，ジョブグレード（job grades）とも呼ばれる。その名のとおり，職務の等級（＝グレード）をもうけ，これを社員格付けに用いる（須田2004；笹島2008）。

日本企業で一般的な職能資格制度では，社員各人のもつ能力の価値をもとに直接，社員を格付ける。その点で，能力という人のもつ特性の一つに着目して「人間序列」をもうける制度といえる。この点は，これも人のもつ特性である年齢や勤続年数にもとづく年功制度も同じである。これに対し，職務等級制度では，社員がどんな職務を担当するかによって，社員の格付けが決まる。それゆえ，仕事の価値に着目した「職務序列」としての性格をもつ（晴山2005）。こうした性格のちがいから，年功制度や職能資格制度は「人間系」，職務等級制度は「仕事系」の社員格付け制度ともいわれる（今野・佐藤2022）。

職務等級制度では，「人間系」の社員格付けのように，担当する職務と切り離して，年齢・勤続年数や能力に応じて，各人の格付けが決まることはない。そのため，同じ社員でも，格付け（等級）の異なる職務を担当することになれば，これに応じて社員の格付け（等級）も変わる。職務等級制度での昇格は，担当する職務の変更により行われる。もし変更後の職務の価値が低ければ，格付けが低くなることをさす「降格」となる。

このような職能資格制度と職務等級制度のあいだの性格のちがいは，社員の賃金の決まり方にも反映される。（詳しくは12章を参照）。ある社員の担当する

職務に変更があった場合，職能資格制度では，これを理由とする基本給の水準の変更はない。格付けの基準とする社員の能力の価値は変わらないためである。ただし，コンピテンシー評価などによる発揮能力にもとづく社員格付け制度では，担当する職務が変われば，発揮すべき能力が異なり，これに応じて社員格付けが変わる可能性もある。とはいえ，それはあくまで能力の価値の変化にもとづくものであり，職務の変更を直接の理由とするものではない。

　これに対し，職務等級制度では，社員の担当する職務が変わり，新たな職務の格付けが変更前のものと異なれば，昇格ないし降格が行われ，これに応じて基本給の水準も変化する仕組みとなっている。

　「人間系」か「仕事系」かという社員格付け制度の性格は，社員に対する仕事配分の柔軟性にも影響を与えることとなる。ここでいう「柔軟性」とは，企業の側が社員に対して自由に指示を行える程度のことを意味する。

　上で指摘したように，「仕事系」の職務等級制度では，より低い格付けの職務への変更は，これに応じた基本給の低下をともなう。また社内での序列が低下すること自体を不満に思う社員も出てくるだろう。すでに確認したように，社員格付けは社内での権威の大きさなどとも関わるためである。それゆえ，降格をともなう社員の職務の変更は，企業として社員に指示しづらい面がある。

　さらに，職務等級制度のもとでは，職務記述書（job description）などにより，格付けの根拠となる職務の範囲が明確に定義される。そもそも職務が明確でないと，その価値を評価して格付け（等級）を決められない。また格付けは，基本給の水準の根拠となるため，職務を明確に定義することは，社員に対して賃金ぶんの仕事を明確にする意味もある。これに対応して，社員のなかにも，格付けと賃金の水準の根拠である職務は，自身の同意なしに変更されるべきではないという権利の意識が共有されることにもなる。そのため，格付けが同等ないし昇格をともなう職務への変更であっても，企業側が社員の同意なしに行うことは難しい（佐野 2021）。

　これに対し，職能資格制度など「人間系」の社員格付け制度では，企業は，社員の格付け（等級）や基本給の水準を変更することなく，社員の職務を変更

できる。職務に対する社員の権利の意識も希薄となりがちと見られる。そのぶん，企業としては柔軟に，職務の変更をともなう配置の変更（配置転換という）や，社員各人への仕事の割り振りを行える。

これまで日本企業は，このような配置転換や仕事配分の柔軟性をもとに，業務に対して社員の要員（人数）の過剰な部署と不足する部署とのあいだで，配置転換による要員の調整を行い，できるだけ解雇（企業による雇用契約の終了）による要員の削減を避けてきた。また企業は，広い仕事経験をつうじた人材育成を目的に，柔軟な仕事の割り振りと配置転換を積極的に行っている。

とくに職能資格制度などの能力の価値にもとづく社員格付けは，社員に対して，昇格の基準となる能力の向上への動機づけ（インセンティブ）を与える。また，職務の数に限定されることなく，高度な職務に配置できる社員を多めに育てておきやすい。高度な職務に実際に配置されているかにかかわらず，高い能力をもつ社員には，それにふさわしい格付け（等級）に位置づけて報いることができるためである。

この点は，他方で職務の数に対して過剰に高い格付けの社員が増えてしまうことにつながりかねない。そうなると，企業としてはそのぶん，高い格付けに応じた高い賃金水準の社員を多く雇用することになる。これにともない，企業の人件費（人に関わる費用）の負担が過多になるリスクがある。これに対し職務等級制度では，それぞれの格付け（等級）に位置づけられる社員の人数が，職務の数に応じたものとなる。そのため，人件費の額をコントロールしやすい。こうした利点は，日本企業が賃金水準の高い管理職層を対象として，職務等級制度（役割等級制度）の導入を進める理由ともなっている。

とはいえ日本企業の多くは，社員との長期の雇用関係のもと，企業内での人材育成に大きく依存するかたちで人材を確保している。このような人的資源管理の慣行を維持するには，職能資格制度など，人材育成上の利点をもつ，能力の価値にもとづく社員格付け制度が有利となる。それゆえ，能力の価値にもとづく社員格付け制度を維持することは，今後とも重要な選択肢と考えられる。

## 3 事例で理解する：技能形成と社員格付け制度の改定

　日本企業の社員格付け制度としては，職務等級制度などの従来とは異なる制度も一部で用いられる。とはいえ，職務遂行能力にもとづく職能資格制度にも一定のメリットがあり，とくに一般社員層では維持される傾向にあることを前節で確認した。しかしこのことは，単に既存の社員格付け制度がそのまま用いられていることを必ずしも意味しない。ここでは社員格付け制度に関して，職能資格制度という基本的な性格は保ちながらも，具体的な制度の改定により企業内の社員構成の変化に対応しようとする事例を紹介したい。

　ここで取り上げるのは，JFE スチールにおいて 2015 年に実施された，職能資格制度の改定である（労務行政研究所 2018）。同社において，とくに製造現場を担う職種については，長期雇用を前提に技能を蓄積していくことが重要とされていた。しかし，①年齢構成の変化にともなうリーダー層の低年齢化，②若手社員層の増加にともなう社員の質的な変化，③多様な学歴・経歴の人材の増加といった要因を背景として，職能資格制度を維持しつつ人事制度を大幅に改定することとなった。

　ここでは，仕事を行う能力の形成に長期間の訓練が必要であるという特徴ゆえに，これを行いやすい職能資格制度の大枠を維持するという方針がもたれていることを確認したい。そのために①のリーダー層の低年齢化に関わる改定について取り上げる。この制度改定では，もともとは職種に関係なく単一の社員序列を企業全体として採用していたものを「技能系列」「スタッフ系列」「総合職系列」の 3 系列に分類した。リーダー層に関する改定は，このうち「技能系列」に関するものである。

　この「技能系列」の改定後の社員格付け制度を示したものが，図 3-3 である。「技能系列」には，「技能区分」と「職位区分」とがあり，前者は階層が下のほうから「担当」「基幹」「主事」，後者は「リーダー」「作業長」「統括」として序列づけられている。これらの関係としては，資格等級上は「主事」と「リー

ダー」が同水準と位置づけられている。この改定のポイントは,「基幹」から「リーダー」に就任した場合に,それに応じて等級を引き上げる制度となっていることである。

この改定の背景にまさに①の事情がある。同社では従来は40歳代以上の社員が担っていたリーダー職を30歳代以下の社員が担うことが多くなり,その半数近くが「基幹」相当の社員となっていた。以前からリーダーに就任した際には手当が支給されていたものの,上位資格者かつリーダーではない社員よりも賃金が低く,若手リーダー職層に納得感が得られない状況があったという。そこで,同社ではリーダー職への就任とともに資格を引き上げることで報いるという方針に転換し,社員の公正感が保たれるような制度に改定したのである。

こうした改定は,職能資格制度のデメリットとして指摘される,資格等級と職務内容のずれを解消するために行われたものでもある。一般に,職能資格制度では職務遂行能力(保有能力)を評価基準とするために,その時点で実際に担当している職務の難易度や責任等と資格等級が一致しないという現象が起こりやすい。このデメリットがJFEスチールでは資格上は低く位

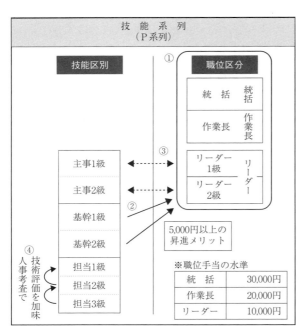

図3-3 JFEスチールにおける社員格付の改定
(出所)労務行政研究所(2018:25)

置づけられている者が役職(リーダー)を担当するというミスマッチとして起

こっていた。

　この改定は，担当している職務にもとづいて等級を設定するという点で，職務等級制度の要素を盛り込んだものともとらえられる。しかし，JFE スチールでは少なくとも役職のない担当職においては，経験年数と発揮される能力に相関関係があるという認識から，全体としては職能資格制度の形式を維持している。社員格付け制度は，社員がもつ能力や職務の責任などに関する理解や納得感がどのようなかたちで存在しているかと切り離せないことが，この制度改定の事例にも現れているといえるだろう。

## 4　データで確認する：企業は何を基準に給料を決めているのか

　賃金の決まり方は，社員格付け制度にもとづく。年齢や勤続年数にもとづく年功制のほか，職務遂行能力をもとに社員格付けを決める職能資格制度でも，年齢や勤続とともに，基本給の水準が高まる傾向にある。

　こうした賃金の上がり方は，昇進管理とも連動している。同じ年に新卒採用で入社した「同期」の社員は一定期間，昇進にも賃金にも差がつかず，勤続に応じて定期昇給（毎年，決まった時期に賃金が上がること）が行われる。なお，大学卒と高校卒では一般的に採用区分が異なるため，昇進管理でいう「同期」とは同じ学歴の同期を指す。つまり日本企業の典型的な慣行のもとでは，学歴と勤続によって賃金が決まる部分が大きいといえる。

　ただし，今田・平田（1995）が明らかにしているように，その後の課長昇進で同期のなかで早く昇進するかと遅く昇進するかの差が生じ，部長への昇進競争は昇進する社員自体が限定される。つまり，管理職になると学歴や勤続で賃金が決まる部分は小さくなっていく。

　図 3-4 は厚生労働省「就労条件総合調査」における課長以上の管理職と，管理職以外の社員の基本給の決定要素の推移である。まず管理職以外について見ると，2001 年は「学歴，年齢・勤続年数など」の割合が高い。しかし，その割合は 2009 年に低下し，2022 年には「職務，職種などの仕事の内容」の割合

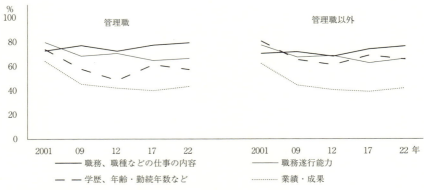

**図 3-4** 基本給の決定要素別企業割合の推移（複数回答）
（出所）厚生労働省「就労条件総合調査」

が最も高くなっている。また「職務遂行能力」も 2001 年には高い割合を示していたが、その後に低下し、2022 年には「職務、職種などの仕事の内容」を下回っている。

　また、管理職の賃金の決定要素は、管理職以外のものとは異なる。管理職に昇進した後は、学歴や勤続年数より、その役職の仕事を遂行できるかという「職務遂行能力」が重視されてきた。しかし、この「職務遂行能力」も 2000 年代をつうじて低下し、2022 年には「職務、職種などの仕事の内容」にとって代わられるようになっている。

　職務や職種にもとづく賃金決定は濱口（2009）にならってジョブ型と呼ばれる。だが、佐野（2021）が明らかにしているように、日本企業の賃金制度改革はジョブ型に近づいても、欧米のようになるとは考えにくい。

　能力も年数も、年を重ねると積み上がっていく性質をもっている。一方、職務や職種といった仕事内容で賃金が決まる場合は、過去とは無関係に、今この仕事ができるか否かが重要となる。「業績・成果」も同様であるが、これが広がる様子は確認できない。しかし、積み上げ型の賃金は社員の平均勤続年数が上昇すると人件費がふくらむ。それゆえ、労働力人口が高齢化している日本では、積み上げ型からの脱却もまた切実な経営課題である。そのオルタナティブ

第 3 章　社員格付け制度

（代わりとなりうる選択肢）の一つとして，仕事内容にもとづく日本型ジョブ型賃金のあり方が模索されている。

第**4**章

# 雇用区分
### グループに分けて管理する

## 1 雇用区分とは何か

　日本企業では，企業が雇用する社員（employee）をいくつかのグループに分けて管理することが一般的である。そうした社員グループは，それぞれ総合職正社員や一般職正社員，契約社員，パート社員などというように異なる呼び名（呼称）がつけられる。「キャリア社員」や「メイト社員」，「パートナー社員」などというように，その企業に固有の名称を用いることも多い。

　これらの異なる社員グループのあいだでは，ふつう働き方にちがいをもうけている。例えば正社員であれば1日8時間，週5日働くフルタイム勤務を基本とするのに対し，パート社員ではより短い時間や日数の勤務，つまりパートタイム勤務としたりする。またパート社員では，併せて1ヵ月，3ヵ月，1年などの期間を定めて雇用する有期雇用とすることも多い。

　さらにこうした働き方の面だけでなく，異なる社員グループのあいだでは，社員格付け制度や賃金制度，教育訓練などの人的資源管理に関しても，互いにちがいをもうけている（今野 2008）。

　このように呼称により区別され，働き方や人的資源管理に関しても異なる社員グループを「雇用区分」と呼ぶ。そのうち契約社員やパート社員などの雇用区分は，「非正社員」として，「正社員」と区別することも一般的である。また「正社員」の雇用区分のなかに総合職正社員のほか，短時間正社員や勤務地限定正社員などの雇用区分をもうける企業も見られる。

　日本以外の先進諸国の企業でも，パートタイム勤務や有期雇用の働き方は広がり，社員の働き方は多様化している。しかし例えばイギリスの企業などで，

54

働き方のちがいとともに，呼称や人的資源管理の内容も異なる複数の雇用区分をもうけるのは一般的でない（佐野 2021）。したがって雇用区分を正社員や非正社員に分けることもない。

ではなぜ日本企業は，自社の社員を雇用区分という異なるグループに分けて管理するのか。これにはそれなりの理由があり，これにともなう利点や課題もあるはずである。この章では，こうした雇用区分の管理について考えたい。

## 2 雇用区分を分けて管理する

### (1) 雇用区分による社員の位置づけ

雇用区分は，第3章で学んだ社員格付け制度とともに，社員各人の社内での位置づけを決める役割を果たす。すなわち雇用区分は，社員をいくつかのグループに分けるものである。社員格付け制度は，さらにそれぞれの社員グループのなかでの社員の序列を決める。こうした仕組みのもと，社員全員が，いずれかの雇用区分と社員格付けの組み合わせのなかに位置づけられる。

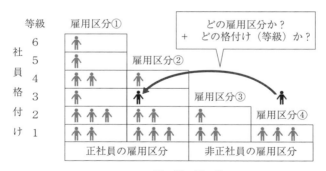

**図 4-1** 雇用区分と社員格付け（等級）による社員の位置づけ
（出所）筆者作成

そのイメージを図にすると図 4-1 のようになるだろう。社員各人は，雇用区分による並列的ないわば「ヨコ」方向へのグループ分けと，社員格付け制度に

よる上下の序列のなかへのいわば「タテ」方向の格付けをつうじて，社内での位置づけが決まる。こうして，基本的に社員のすべては，これらヨコのグループ分けとタテの格付けにもとづくマトリクス（格子）のいずれかに位置づけられるかたちとなる。比較的大きな企業であれば，マトリクス上の同じ場所（雇用区分と社員格付け（等級）の組み合わせ）には，たいてい複数の社員が位置づけられる。

　図中で，雇用区分により等級の階層が異なるのは，日本企業で一般的な雇用区分の実態を反映させている。あとでも確認するように，そうした企業では，雇用区分ごとに，社員に期待する仕事の範囲（職域）が異なる。これに応じて，職域内の仕事の遂行のために社員に期待する能力の上限もちがってくる。それゆえ，能力の価値に応じた社員格付け（等級）の階層数も，雇用区分ごとに異なることになる。

　実際の雇用区分の数は，企業により様々である。社員数の少ないごく小さな企業などでは，雇用区分が例えば正社員のみという場合もある。正社員とパート社員のみなどのシンプルな構成の企業も少なくない。他方で，正社員と非正社員のいずれにも複数の雇用区分をもうける企業もある。図に示したのはそうした企業での雇用区分のイメージである。

　また単純化のため図には反映していないものの，実際には，雇用区分ごとに異なる社員格付け制度を用いる日本企業も多い。例えば正社員とパート社員とで社員格付け制度が異なったりする。これに応じて，格付けに用いる具体的な基準や対応する賃金制度が異なること多い。そうした企業では，例えば同じく「等級2」に相当する格付け（等級）でも，正社員とパート社員とでは期待する仕事や能力の水準が異なり，これに応じて賃金の水準も異なったりする。他方で，雇用区分に共通の格付け制度を用い，格付けの階層数のみが雇用区分による異なる企業もある。

　このように具体的な制度は企業により多様であるものの，雇用区分と社員格付け（等級）の組み合わせ（マトリクス）のいずれかに，社員各人が位置づけられる仕組みは，広く共通している。

第4章　雇用区分

　そうした位置づけが重要なのは，雇用区分や社員格付け（等級）の組み合わせが異なれば，社員の人的資源管理上の期待も異なるためである。すなわち，雇用区分ごとの社員グループに対して，企業が期待する仕事や能力の範囲にはちがいがある。また，そのなかでの社員格付け（等級）に応じて，社員各人に期待する仕事や能力の水準が異なる。

　さらに，こうした期待の相違に応じて，社員各人に対して行うべき人的資源管理の内容も異なってくる。すなわち，まず企業として雇用区分ごとの社員グループに期待する仕事や能力の範囲を踏まえて，社員格付け制度や，能力向上に向けた教育訓練制度，仕事や能力に報いる賃金制度などを設計する必要がある。例えばもしある雇用区分の社員グループに，高度な仕事や能力を期待するのであれば，これに見合う数の階層をもつ社員格付け制度と，これに応じた高い賃金水準を上限とする賃金制度，充実した教育訓練が欠かせないだろう。

　そのうえで，それぞれの雇用区分内での社員格付け（等級）ごとに，社員各人に期待される仕事や能力の水準は異なる。これに応じて，社員各人への仕事配分や教育訓練を行い，賃金を支払うことになる。

　このように雇用区分の仕組みは，社員格付け制度とともに，社員各人に対する人的資源管理の内容を決めるうえで重要な目安とされる。とくに雇用区分の仕組みは，社員をいくつかの社員グループを分け，それぞれに対する人的資源管理の制度や基本方針を決める役割を果たす。

　これに加えて日本企業では，雇用区分ごとに基本となる働き方を決めておくことも一般的である。すなわち，フルタイム勤務とパートタイム勤務のいずれとするか，雇用契約の期間を有期とするか無期とするかといった，制度上で社員が選べる働き方についても決めておく。その範囲内で，社員各人の働き方が選ばれることとなる。

　以上のように企業は，雇用区分として，人的資源管理の制度や基本方針，働き方の異なる社員グループを複数もうけ，これらを組み合わせることで，全体として最適な人的資源管理の実現をはかる。そのためには，雇用区分をどう分け，それぞれにどのような仕事と能力を期待し，どんな働き方を求めるかの方

57

針を明確にすることが出発点となるだろう。さらに，それぞれの雇用区分への期待を満たす人材の確保と活用に向けて，雇用区分ごとの社員格付け制度や賃金制度，教育訓練制度，労働時間制度などを設計していく。

　もちろん企業の実務のなかでは，一から雇用区分の分け方を考えていくことはあまりないかもしれない。すでにある雇用区分に加えて，新たな雇用区分を追加するかたちで，企業としての雇用区分の組み合わせが決まっていく場合が多いだろう。例えば，これまで正社員とパート社員のみの雇用区分であった企業が，契約社員の区分を追加したり，正社員の区分として勤務地を限定する正社員（勤務地限定正社員）などを加えたりする例はよく見られる。

　このような場合にも，企業には，雇用区分の組み合わせ全体として効果的な人材の確保と活用をはかる視点が求められる。すなわち新たな雇用区分の社員に期待する仕事や能力の範囲，求める働き方を明確にし，これに見合った人事制度を設計していくことが重要となる。併せて既存の雇用区分に期待する仕事や能力，働き方の見直しや，これに合わせた人事制度の改定が求められることもある。

## (2) ２つの「柔軟性」と「柔軟な企業」モデル

　それでは，そもそもなぜ企業は，社員をいくつかのグループに分ける雇用区分の仕組みを用いるのか。その利点を説明するものとしては，「柔軟な企業（flexible firm）」モデルが参考になる（Atkinson 1985）。適切な人材活用（人的資源管理）のあり方を一般的に説明するもの（モデル）として提案されたものである。

表4-1　「柔軟な企業」モデルにおける２つの社員グループ

| 社員グループの位置づけ | 柔軟性の性格 | 職務の特徴 |
|---|---|---|
| 中核グループ | 機能的柔軟性 | 企業特殊的技能を要する，裁量度の高い仕事 |
| 周縁グループ | 数量的柔軟性 | 一般的技能で行える，裁量度の低い仕事 |

（出所）Atkinson（1985）での説明にもとづき筆者作成

第4章　雇用区分

　「柔軟な企業」モデルでは，企業は社員を「中核（core）」グループと，「周縁（periphery）」グループとに分ける。中核グループとしては，無期雇用でフルタイム勤務する社員を位置づける。これに対し，周縁グループには，有期雇用やパートタイム勤務の社員のほか，派遣社員などの企業が直接雇用しない外部人材などを位置づける。これら2つの社員グループの特徴を整理すると，表4-1のようになる。

　「柔軟な企業」モデルでは，先の見通しにくい不確実な市場環境や技術変化に対処していくうえで，社員の配置に関して2つの「柔軟性」が求められるとする。「機能的柔軟性（functional flexibility）」と「数量的柔軟性（numerical flexibility）」がこれにあたる。いずれも，企業が業務の量や構成の変化に合わせて社員の配置や人数を調整すること，つまり雇用調整を行ううえでの企業の自由度としての「柔軟性」である（雇用調整について詳しくは第6章を参照）。

　このうち「機能的柔軟性」は，業務量の減る職務や職場に配置していた社員を業務量の増える職務や職務へと異動させること，つまり配置転換に関わる「柔軟性」である。企業がそうした配置転換を円滑に行うためには，社員と仕事とのあいだの関係を固定せず，変更できるようゆるやかにしておく必要がある。このような社員と仕事のあいだの関係のゆるやかさは，社員各人が果たすべき仕事や役割，つまり機能の変更に関わる柔軟性という意味で「機能的柔軟性」と呼ばれる。企業はこの機能的柔軟性をもとにした配置転換により雇用調整を行う。

　もう一つの方法は，業務量の変化に合わせて社員の人数を変化させるものである。そうして社員の人数の調整を柔軟に行える程度が「数量的柔軟性」である。具体的には，パートタイム勤務などの利用により，業務量の変化に合わせて社員の勤務する時間数や曜日，時間帯を変化させる。あるいは有期の雇用契約の利用などにより，業務量の変化に合わせて雇用する社員の人数を変化させる方法である。

　「柔軟な企業」モデルによれば，企業は中核グループに「機能的柔軟性」を

59

もたせることで，事業戦略の変更や技術革新などに応じて変化する業務の構成に合わせた人材の配置が行える。また製品・サービス市場での需要の変化に対しては，周縁グループにおける「数量的柔軟性」をもとに，業務量の変化に合わせて要員（社員の人数）を迅速に増減させることで対応するとされる。

「柔軟な企業」モデルは，さらに中核グループの人材が，企業内での長期の人材育成をつうじて「企業特殊的技能」を習得すると説明する。ここで「企業特殊的技能」とは，企業それぞれに特有の設備や人間関係，仕事の進め方，組織文化などに対応する企業特有の能力（技能）のことを指す。どの企業でも通用する汎用的な能力（技能）を意味する「一般的技能」とは区別される（企業特殊的技能については5章での説明を参照）。

企業特殊的技能は企業ごとに特有の能力であるため，これをもつ人材は自社で育てるほかない。そのためには長期の雇用関係が有利となり，「機能的柔軟性」がこれを可能とする。というのも社内である職務がなくなっても，その職務に従事する社員を別の職務に異動させることで雇用を維持できるためである。

さらに周縁グループの「数量的柔軟性」は，中核グループの社員の雇用保障をより確かなものとする。景気変動などを背景に業務量が大きく落ち込んだ時にも，周縁グループの人数を調整することで，中核グループの雇用を減らさなくてすむためである。

中核グループの人材には，こうして企業で習得した企業特殊的技能を発揮しつつ，事業の中心となる重要な職務や，裁量度（自分の判断で決められる程度）の高い職務を担当することが期待される。これに対し，周縁グループの人材については，企業は都度，採用により人材を調達するため，一般的技能が重視される。そして企業の事業にとっては副次的な職務や，裁量度の低い定型的な職務に配置する。

このように「柔軟な企業」モデルは，社員を大きくは「中核」と「周縁」の2つのグループに分け，配置や人数の調整，期待する仕事や能力，これに応じた人材育成などの面で，それぞれに異なる人的資源管理を用いる。そして両グループを組み合わせて活用してこそ，業務構成の変化に応じた人材の配置と，

60

第4章　雇用区分

業務量の変化に応じた要員の調整を柔軟に行うことができるとする。

### (3)　日本企業における「雇用区分型」管理の特徴

　ここでは日本企業に広く見られるような，社員を雇用区分に分けて管理する人的資源管理を「雇用区分型」管理と呼ぶことにしよう。「柔軟な企業」モデルでの中核グループと周縁グループの区別の仕方は，「雇用区分型」管理における正社員と非正社員の区別の仕方とある程度，重なると考えられる。

　日本において，労働基準法などの法律上，正社員と非正社員の定義があるわけではない。どのような雇用区分を正社員あるいは非正社員とするかは，企業の判断による。こうしたなか日本企業は，「柔軟な企業」モデルのように，長期的な人材育成と活用の対象とする中核グループに近い雇用区分を正社員，より短期的な活用の対象とする周縁グループに近い雇用区分を非正社員と位置づけていると解釈できる。

　働き方の面でも，正社員は中核グループの特徴のように，無期雇用でフルタイム勤務を基本とし，配置転換の範囲を限定しないことが多い。他方で非正社員は周縁グループの特徴のように，有期雇用でパートタイム勤務を基本とし，職務や職場に変更がないことが多い。正社員は「機能的柔軟性」の高い社員グループ，非正社員は「数量的柔軟性」の高い社員グループといえる。

　このような「雇用区分型」管理における正社員と非正社員の人的資源管理の特徴を，日本企業での実態をもとに整理したのが表4-2である。

表4-2　正社員と非正社員の職域と人的資源管理

| | 職域の広がり | 能力の幅 | 教育訓練 | 雇用関係 | 配置転換 | 社員格付け制度 | 賃金制度 |
|---|---|---|---|---|---|---|---|
| 正社員 | 広い | 高い上限 | 長期的に実施 | 長期・無期雇用 | 広い範囲 | 多い階層 | 高い上限 |
| 非正社員 | 狭い | 低い上限 | 短期的に実施 | 短期・有期雇用 | 狭い範囲 | 少ない階層 | 低い上限 |

　注：表中の広い／狭い，高い／低い，長期／短期，多い／少ない，高い／低いは，正社員
　　　と非正社員の雇用区分を比較したときの相対的な特徴である。
　（出所）筆者作成

61

まず，正社員と非正社員の雇用区分のあいだの人的資源管理のちがいは，それぞれに期待する仕事の範囲の相違に対応したものと考えることができる。すなわち，まず雇用区分ごとに企業として期待する仕事の範囲は異なる。こうしたなか正社員の雇用区分については，仕事の範囲に限定をとくにもうけず，管理職や専門職としての高度な仕事を含む広い仕事の範囲とすることが多い。これに対し，契約社員やパート社員などの非正社員の雇用区分は，より定型的で高い技能を要さない仕事の範囲とする。

　こうして企業が雇用区分ごとに対応づける仕事の範囲を「職域」と呼ぶこととしたい。正社員の雇用区分については広い職域，非正社員の雇用区分にはより狭い職域を対応づけるのが一般的である。このうち正社員の広い職域には，「柔軟な企業」モデルでいう企業特殊的技能を要する裁量度の高い仕事も多く含まれるだろう。他方で非正社員の狭い職域は，一般的技能で対応できる定型的な仕事が中心となると考えられる。

　こうして，企業が正社員と非正社員の雇用区分それぞれに期待する職域が異なれば，各雇用区分の社員に期待する能力（技能）の幅も異なってくる。すなわち正社員の雇用区分では，広い職域に応じた高度な能力までを社員に習得してもらう必要がある。そのために企業は，長期の雇用関係のもと長い期間をかけて教育訓練を行う。これに対し，非正社員の雇用区分で定型的な仕事を中心に狭い職域を担当する社員の教育訓練の期間はより短く，必ずしも長期の雇用関係は必要としない。

　この点は，正社員では無期雇用，非正社員では有期雇用が一般的であることとも対応している。また，正社員では職域が広いぶん，様々な職種や職務を担当する人材を育成したり配置したりするうえで，職種や勤務地の範囲を限定せずに配置転換できるほうがよい。

　こうして正社員のほうが非正社員よりも，社員により高度な仕事と能力が期待される。それゆえ仕事や能力の価値による社員格付け制度は，階層の多い重層的なものとする必要がある。これにともない，賃金の上限もより高く設定することになる。これにより，正社員の広い職域に含まれる高度な仕事を担う人

第4章　雇用区分

材の確保に向け，社員に昇進と能力向上への動機づけがはかられる。

　以上のように，正社員と非正社員のあいだでは職域が異なり，それぞれを担う人材の育成や配置，処遇のため，教育訓練の方針や雇用期間の長さ，配置転換の範囲，社員格付け制度，賃金制度など，広い領域の人的資源管理に一貫したちがいがもうけられる。

　このような「雇用区分型」管理では，広い職域を担い「機能的柔軟性」の高い正社員の雇用区分と，より狭い職域を担い「数量的柔軟性」の高い非正社員の雇用区分を組み合わせて人的資源管理を行う。これにより，「柔軟な企業」モデルが説明するように，業務構成や業務量の変化に応じた柔軟な配置や要員の調整が可能となる。また正社員の雇用区分の社員を対象に，長期の雇用関係のもと重点的に教育訓練を行える。そうすることでより確実に，企業特殊的技能を要し裁量度の高い高度な仕事を担う人材を企業内での育成により確保できると考えられる。


## (4)　多様なキャリア志向と雇用区分

　もちろん，このように「雇用区分型」管理がいかに効果的だとしても，それぞれの雇用区分を選ぶ社員がいなくては成り立たない。

　雇用区分のちがいは，社員の視点から見ると，働く期間や，働く時間の長さとタイミング（時間帯・曜日など），勤務地の範囲などに関する働き方を左右する。また，雇用される企業でどのような範囲の仕事までを担当することができ，そのためにどんな教育訓練が受けられ，どこまで賃金を高める機会があるかという企業内キャリアの見通しにもちがいをもたらす。

　企業は複数の雇用区分をもうけることで，育児や介護といった仕事以外の生活領域での活動などにより選ぶことのできる働き方がかぎられる人に対して，就業（働くこと）の選択肢を示すことができる。より積極的には，働く人たちの多様な期待に応えられる魅力的な働き方と企業内キャリアの選択肢を用意できる。

　このような企業の対応が効果的となる前提として，働く人々のなかで，キャ

63

リアや働き方に関する希望としての「キャリア志向」は多様化している。すなわち，従来からの典型的な正社員の雇用区分に対応するようなキャリアとして，企業内で様々な仕事を広く経験し，やがては管理職として活躍することを望む人ももちろんいる。とはいえこのほかにも，特定の職種で専門性を高めるようなキャリアや，住む地域にこだわって働くこと，学業，育児や介護などの家庭責任，社会生活などとの両立しやすい短時間勤務などの働き方を希望する人も多い。

　企業が，こうした多様なキャリア志向に応じたキャリアや働き方を実現できる雇用区分の選択肢をもうけることは，働く人にとり就業先としての魅力を高める。これにより企業は，より広い範囲の人材を採用したり定着させたりすることができる。例えば，短時間勤務の選択肢がないために就業が困難であった人材を，短時間勤務が可能なパート社員や短時間正社員などの区分をもうけることで雇用することが可能となる（佐野 2015）。

　このように「雇用区分型」管理は，企業内キャリアや働き方の選択肢を増やすことで，そのぶん多様なキャリア志向の人材を雇用できる点に利点がある。

　こうした利点を活かすうえでは，適切な雇用区分の数は，正社員と非正社員の2つで十分とはかぎらない。働く人のキャリア志向は多様であるためである。実際に日本企業のなかには，正社員と非正社員のいずれかないし両方に，複数の雇用区分をもうける企業は少なくない（佐藤・佐野・原 2003；西岡 2018）。その目的の一つは，そのぶん多様なキャリア志向をもつ社員を広く雇用して人材確保につなげることにある。

　長期的な傾向を見ると，日本企業の雇用区分の組み合わせは多様化してきている。これを振り返ると，主に 1980 年代以降，小売業やサービス業の企業などを先頭に，パート社員やアルバイト社員などの非正社員として，パートタイム勤務で有期雇用の社員の活用が進んできた（本田 2007）。さらに 2000 年前後の時期には，広い業種で，契約社員などとして，フルタイム勤務で有期雇用の非正社員の活用も広がった（武石 2003）。

　全体として，企業における非正社員の比率は高まり（「量的基幹化」という），

その職域も高度な仕事を含む方向へと広がった（「質的基幹化」という）。こうしたなか非正社員の雇用区分も，パート社員やアルバイト社員に加え，契約社員などを含むかたちで多様化している。

　この間，正社員の雇用区分に関しては，1985年制定の男女雇用機会均等法への対策として，正社員を総合職正社員と一般職正社員に分ける企業が広がった。総合職では，職種や勤務地の限定なく配置転換が行われる代わりに，上位の管理職への昇進の機会も開かれる。これに対し一般職では，職種や勤務地の変更がない代わりに，管理職への昇進機会がかぎられる。いずれかを選んで入社したかに応じて，社員のその後の企業内キャリアが分かれる仕組みとなる。

　一般職として女性のみを募集することは，男女雇用機会均等法により禁止されている。しかし一般職への求職は女性に偏り，一般職のほとんどが女性である企業が多い。こうしたなか，総合職として企業内での長期的なキャリア形成を希望する女性社員に対しては，同じ総合職の男性社員と同等の重点的な教育訓練の機会を与えようとしたものと解釈できる（脇坂 1998）。

　さらに近年では，配置転換を行う職種や勤務地に限定がなく，フルタイム勤務を基本とする典型的な正社員とは，これらいずれかの点で異なる正社員の雇用区分をもうける企業も広がってきている。①職種の範囲を限定する職種限定正社員や，②勤務地の範囲を限定する勤務地限定正社員，③労働時間の短い短時間正社員などが，そうした雇用区分にあたる。職種や勤務地の範囲，労働時間が限定されるため「限定正社員」と総称される。

　これら限定正社員の雇用区分は，①技術や営業，販売，マーケティング，経理，人事などの特定の職種での長期的な活躍や，②転居（居住地を移すこと）のない就業，③仕事以外の生活と両立しやすい短時間勤務などをそれぞれ希望するキャリア志向に対応していると考えられる。

　企業はこれらの限定正社員の雇用区分をもうけることで，多様なキャリア志向をもつより広い範囲の人々のなかから，優秀な人材の確保が可能となる。そうした人材に正社員として，非正社員よりも高度な仕事を含む広い職域での活躍を期待していると考えることができる。

## (5) 「雇用区分型」管理と「個別型」管理

とはいえ，社員の多様なキャリア志向に対応できるのは，「雇用区分型」管理だけではない。むしろ「雇用区分型」管理は，先進諸国のなかでもとくに日本で普及している人的資源管理のタイプ（類型）といえる。

例えば，1980年台に「柔軟な企業」モデルが提案されたイギリスでは，これに続く調査研究が，実際には同モデルのように社員を中核グループと周縁グループに分ける人的資源管理がほとんど行われていないことを確認している（Hunter and MacInnes 1991）。

そうしたイギリス企業での実例を見ると，企業は社員を雇用区分に分けることなく，社員各人について採用時などに，フルタイム勤務とパートタイム勤務のいずれとするか，無期雇用と有期雇用の別，勤務する職場，担当の職務などを個別（individual）に決めている。配置転換についても，社員各人が社内の職務の空席への異動の機会に応募したり，企業側からの異動の依頼に同意したりして行われる。社員格付け制度や賃金制度は，働き方のちがいによらず社員に共通であり，各人の職務の価値による格付け（等級）に見合う水準の賃金を支払う（佐野 2021）。

このようにイギリス企業で見られるようないわば「個別型」管理と日本企業で一般的な「雇用区分型」管理とを比較すると，いずれにも人的資源管理上の利点と欠点とがある。

まず社員の多様なキャリア志向への対応に関しては，「個別型」管理のほうが有利となろう。上記のように，社員各人の希望を踏まえて，まさに「個別」に働き方や，配置転換の有無や内容などを決めるためである。これに対し「雇用区分型」管理では，例えば，ある企業の契約社員は「フルタイム勤務・有期雇用で，配置転換はなく定型的な仕事を担当する」というように，働き方と企業内キャリアがセットとなる。社員各人の期待する働き方とキャリアの多様な組み合わせを，雇用区分としてすべて用意できるわけではない。

また社員各人のキャリア志向は，時とともに仕事への価値観や仕事以外の生活が変わるなかで変化することもある。「雇用区分型」管理のもと，例えば一

般職正社員として入社した社員が，総合職正社員の広い職域での活躍を目にして，そうしたキャリアを望むようになったりもする（脇坂 1998）。育児と仕事の両立を重視して短時間勤務のパート社員として入社した人が，子育ても一段落してフルタイム勤務を希望することなどもあるだろう。

　「雇用区分型」管理では，雇用区分間の転換の仕組みをつうじて，こうしたキャリア志向の変化に対応する。ただし，やはり企業が雇用区分として用意する働き方とキャリアの組み合わせのなかに，希望どおりのものがあるとはかぎらない。例えば総合職正社員では，管理職への昇進の機会が広がるものの，フルタイム勤務を基本とすることや，企業からの職種や勤務地の変更の指示にしたがう必要があったりする。転勤（転居をともなう異動）を望まないなど，いずれかの条件に対応できないため，雇用区分の転換を躊躇する社員もでてくる。

　これに対し「個別型」管理であれば，企業側との交渉や調整によるものの，社員はキャリア志向の変化に応じて，パートタイム勤務をフルタイム勤務に変更するなど，働き方の一部分だけを変えたり，異動の機会を利用したり利用しなかったりできる。このように社員のキャリア志向の変化への対応の面でも，「個別型」管理のほうに利点がある。

　しかし「個別型」管理を行う企業では，社員の意思を踏まえて個別に働き方や配置を決めていくうえでの調整のために手間暇をかけることになる。すなわち，採用時の働き方の決定や採用後の変更，配置転換の際に，企業としては社員本人に意向を確かめ，企業の都合も踏まえて個別に調整のうえ決定を行う。人事担当者や職場管理者などがこれに時間が割かれると，これに応じた人件費もかかることになる。このように「個別型」管理では，社員各人の働き方や配置の決定のため，いわば調整のコストがかかることに課題がある。

　これに対し「雇用区分型」管理では，雇用区分ごとに働き方と企業内キャリアの組み合わせをあらかじめ決めておく。そのため雇用区分が決まれば，その後の働き方の調整のコストはより小さくてすむ。またとくに正社員として機能的柔軟性の高い雇用区分をもうければ，職種や勤務地の変更をともなう配置転換も，企業は社員に指示して柔軟に行うことができる。そのぶんより確実に，

社員に広い仕事を経験させ人材育成につなげられる。

　総じて「雇用区分型」管理は，「個別型」管理と比べて，社員との個別の調整のコストを抑えつつ，ある程度，社員の多様なキャリア志向に対応することで人材確保につなげられる点に利点があると考えられる。またとくに正社員として雇用する社員について，柔軟な配置転換をつうじた人材育成をはかれる。これにより，高度な仕事を含む広い職域を担う人材の確保が期待できる。

　他方で「個別型」管理では，働き方やキャリアについて社員各自と個別に調整して決める。これにより各人のキャリア志向に即した働き方とキャリアの選択肢を社員に示しやすい。これによる人材確保の効果が期待できる反面，個別調整のコストも大きくなってしまう。また配置転換も社員の同意を前提とするため，配置転換をつうじた人材育成を企業として確実には行いづらい。

　いずれも利点と欠点があり，一概にどちらが効果的な人的資源管理のタイプともいえない。こうしたなか，社会によりいずれのタイプが普及しているかにはちがいが見られる。すなわち，すでに述べてきたように日本企業では「雇用区分型」管理が普及していているのに対し，イギリスの企業では「個別型」管理が一般的である。

　この背景として，イギリス企業では，職務の価値にもとづく社員格付け制度（職務等級制度）が一般的であることが挙げられる（須田 2004）。職務等級制度では，どんな職務を担当するかが社員の格付け（等級）の根拠となり，これに応じた水準の基本給が社員に支払われる。それゆえ企業は，社員の格付けや賃金を左右する職務の変更を社員に強く指示できない。いきおい配置転換には社員の同意を条件とすることとなる。そのため，日本企業における正社員の雇用区分のように，社員に高い機能的柔軟性を期待することは，そもそも難しい。

　また職務等級制度は，社員が誰かによらず，どんな職務を担当するかに着目して社員の序列を決める。これに対し雇用区分の仕組みでは，職務を決める前に，社員をグループに分けることになる。両者は相いれない性格をもつだろう。他方で，職能資格制度など，日本企業で一般的な社員格付け制度は，やはり職務を決める前に，能力という社員の特性をもとに序列を決める。「雇用区分型」

の管理は，このように職務と切り離して，社員のグループ分けや序列を決める人的資源管理を受け入れる人々の価値観のもとでこそ成立している面があるといえる。

## 3　事例で理解する：生命保険業における雇用区分の再編

前節では，いわゆる正社員と非正社員の雇用区分のあいだの相違が，非正社員の基幹化などの進行によって小さくなり，雇用区分が多様化してきていることを確認した。こうしたなか，企業によっては，段階的に雇用区分を再編している。本節では，生命保険業の企業での雇用区分再編に関する事例研究（金井2021）を取り上げたい。

生命保険業Ｂ社では，2015年3月から2021年4月にかけて，合計で4回の雇用区分の改定を行っている。そのプロセスをまとめたのが図4-2である。当初は正社員である「総合職」「一般職」と非正社員である「契約社員」に分けられており，それぞれのなかで転勤の有無や職務・役職などによってさらに雇用区分が分けられていた。

当初のバージョンから2021年4月の最新バージョンまでにかけての再編でどのような特徴を見いだすことができるか確認したい。第1に，当初の「総合職」と「一般職」については，2015年4月改定で「総合職（全国型）」と「総合職（地域型）」という雇用区分を設定して一般職を縮小したあと，2017年には一般職の区分を廃止している。正社員はすべて総合職としてあつかわれ，転勤の有無によって処遇が分けられることになった。第2に，当初の「契約社員」については，月給制社員と時給制社員に分けられていたところ，2015年4月改正ですべて「有期契約社員（月給制）」に統一された。また2019年4月に一部が「無期契約社員」に転換し，2019年には「総合職（地域型）」に組み入れられた。これにより正社員と位置づけられる人材の範囲が広がった。

重要なことは，なぜこのような雇用区分の統合が行われたかという点である。Ｂ社では，一般職女性の勤続が長期化し，業務内容の高度化していく傾向が以

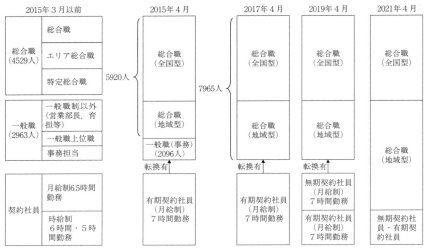

図 4-2　生命保険業 B 社の雇用区分統合・再編の推移
(出所) 金井 (2021：15)

前から見られていた。このことは，当初の雇用区分でも「一般職」のなかに「一般職上位職」という小区分が存在していることからも見て取れる。こうしたなか，総合職と一般職とを分ける合理性が薄れていき，また女性社員の仕事意欲を向上させるという観点から，総合職への統合が進められることになった。

　非正社員の雇用区分についても，同様の論理で説明することができる。前節でも取り上げた質的基幹化により，契約社員の女性の一部の技能水準が正社員女性と接近する実態があったと見られる。こうした女性社員をより積極的に活用するにあたり，「総合職（地域型）」への組み込みが進められていったのである。

　この事例で特徴的なのは，のべ 6 年間のあいだに 4 回もの雇用区分の改定が小刻みに行われていることである。雇用区分の改定が社員の意欲向上と納得性の確保に向けた不断の見直しをつうじて行われてきたことがわかる。

　金井（2021）は，2021 年 4 月における最新の改定でも，「総合職（全国型）」と「総合職（地域型）」のあいだにある処遇格差が大きいものとして社員から見なされていることを指摘している。もちろん転勤の有無によって手当などに差

第4章　雇用区分

をつけて処遇すること自体の合理性は理解されている。しかし実際にそうした転勤が頻繁に行われるとはかぎらないので，短期的にみると，それぞれ同じ職場に定着して働いているのに処遇には差があるという見え方になる。

　このように，雇用区分のあり方は固定的なものとしてみるよりは，たえず変化する可能性のある動的なものとしてとらえるべきものなのである。

## 4　データで確認する：なぜ非正社員を雇用するのか

　一口に非正社員といっても，その形態は様々である。このうち，嘱託社員などのように，定年後の再雇用にかぎられるといった年齢の制限や，専門職種にかぎられるといった職種の限定のない常用労働者としては，パートタイム労働者（短時間勤務の非正社員）が最も人数が多く典型的といえる。

　表4-3は，厚生労働省の「就業形態の多様化に関する総合実態調査」においてパートタイム労働者を企業（事務所）が雇う理由の推移である。（　）内にもう一つの普及している就業形態として，派遣社員（労働者派遣法上の派遣労働者）についての2019年の集計も示している。パートタイム労働者の活用目的については，2003年から2019年のあいだに大きな変化はなく，2019年に最も高い割合を示しているのは「1日，週のなかの仕事の繁閑に対応するため」である。「長い営業（操業）時間に対応するため」も約2割で大きな変化はない。これらは数量的柔軟性を確保する目的を端的に表している。

　一方，2003年に最も高い割合を示していた「賃金の節約のため」は低下傾向にある。2000年代に働き方の二極化に関して，非正社員の低賃金・不安定雇用が問題となった。そうした当時の問題状況が，2003年と2007年の結果に表れている。しかし，2003年から2019年にかけて労働力人口は減少し，企業は労働力不足に直面している。その様子は，「正社員を確保できないため」の増加傾向からも読み取ることができる。なお，人件費の節約という意味では，「賃金以外の労務コスト節約のため」は2010年に一時的に上昇したものの，その後は低下傾向を示している。

71

**表 4-3** パートタイム労働者を活用する理由

単位：％

| 調査年 | 1日，週の中の仕事の繁閑に対応するため | 賃金の節約のため | 正社員を確保できないため | 正社員を重要業務に特化させるため | 長い営業（操業）時間に対応するため | 臨時・季節的業務量の変化に対応するため | 専門的業務に対応するため |
|---|---|---|---|---|---|---|---|
| 2003 | 35.0 | 55.0 | 12.4 | 12.8 | 20.4 | 15.4 | 10.1 |
| 2007 | 37.2 | 41.1 | 17.6 | 15.3 | 21.7 | 14.5 | 12.7 |
| 2010 | 41.2 | 47.2 | 16.0 | 17.5 | 23.8 | 18.8 | 13.3 |
| 2014 | 39.2 | 41.1 | 24.8 | 22.4 | 24.1 | 19.6 | 17.7 |
| 2019 | 37.4 | 34.8 | 33.6 | 23.2 | 22.1 | 20.3 | 18.1 |
| （派遣労働者） | (13.8) | (10.4) | (47.8) | (27.1) | (12.1) | (25.2) | (22.7) |

| 調査年 | 即戦力・能力のある人材を確保するため | 賃金以外の労務コストの節約のため | 高年齢者の再雇用対策のため | 景気変動に応じて雇用量を調節するため | 正社員の育児・介護休業対策の代替のため | その他 |
|---|---|---|---|---|---|---|
| 2003 | 12.3 | 23.9 | 6.4 | 23.4 | 2.1 | 2.4 |
| 2007 | 11.8 | 21.3 | 7.9 | 18.0 | 1.6 | 10.6 |
| 2010 | 11.9 | 30.8 | 9.7 | 23.2 | 5.2 | 6.8 |
| 2014 | 18.5 | 23.7 | 12.8 | 19.1 | 7.9 | 7.4 |
| 2019 | 19.3 | 19.2 | 15.1 | 14.6 | 9.6 | 10.0 |
| （派遣労働者） | (33.3) | (11.5) | (11.5) | (23.0) | (19.6) | (4.4) |

注：複数回答3つまで。
（出所）厚生労働省「就業形態の多様化に関する総合実態調査」

　「即戦力・能力のある人材を確保するため」「専門的業務に対応するため」は，パートタイム労働者で割合が低い。このうちとくに「即戦力・能力のある人材を確保するため」については，派遣社員を活用する理由とする割合が高い。「正社員の育児・介護休業対策の代替のため」とする割合もパートタイム労働者より派遣社員のほうが高く，非典型雇用のなかでも，企業は目的に応じて異なる就業形態の人材を使い分けていることがわかる。

　佐藤編著（2008）が解説しているように，雇用区分によって賃金の決まり方は異なる。また例えば高度な専門業務を担う社員であれば，非正社員の雇用区分だからといって賃金を安く抑えられるわけではない。さらに上記のような労働力不足の傾向のほか，パートタイム・有期雇用労働法による正社員と非正社員の待遇格差是正や，最低賃金の上昇などは，企業が非正社員を雇用すること

第4章　雇用区分

で人件費を抑えることを難しくする面がある。そうした時代の変化に対応して，非正社員を雇用する目的は，今後も変化していく可能性がある。

<table>
<tr><td>第**5**章</td><td>

# 採用管理
人を募集して雇う

</td></tr>
</table>

## 1　採用管理とは何か

　採用は，企業が社外から人を雇い入れることを指す。採用をつうじて企業は，事業に必要な人材を確保する。すなわち企業が事業活動を行うなかで，これを担う人材へのニーズが発生する。そうした人材ニーズは，事業の拡大や再編，技術革新などのほか，社員の離職などによっても変化する。企業がそうした人材ニーズを満たすように，社外から人を雇い入れ，雇用契約を結ぶことが採用ということになる。

　企業から見て採用の場である労働市場では，他社に雇われ働く人や，育児や介護などに専念している人，失業している人，大学生や高校生，専門学校生などが，転職や新たに就業する機会をうかがっている。採用では，このような労働市場をつうじて人材を調達することで，社内の人材ニーズを充足する。

　企業がこれをうまく行うには，事前に雇うべき人材の質（仕事に関する能力など）と量（人数）を見積もり，募集を行い，集まった人のなかから，求める質と量の人材を選ぶ必要がある。こうした一連のプロセスを企業が適切に管理し，人材の確保につなげることが，本章のテーマとする採用管理である。

　採用管理は，後の章で見る教育訓練や配置転換などによる人材育成とならんで，企業の人材ニーズを充足する主要な手段である。異なる点として，人材育成ではすでに雇用している社員の能力を変えたり高めたりすることで人材ニーズを満たす。これに対し，採用は社外から新たに社員を雇い入れることでこれを実現する。

　このような採用管理では，まず採用すべき人材の質と量についての計画であ

第5章　採用管理

る採用計画を立てる。さらに採用計画を実現するため，どのような層に募集を
かけ，どのように募集を行うかなどを決める募集計画を立て，これを実行する。
また応募者のなかから適任者を選抜するための基準をもうけ，書類選考や面接
などをつうじて選抜を行い，採用する人材を決める。以下では，これら採用管
理の各プロセスに関わる基本的な考え方を整理することとしたい。

## 2　社員を募集・選考して雇う

### (1)　採用計画と採用対象

　企業の採用に関わる一連の活動の出発点は，採用計画として，新たに採用す
べき人材の量と質についての計画を立てることにある。このうち量の面での採
用計画は，何名採用するのかについての計画である。これは，企業に不足する
社員の人数の見積もりを踏まえて立てられる。

　企業としては，もちろん社員の人数の不足分をすべて採用により確保しなく
てもよい。業務を外部の企業や個人に委託したり，直接，雇用関係を結ばない
派遣社員を利用したりすることで，人材の不足を補ったり，解消したりできる
ためである。こうしたなか，柔軟な仕事配分や長期的な人材育成，他の手段と
比べた人材確保にかかる費用の小ささなどの面で，社員を雇用することに利点
がある場合に，そのぶんの人数を採用により確保することとなる（雇用するこ
との利点については第12章を参照）。

　このように他の選択肢も視野に入れたうえで，自社として雇用すべき社員の
人数についての計画を立てることは要員計画と呼ばれる。要員計画を前提に採
用計画が立てられる。すなわち，要員計画で決められた雇用すべき社員の数と，
実際に企業が雇用する社員の数の差を埋めるように，採用計画において採用す
べき社員の人数を計画することとなる。こうした採用計画の前提となる要員計
画の立て方については，次章で学ぶことにしたい。

　さらに採用計画では，人材の質の面での計画として，採用する人材に求める
能力の要件を明確にする。そうした能力要件は，どのような仕事を担う人材な

75

のかに応じて異なる。また，すぐにその仕事を担う人材が必要なのか，あるいは社内で育ててからそうした仕事を担えるような人材が必要かによっても異なってくる。こうした能力要件をもとに，募集の対象層を決めていく。

その際，「新卒採用」として，高校や専門学校，大学などの新規学卒者（新卒者）を採用するか，「中途採用」として，卒業後に一定の期間がたち，他社での仕事経験などをもつ人材を採用するかは，企業にとって重要な選択肢となる。年度ごとに，新卒採用と中途採用でそれぞれ何名の社員を採用するかについて，計画を定める企業も多い。

企業が中途採用を行う際には，採用後に配置する職種や職務があらかじめ想定されていることが多い。そうした仕事を遂行できる能力をもつ人材を確保することが中途採用の主な目的となる。それゆえ中途採用は「即戦力採用」とも呼ばれる。これは，企業が中途採用した人材に，採用後に担当する仕事ですぐに活躍できるような「即戦力」としての能力をもつことを期待していることを示す。

中途採用は，配置転換や離職にともない発生した職務の空席を埋めるかたちで「欠員補充」のために行われることも多い。このほか，より積極的に，企業が新たな事業領域に進出したりするうえで，自社の社員に不足する知識やノウハウをもつ人材を確保するためにも行われる。また営業活動を強化するため他社で営業経験を積んだ人材を採用するなど，事業戦略に即して特定の職種の人材を充実させるためにも行われている。

このように様々な事業運営上の要請にもとづき，すでに仕事の遂行のための能力をもつ「即戦力」の人材を確保するうえで，中途採用は重要な手段となる。自社として人材育成を行うよりも，迅速に，かつ教育訓練のための費用を負担することなく，人材を確保できる。とりわけ能力の習得に時間のかかる高度な仕事を担う人材を確保しようとする場合，企業にとってこうした利点は大きい。

これに対し新卒採用の場合，仕事経験が乏しいため，採用時には高度な仕事を担う能力をもたないのがふつうであろう。それゆえ，新卒採用した社員，つまり新卒採用者を管理的な仕事や高度に専門的な仕事に配置するには，企業内

での長期にわたる人材育成が必要となる。そうであれば、企業は、新卒採用を行わらず、中途採用のみを行えばよいようにも思われる。

しかし多くの企業は、中途採用に加え、新卒採用も行っている。その理由の説明として、一つには「企業特殊的技能（firm specific skill）」に関する考え方が参考になる（Becker 1964 ＝ベッカー 1976）。企業特殊的技能は、それぞれの企業に特有の仕事上の能力であり、社員がその企業で働いてこそ発揮することができる。

これと対照的な能力は「一般的技能（general skill）」であり、様々な企業で発揮できる汎用的な仕事上の能力を指す。例えば英語などを使いこなす語学力や、パソコンで文書資料を作成する能力などは、どの企業で働いても発揮できる一般的技能と見ることができる。

これに対し企業特殊的技能としては、ある企業だけが用いる生産設備などの企業特有の技術を使いこなす能力が挙げられる（Doeringer and Piore 1971 ＝ドーリンジャー・ピオレ 2007）。また例えば、技術職の社員に営業職の仕事も経験させるなど、企業ごとに社員のキャリアには相違も見られる。これにともない仕事ごとの能力は汎用的でも、その組み合わせとなる社員の能力は企業特殊的なものとなる（小池 1977）。このほか、誰に何をたのめば仕事を確実に進められるかという社内の人間関係や、各企業に固有の仕事の進め方などに関する知識なども企業特殊的といえるだろう。

そうした知識を含む能力は、社員がこれを身に着けた企業では発揮できる。しかし社員が転職して他の企業に移ると、そのまま発揮することができない。それゆえ企業特殊的技能と見なせる。

企業特殊的技能は各企業に特有であるため、これに支えられた企業の製品・サービスは、他の企業に模倣されにくい。すなわち競争相手の企業（競合他社）が、同等の技術を取り入れ、製品・サービスをまねようとしても、これを支える企業特殊的技能をもつ社員は自社にいない。そのため同等の質の製品・サービスを生み出すことは困難となる。それゆえ、企業特殊的技能をもつ人材に支えられた製品・サービスは、他社に対する競争上の優位（競争優位）の基盤と

なる可能性がある。

そこで企業としては，企業特殊的技能をもつ人材を確保したい。ところが自社に特有の企業特殊的技能は，当然ながら他社の社員がもつことはない。それゆえ自社での人材育成をつうじて確保すべきということになる（Lepak and Snell 1999）。

またそうして育成した社員には，長期的に企業特殊的技能を発揮して自社に貢献してもらいたい。そのためには若い人材を採用するのが有利となる。それゆえ学校を卒業したての若い人材を新卒採用しているのだと考えられる（太田2010）。

新卒採用者は，単に若いだけでなく，ふつう他社での仕事経験をもたないことに大きな利点があるとの考え方もある。すなわち新卒採用者は，学生時代にアルバイトの経験などはあっても，中途採用者のように他社で本格的に働いた経験はない。それゆえ他社での価値観や仕事の進め方などを身に着けていない。そのぶん自社の価値観や仕事の進め方などを素直に受け入れ，企業特殊的技能を含む自社での仕事に関する能力を効率的に習得できるという考え方である。

このような考え方は，新卒採用者を自社の「色」（価値観など）に自由に染めやすいという比喩から「白い布」仮説とも呼ばれる。もちろん中途採用者のなかにも，転職後の企業の価値観や仕事の進め方などを柔軟に吸収できる人は少なくないと考えられる。また，他社での経験を踏まえた中途採用者の視点を取り入れることは，自社の価値観や仕事の進め方を相対化して新たな発想や業務改善につながる可能性もある。とはいえ実務の世界で「白い布」仮説を支持する意見も多く，企業が新卒採用を重視する理由の一つとなっている（永野2016）。

このほか新卒採用では，毎年度，同じスケジュールで会社説明や募集活動，書類選考や面接試験などによる選考，内定式や入社式，入社後の新人社員研修など一連の活動を行う。そのため担当者や会場，募集広告などに一定の固定的な費用（コスト）をかければ，一度に多くの応募者や新入社員を対象として採用活動や研修を行うことができる。

それゆえ新卒採用では，大企業などの応募者や採用者が多い企業ほど，いわゆる「規模の経済」がはたらき，採用する社員一人当たりにかける時間や要員，そして人件費の面でのコストを小さくすることができる。これに対し中途採用は，前任者の離職による職務の空席の出現状況などに応じて，通年でその都度行われたりする。これにともない一度の採用人数もより少なく，研修内容に関わる採用時の能力の水準も様々となる。そのため新卒採用のような「規模の経済」のメリットは得にくい（中村 2020）。

さらに以上のような理由から一度，新卒採用をつうじて多くの社員を採用する慣行が成立すると，そうした慣行が維持されやすいという面もある。というのも，多くの企業が優秀な人材を求めて新卒採用を行うなかでは，新卒採用をあえて行わないことは，優秀な人材を採用する機会をのがすこととなる。

また企業で活躍している社員は，これにより高い賃金水準や昇進機会を得られるため，現在の企業に満足して転職しない傾向にあるとの想定も成り立つ。それゆえ転職者を中途採用しても，優秀な人材は採用できないのではないかと企業の採用担当者は考えるかもしれない。採用選考において人材の質を見極めるのは容易ではないため，そうした疑いがあると，企業は中途採用に慎重となる。これにともない企業は優秀な人材を採用できる確率が高いと考える新卒採用をますます重視するようになる（太田 2010）。

これらの結果として，ひとたび新卒採用の慣行が成立すると，それが維持されるようになる。日本の社会では，こうした関係が成立している可能性がある。新卒採用者を多く採用し，企業内で長期的に育成して活用する慣行は，先進諸国のなかでもとくに日本企業で普及している（佐藤 2022）。

とはいえすでに確認したように，中途採用にも「即戦力」となる人材の確保など，新卒採用にはない利点がある。とくに近年では，現在の企業で活躍していても，さらなる活躍を目指して転職することが一般的になった。そのぶん企業としては，中途採用として優秀な人材を確保する機会が広がってきていると見ることもできる。

さらに日本企業を取り巻く環境に目を向けると，少子化のもと新規学卒者の

人数がますます減るなかで，新卒採用者のみでは人材の充足が難しくなる企業はさらに増えるだろう。

これまでも，大企業と比べて賃金の水準が低いなどの理由から採用力の弱い中小企業などでは，「第二新卒」として，他社での勤続年数が短い若年層の人材を中途採用により確保する取り組みが見られる。「即戦力」としてよりは，新卒採用者に準じるかたちで，人材育成の対象としての中途採用者と位置づけられる（永野 2007）。こうした若年層の中途採用は，大企業も含め広がっていく可能性がある。いずれにせよ，新卒採用と中途採用を組み合わせて，人材の確保につなげることがますます重要になっていると考えられる。

## (2) 人材を募集する

採用計画をもとに企業は募集活動を行う。とりわけ中途採用では，自社のウェブサイトなどで求人の案内を出すほか，求人情報サイトに求人広告を出したり，公共職業安定所（ハローワーク）や民間の職業紹介事業者（人材紹介会社など）をつうじて求人を行ったりなど，人材の募集のために様々な方法が利用できる。

このほか統計上は「縁故」として集計されることの多い，社員による知人等の紹介にもとづく採用も広く行われている。ただしその中心は，社員が仕事をつうじて知り合った知人と見られる。

この背景として，中途採用者には，採用後に配置する職務において「即戦力」となるような能力をもつことが期待される。しかし選考の際に，履歴書に示された職務経歴の情報や面接試験などから，そうした能力を見極めることは容易ではない。こうしたなか，自社社員が取引関係などをつうじて仕事ぶりをよく知る取引先の社員など，事前にある程度，能力の質が保証された人材を採用する利点は大きい。

そこで企業のなかには，社員から公式に知人の紹介を募り，採用にいたった場合に手当を支給するなどの社員紹介制度をもうけ，積極的に社員からの紹介による採用（「リファラル（referral）採用」とも呼ばれる）を行う企業も見られる。

ところで新卒採用の場合も含め，企業が人材募集を進める際には，求人の案

内や広告を出す。また，とくに新卒採用では，就職活動中の学生を集めて自社の事業などを説明する会社説明会を開いたりもする。企業としては，自社への求職者の応募を促すうえで，これらの活動により，求職者に届くよう自社についての情報を提供することが重要となる。

　そうした人材募集時の情報について，現状でも多くの企業は，多くの求職者が魅力的に思うような，自社の仕事についての良い側面についての情報のみを提供することが多い。賃金が高い，福利厚生が充実している，仕事上のやりがいや成長の機会があるなどの情報である。ここでは，このような情報提供のあり方を従来からあるものとして「伝統的方法」と呼ぶこととしよう（金井2002）。

　日本の法律（職業安定法）は，企業が人材を募集する際に，仕事の内容や雇用契約の期間，賃金，労働時間，休日・休暇など一定の労働条件についての情報を明示することを求めている。また当然ながら，明示する情報は正しいものでなくてはならない。

　ただし法律上は必ずしも事前の明示が求められない事項は多い。それゆえ例えば，上下関係に厳しく若手が意見を出しにくい雰囲気や，業務において緊張を強いられて精神的負担が大きいこと，休暇が取りにくい状況など，人材募集に不利になりそうな情報はあえて開示しないケースもある。

　これらの情報は，求職者が就職先を選ぶうえで重要となる関心事かもしれない。しかし企業にとっては，求職者に対する自社の魅力を低下させる自社の悪い側面についての情報となる。それゆえあえてそうした情報を示さず，自社の良い側面の情報のみを求職者に伝える伝統的方法は，現在でも企業で広く用いられている。

　こうした伝統的方法では，求職者にとって魅力的な自社の良い面のみを伝えるため，応募者を多く集めることが期待できる。これが採用の「母集団」となる。これが大きければ，そのなかから企業が求める質の人材を十分な数だけ採用できる可能性が高まる。伝統的方法は，そのために採用の母集団を十分に大きく確保することを意味する「母集団形成」に有利といえる。

表 5-1　人材募集における伝統的方法と RJP（Realistic Job Preview）

| | 伝統的方法 | RJP |
|---|---|---|
| メリット | 採用の母集団を大きくする | スクリーニング効果<br>採用後の定着<br>コミットメント効果 |
| デメリット | 採用後のリアリティ・ショックによる不満や離職 | 採用の母集団が小さくなる |

（出所）Wanous（1980）をもとに筆者作成

　これに対し近年では，RJP（Realistic Job Preview）の方法を人材募集の際に取り入れる企業も広がっている。RJP は，直訳すると「現実的な仕事情報の事前開示」となる。「現実」に即して，自社の仕事の良い側面だけでなく，求人者が応募を躊躇するかもしれない悪い側面も含めて，事前に説明しておく方法である。伝統的方法とは異なり，企業の現実に見られる良い面と悪い面の双方をバランスよく伝える人材募集の方法と見ることができる。

　人材募集における伝統的方法と RJP とを比較すると，互いにメリットとデメリットがある。これを整理すると表 5-1 のようになる。

　上で確認したように，伝統的方法は，採用の母集団を大きくすることで，採用計画に応じた質と量の人材の採用をより確実に実現できる点に利点があった。しかし，事前に企業の良い側面のみを伝えるため，採用された社員は，入社後に働き始めてから企業の悪い面を知ることとなる。事前の情報と現実との相違に心理的なショックを受ける。こうした心理的負担は「リアリティ・ショック」と呼ばれる。リアリティ・ショックを経験した社員は，仕事や労働条件に不満をもち，仕事意欲を低下させたり，離職したりすることになる。

　とくに離職につながると，採用のためにかけた募集広告の費用や，担当者が採用活動に費やした労働時間に相当する人件費がそのぶん無駄になってしまう。また採用後の新人社員研修など初期の教育訓練にかけた費用も無駄となる。それゆえ採用後の人材の定着も含めて採用活動の成否を評価するならば，伝統的方法は必ずしも有効な方法ではない可能性がある。

　こうした反省から普及しつつある RJP では，事前に企業の良い側面だけで

なく悪い側面も伝える。それゆえ，悪い側面を重視する求職者が応募をさしひかえることで，採用の母集団が小さくなるかもしれない。そうなると十分な数の人材を採用できないリスクが高まる。しかし，採用後にリアリティ・ショックを経験する社員を少なくできる。その結果，定着につなげることができれば，結果として，伝統的方法と同等以上の人材確保を実現できると考えられる。

このほか RJP では，事前に仕事の良い側面と悪い側面を知ったうえで，そうした仕事に自分に合うと考えた人材のみが応募してくる。自己選択により，企業が人材に求める条件に合わせて，あらかじめスクリーニングされた，つまりふるいにかけられた求職者が応募してくると見ることができる。これにより，企業としては人選の際の負担を小さくし，効率的に選考を進めることが期待できる。

RJP に関する古典的研究は，こうした「スクリーニング効果」のほか，あらかじめ悪い条件を知ったうえで応募してくる人材は，企業への愛着や一体感を高める傾向にあるという「コミットメント効果」など，RJP の様々な利点を指摘している（Wanous 1980）。

以上のように，採用後の社員の定着も含めた人材確保や，採用した社員の仕事意欲などへの効果も視野に入ると，企業にとって RJP の利点は大きいと考えられる。それゆえ RJP の考え方にもとづく人材募集を行うことは企業にとって重要な選択肢となる。


### (3) 選考のプロセスと選考基準

人材募集をつうじて応募者を確保できたならば，応募者のなかから企業の人材ニーズを満たす人材を選抜することが次の課題となる。他方で，企業に応募した求職者の側も，就職先の候補となる複数の企業のなかから入社すべき企業の選択を行っている。双方の意図が一致した場合に，ようやく雇用契約が結ばれ，採用が成立する。このような応募者の確保から採用成立にいたるまでの選考プロセスについて，新卒採用の一般的なパターンをイメージして示すと図5-1 のようになる。ただしエントリー受付の前にも，企業は会社説明会やイン

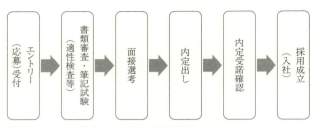

図 5-1　選考の一般的なプロセス（新卒採用）
（出所）中村（2020：71）の図 3-1 を参考に筆者作成

ターンシップなどをつうじて人材募集に関わる活動を行っている。

　選考プロセスでは，まずエントリー（応募）した学生に対して，書類選考や筆記試験などにより，第一段階の選考を行う。次の段階となる面接選考では，数段階に分けて行い，徐々に採用の候補者を絞っていくのが一般的である。これらの選考を通過した候補者に対して，企業は内定の通知を行う。応募者がこれを受諾し，雇用契約を結ぶことで採用が成立する。

　このように選考プロセスのなかでは，企業側の選抜により候補者の数が絞られる。またもちろん応募者の側も，内定受諾にいたる前に，他の企業を志望先として選ぶなどして，選考プロセスから徐々に離脱していく。それゆえ，毎年，多くの新卒者を採用する大手企業などでは，最終的に採用にいたる新卒者の人数を確保するのは決して容易ではない。採用の母集団形成，すなわち採用の母集団となる応募者を十分に多く確保することが大きな課題となる（中村 2020）。

　もちろん母集団形成や，応募者の自社へのつなぎ止めのため，人材募集の伝統的方法を用いるのでは，すでに確認したように採用後の離職が増えることで十分な人数の人材確保にはつながらないリスクがある。

　こうしたなか近年では，むしろ新卒採用の応募条件を引き上げる取り組みも見られる。応募条件や求める人材像，期待する能力や資格などをあらかじめ示すなどがこれにあたる。こうした取り組みは，応募者を減らすかもしれない。しかし他方で，企業の求める人材に近く，志望度の高い応募者の比率を高めると期待される。そうなれば選考の効率性が高まり，採用にいたる人材の確保に

つながる可能性がある（服部・矢寺 2018）。

　選考の基準について見ると，中途採用の場合には，採用前から配置する職種や職務が決まっている場合が多い。それゆえ選考基準としては，これらに対応する内容や水準の能力をもつことを条件とするのが一般的である。応募者が採用予定の職種や職務に関する専門的な能力をもつかを評価することになる。

　その手がかりとしては，これまでの仕事経験が重視される。例えば営業部門の管理者の職務に配置する予定であれば，これまでの営業職や管理者としての経験が，書類選考や面接試験において確認され，選考のための重要な判断材料とされる。このほか能力のより確実な評価のため，自社社員による紹介を重視する場合もあることは先に述べた。これらによる能力に関する評価を基本とし，さらに仕事に対する姿勢や意欲などを評価して人選を行う。

　これに対し，新卒採用の場合，通常，応募者は本格的な仕事経験がない。それゆえ大学や大学院などで学ぶ専門的な知識を除くと，仕事に関する能力の質や水準は，ふつう評価の対象とはならない。

　これに代えて企業が重視するのは，いかに小さな教育訓練の費用で能力向上が期待できるかという教育訓練の効率性であるという見方がある（Thurow 1975 ＝サロー 1984）。たしかに企業が同様に教育訓練を行っていても，のみこみが早くすぐに仕事が求める能力を習得する人と，そうでない人がいるように見える。そして教育訓練には費用がかかる（第8章を参照）。それならば，とくに採用後の人材育成が不可欠となる新卒採用では，できるだけ前者のような学習能力が高く，訓練費用が小さくてすむ人を雇いたい。そうしたいわば「訓練可能性」が重要な選考基準となる（永野 2016）。

　とはいえ採用選考において，応募者の訓練可能性を見積もることは難しい。こうしたなか，サロー（Thurow 1975）の考察にしたがうと，大卒・専門学校卒・高卒の別といった学歴の高さはその指標（目安）の一つとなる。高学歴の人ほど，教育訓練の効率に資するような学習能力が高い傾向にあると考えられるためである。

　しかし，もちろん学歴が同じであっても，各人の学習能力にはバラツキがみ

られる。またペーパーテストで評価される学業の面で高い成績をあげる能力をもつからといって，例えば対人的な営業や接客のノウハウなど，実技的な面ももつ多様な仕事上の能力の習得が得意とはかぎらないだろう。それゆえ最終的には，面接での選考などにより，仕事への熱意や姿勢なども含め，能力向上に貢献するような応募者の諸側面を評価することが重要となる。そうして，各人の訓練可能性をできるだけ確実に見積もることが課題となる。

さらに行動力や実行力，コミュニケーション能力と呼ばれるような基礎的な能力には，新卒者のなかでも，これまでの仕事以外の経験などに応じてちがいが大きい。これらを採用段階で備えているほど，企業としての教育訓練の負担は小さくなる。それゆえ新卒採用では，これらの基礎的能力も重視される（永野 2016）。

さらに近年では新卒採用において，職種別採用として，採用後の職種を限定して募集を行う企業も広がりつつある。これまでも日本企業では，文系の採用者を中心とする事務系の職種への配置と，理系の採用者を中心とする製品開発などの技術系の職種への配置を分けてきた企業は少なくない。しかし，とくに事務系のなかでは，採用後に配置する職種を限定しない採用が中心となってきた。現在でもそうした特徴は大きくは変わらない。ただし一部の企業では，事務系についても，営業や人事，経理など，配置される職種を限定する職種別採用を行うようになってきている。

このような職種別採用では，職種を限定しない通常の新卒採用と比べて，応募者の専門性や職種についての志向が，選考基準として重視されるものと考えられる（中村 2020）。

もちろん採用時の選考基準を厳しく定めるほど，これを満たす応募者は限定されてしまう面がある。新卒採用と中途採用とを問わず，採用人数を確保するには，一定程度，選考基準をゆるやかにしたり，引き下げたりすることもときに必要となる。またそもそも，面接での選考などをつうじて，中途採用者の「即戦力」としての能力や，新卒採用者の仕事に関わる学習能力などを評価することは難しい。それゆえ企業の人材ニーズを満たす人材確保に向けては，採用時

の人材の選抜に加えて，採用後の教育訓練などにより人材育成をはかることが重要となってくる。これについては，後の章（第8章など）であらためて学ぶこととしたい。

## 3 事例で理解する：採用基準とコンピテンシー評価

企業はどのような基準をもって採用活動を行っているのだろうか。日本企業における採用選考の基準は，1990年代の不況を経て，より客観的・標準的な採用候補者への評価を重視する方向へと変化してきたとされる。この点に関し，労働政策研究・研修機構（2009）は，新卒採用に関して，「実際に何をしたか」という「行動事実」を能力の指標として評価する「コンピテンシー評価」を日本企業が導入する動向について，調査から明らかにしている。

この調査では，新卒採用の選考にコンピテンシー評価を導入した理由として「評価基準を客観化・標準化するため」「特定の能力を評価するため」といった回答が多くの企業から寄せられており，単に「白い布」を求めるのとは少し異なる傾向が見られる。

近年では企業の採用方法も多様化している（服部 2018）。こうしたなか現在，新卒採用において選考基準の重要な部分を占めるようになったコンピテンシー評価について理解しておくことは重要である。

ここでは労働政策研究・研修機構（2009）での聞き取り事例のうち，大手の情報・通信業A社の事例を取り上げたい。この企業では，中核事業をシステム開発から顧客サービス事業へと転換しており，従来のシステムエンジニア・プログラマー中心の採用から，ビジネス的視点ももった事業の柱となる人材の採用が必要となった。A社ではコンピテンシーを「人が行動をおこす際のベースとなる資質」ととらえており，以下の点をコンピテンシー評価の評価事項としている。

①成果につながる行動特性（目標達成のため自らの役割を選び取り，状況を変え

ながら，新しい価値観を創造すること）

②チャレンジ精神（現状に満足することなく，自らを高めるために様々なことを吸収しようとしている。簡単に言えば，より上のレベルをめざそうとしていること）

③創造力（既存の概念に囚われず新しいものやアイデアを生み出そうとするか）

④コミュニケーション力（相手の意図に性格かつ素早く把握し，論旨明確に自分の考え（意見）を主張することができること）

⑤論理的思考力（物事を論理的に考え，納得感が高く，相手に伝えることができること）

　これらの評価事項は，新卒採用の適性検査（筆記試験）と面接での選考に用いられている。とくに面接においてどのような手順で評価を行うのかについて，担当者は以下のように語っている（労働政策研究・研修機構 2009：52）。

　　「『学生時代に特に力を入れたことで，成果が出たものについて具体的に話してください』などと尋ねて，まずはできごとのあらすじを話してもらう。学生が語った経験談に対して，それをやろうと思ったきっかけや，自分が工夫をしたところ，非常に苦労した点，最終的にどんな成果が得られたかをさらに尋ねて，できごとが起きた順番に話してもらう。みんなと一緒にやったことであっても，その中で自分の力でどこまで頑張れたかを特に聴きたい」

　このように学生時代に取り組んだことに関する「行動事実」をとらえようとしている。ただし，企業の事業方針の変更と採用基準をダイレクトに結びつけるというよりは，コンピテンシー評価により評価基準を明確にしつつも，基本的には採用候補者のポテンシャルをとらえようとする企業の姿勢が読み取れる。事業の変化に合った人材を採用しようとする一方で，従来からの訓練可能性としてのポテンシャルを評価しようとする志向が保たれている。

　このように事業環境の変化に企業として対応しつつ，これまでのポテンシャルを重視して選考を行う採用管理の方針を企業が維持していることがわかる。

コンピテンシー評価は，この方針を具体的な評価基準や手順として具体化したものであるといえるだろう。

## 4　データで確認する：企業は人物の何をみて採用しているのか

日本の正社員採用においては，特定の職務を行う能力をもつ社員を採用するというのではなく，入社してから様々な職務を柔軟に担い，その経験をつうじて能力を身につけるポテンシャルが重視されるといわれる。こうした特徴は，職業経験のない学生を採用する新卒採用において顕著であるものの，中途採用においても同様の傾向が見られる。

表5-2は，労働政策研究・研修機構が2017年に実施した「企業の多様な採用に関する調査」（調査対象は常用労働者30人以上の民営法人2万社）の結果である。企業計の結果をみると，中途採用で求める人材として，「ポテンシャルがある人」と「若年層の人」がともに約3割ある。長期雇用のもとで業務経験をつうじて能力を身につけることを前提にすれば，中途採用でも年齢が若いほうが入社後の成長を期待できるということである。

しかし同時に，即戦力の人材を求める傾向もあり，「専門分野の一定程度の知識やスキル」がある人を求める企業は半数を超える。「専門分野の高度な知識・スキルがある人」も約3割あり，1,000人以上の企業規模では4割を超える。専門分野の能力をもつ人材へのニーズは高いといえる。

ところが他方で，マネジメント能力を求める割合は高くない。「高度なマネジメント・豊富なマネジメント能力がある人」は，管理職として即戦力であるといえる。しかしその割合は1割に満たない。「一定程度のマネジメントの能力・経験がある人」を求める割合も約25％であり，高いとはいえない。

総じて，管理職は即戦力採用でなく内部育成し，それ以外の専門家を即戦力採用するという人材の使い分けをしている企業が多いといえる。なお，長期雇用の慣行のもと新卒採用から長期育成されて管理職に昇進する社員は，一般に職種を限定せずに幅広い経験を積むことが期待されている。これに対し，中途

表 5-2 正社員の中途採用で求める人物像・イメージ

単位：%

| | 専門分野の一定程度の知識・スキルがある人 | ポテンシャルがある人 | 若年層の人 | 専門分野の高度な知識・スキルがある人 | 一定程度のマネジメントの能力・経験がある人 | 幅広い経験がある人 |
|---|---|---|---|---|---|---|
| 企業計 | 53.9 | 34.9 | 31.7 | 28.4 | 24.9 | 21.7 |
| 1000人以上 | 52.2 | 40.3 | 21.6 | 44.1 | 23.5 | 21.2 |
| 300～999人 | 58.0 | 36.6 | 27.2 | 32.6 | 24.9 | 22.0 |
| 100～299人 | 58.2 | 35.3 | 33.6 | 27.8 | 26.6 | 20.0 |
| 100人未満 | 51.1 | 34.1 | 34.9 | 23.7 | 24.8 | 21.7 |

| 自社への理解度が高い人（過去に自社に勤務経験がある人） | 高度なマネジメント能力・豊富なマネジメントの経験がある人 | 高年齢層（豊富な経験がある）の人 | その他 | 無回答 | N |
|---|---|---|---|---|---|
| 14.2 | 9.6 | 2.9 | 4.2 | 7.9 | 3752 |
| 14.6 | 17.5 | 1.9 | 4.8 | 5.4 | 481 |
| 16.6 | 10.4 | 3.5 | 5.0 | 4.6 | 519 |
| 14.7 | 8.6 | 2.6 | 3.2 | 7.8 | 744 |
| 13.5 | 7.1 | 3.5 | 4.3 | 9.2 | 1335 |

注：複数回答可。企業計には企業規模無回答を含む。
（出所）労働政策研究・研修機構「企業の多様な採用に関する調査」（2017年）

採用では，そうした幅広い経験を評価する企業は2割程度にとどまる。その意味でも，新卒採用と中途採用には，企業の期待にちがいがある。

　このようにみると，企業が中途採用をする目的は新卒採用との関係で大きく二つに分かれるといえる。

　一つは，新卒採用と異なるタイプの人材を確保するための中途採用である。新卒採用は管理職候補として，幅広い経験を積みながら，マネジメント能力を身につけることを前提に採用する。一方，中途採用は専門家としての知識や能力のある社員を採用する。これにより，企業内の労働力の構成としてジェネラリストとスペシャリストを適切に組み合わせることができる。

もう一つは，新卒採用と同じ若年労働力を補充するための中途採用である。この場合は，中途採用であっても今後の成長が期待できるポテンシャルが評価される。日本社会の人口構成の変化のもと若年労働力が減少しているなか，新卒採用だけでは充足しできない若年労働力を確保するための中途採用が増えている。

また西村・池田・田上（2023）によれば，製造業のように新卒採用者の離職率が低い長期勤続型の労働市場と，サービス業のように新卒採用者の離職率が高い雇用流動型の労働市場が共存している。中途採用が増えている背景にはサービス業の拡大にともなう中途採用の労働市場の拡大もある。

これらの背景のもと，日本企業にとって中途採用による人材の確保は，ますます重要な課題となってきている。

<table>
<tr><td>第**6**章</td><td>**要員管理**<br>人数を適切に保つ</td></tr>
</table>

## 1 要員管理とはなにか

　要員管理は，企業が自社の要員を適切な水準に保つ管理のことを指す。ここで要員とは，文字どおり，事業や仕事に要する社員のことを指す。ただし人的資源管理の実務ではとくにその量的な側面，つまり社員の人数に着目するときに要員という言葉が使われることが多い。この教科書でもこれにならいたい。

　したがって，社員各人の能力の水準など，いわば人材の質の相違はひとまずかっこにくくる。企業全体のほか，事業部，部や課といった各階層の部門ごとに，業務遂行に必要十分な人材の量，つまり人数を保つことが要員管理の基本となる。もちろん同じ量の仕事をこなすにしても，社員の能力の水準が高ければ，より少ない人数で十分となることもある。要員管理の基本となる適切な水準の要員の見積もりに際しては，そうした人材の質の情報も考慮される。とはいえこれを踏まえて，社員の人数についての計画とその実現をはかるのが要員管理となる。

　企業にとって要員管理が重要なのは，業務量に見合う要員が確保できなければ事業の運営がとどこおるためである。また社員を雇用するには，賃金などの支払いのための金銭的な費用である人件費がかかる。それゆえ業務量に対して要員が多すぎると，人件費も過剰となり利益の確保がより困難となる。したがって企業が安定的な事業運営をつうじて売上を得るとともに，人件費を適切な水準に抑えて利益を確保するうえで，要員管理が欠かせない。

　要員管理のためには，要員計画が重要となる。企業全体として何人の社員を雇用するか，また各部門に何人の社員を配置するかについての計画が要員計画

である。さらに企業は要員計画をもとに，不足する要員を採用により確保する。また要員が過剰となる場合は，そのぶんの要員を配置転換により他部門に異動させたり，解雇などを行ったりしてこれに対処する。これらの要員の調整は雇用調整と呼ばれる。

本章では，これらの要員管理の手段としての雇用調整のうち，とくに解雇などによる要員の調整を取り上げる。なお採用については第5章，配置転換は第9章でそれぞれより広い観点から考えることとしたい。

## 2　社員の人数を適切に保つ

### ⑴　要員計画の立て方

要員管理の出発点は，要員計画である。要員計画では，自社にとり適切な要員の水準について計画を立てる。企業レベルの要員計画を立てるうえでは，大きく分けて2つのアプローチ（方法）が用いられる。「積み上げ方式」と「目標要員決定方式」がこれにあたる（今野 2008）。それぞれを式のかたちで示すと，表6-1のようになる。

表6-1　要員計画の2つのアプローチ

| 積み上げ方式 |
| --- |
| 企業レベルの適正要員＝部門ａの適正要員＋部門ｂの適正要員＋……＋部門ｎの適正要員＊<br>＊部門の適正要員＝部門の総作業量／一人あたり標準作業量（見積もり方の例） |
| **目標要員決定方式** |
| 企業レベルの目標要員＝目標付加価値額×労働分配率（＝目標総人件費）／一人あたり人件費 |

（出所）今野（2008）および河合（2020）をもとに筆者作成

まず「積み上げ方式」は，職場管理者がそれぞれの管理する部門の仕事の遂行に必要な社員の人数として，各部門の業務量に見合う適正な水準の要員（適正要員）を見積もる。これを足していき，企業を単位にいわば「積み上げ」ることで，企業レベルでの適正要員を見積もり，これを要員計画に反映させる。

部門ごとの要員の見積もりの和（足し算）にもとづき，要員計画を立てるアプローチである。

　積み上げ方式では，要員算定のための情報として，部門内の仕事の遂行のための作業量の把握が行われることもある。これを正確に行う方法の例としては，ストップウォッチ法が挙げられる。部門内の各業務について，単位となる仕事（task）に分解し，それぞれの遂行にかかる時間をストップウォッチで計測する。これを足しあげて各業務に必要な作業量を把握する。生産工程などでは，これをもとに基準となる時間当たりの作業量（標準作業量）を定め，適正な要員の判断材料とする。ただし測定の作業には，社員が時間をかけるぶん費用がかかる。また非定型な仕事の多いホワイトカラーの部門などには向かない。

　より簡易な用法としては，職務調査法がある。社員各人が自分の仕事を振り返り，日々行う仕事ではその仕事に日々かける時間，1週間や1ヵ月，1年単位で行う仕事ではそれら単位期間あたりにかける時間を職務調査票に記入する。これをもとに作業量を算出する方法である。上記のストップウォッチ法と比べ，より広い範囲の仕事で，より簡易に作業量を算出できる。しかし，社員各人の記憶にもとづく申告にたよるため，正確さに欠ける場合もある（河合2020）。

　職場管理者は，こうした作業量の情報のほか，管理者としての日々の職場の観察にもとづく要員の過不足感や，要員計画を立てる次期（次年度など）の部門の業績や生産性向上の目標などを踏まえ，自部門の適切な要員を見積もる。これを積み上げ，企業としての適切な要員を見積もり，要員計画に反映する。

　これに対し「目標要員決定方式」は，企業として負担すべき人件費の総額についての目標をまず定め，これを前提として，目標とする適正な水準の要員（適正要員）を算出するアプローチである。

　表6-1に式として示したように，まず目標とする人件費総額（目標総人件費）は，要員計画の対象となる年度に目標とする付加価値額（目標付加価値額）に，労働分配率をかけて算出される。ここで付加価値は，売上高から原材料費や外注費，燃料費，仕入商品などの外部購入費を差し引いた企業の「稼ぎ高」に相当する。

次年度など将来の目標値としての目標付加価値額は，計画上の売上高と付加価値率とをかけて算出される（窪田 2004）。この目標付加価値額に，そのうち賃金などとして社員に分配するぶんの割合を指す労働分配率をかけて，目標総人件費を見積もる。さらにこれを社員一人あたり人件費の平均額で割ることで目標要員を見積もることができる。

職場管理者による職場レベルでの要員の見積もりを反映させる「積み上げ方式」が，いわばボトムアップのアプローチであるとすれば，「目標要員決定方式」は，経営層や本社人事部門が企業レベルでの適正な要員の水準を定め，これを前提として各職場に要員を割り振る。その点で，トップダウンのアプローチと見ることができる（河合 2020）。

これら2つのアプローチには，互いに異なる利点と欠点がある。すなわち「積み上げ方式」は，担当する部門や職場の仕事と人材についてよく知る職場管理者が要員を見積もる。そのため，部門や職場の運営に必要な社員の人数を確実に配置しやすい。また各職場の要員についての職場管理者の納得性も保ちやすい。

他方で，職場管理者としては，部下の数が多いほど担当部門の業務を確実に遂行し，売上などの業績目標も達成しやすいはずである。その成果は自分の人事評価にも反映される。それゆえ職場管理者は，自らの利害を考えて，担当する職場の要員を多めに見積もりがちとなる。

しかし人事部門の担当者などは，職場管理者ほどには各部門の仕事や人材の情報をもたない。そのため，職場管理者による見積もりが過剰になっていないかを判断することは難しい。結果として，職場管理者による見積もりにたよる「積み上げ方式」では要員が多めに見積もられがちとなる。そのぶん人件費の負担が増え，利益の幅が小さくなる傾向にある。

これに対し，「目標要員決定方式」は，企業として利益を確保するという採算性を重視したアプローチといえる。まず企業として利益を確保できるように適正な人件費総額を定めて，これを前提に要員を決めるためである。

しかし利益の確保を過度に重視する結果，仕事に対して要員が過少となると，

仕事の遂行がとどこおったり，仕事の質が低下したりする。これにともない売上が減少すると，利益の確保はかえって難しくなる。またこれを避けようと過少な要員で仕事の量と質を保とうとすると，社員の労働時間が長くなり，社員の負担が過剰となる。その結果，仕事意欲の低下や離職を引き起こしてしまう。

そこで多くの企業では，このように異なる利点と欠点をもつ2つのアプローチを組み合わせて，要員計画を立てる（今野 2009）。すなわち日本企業での典型的なプロセスとしては，本社人事部門が中心となり，「目標要員決定方式」で企業全体としての要員計画案を立て，その内訳として各事業部や事業所，さらには各部門の要員計画案を示す。その際，例えば営業部門については，部門の稼ぎ高の目標値などが要員の配分の際に参照されたりする。また事業戦略上，重視する部門に要員を多く配置する計画を立てたりもする。他方で，各部門の職場管理者による「積み上げ方式」にもとづく要員案が事業部や事業所を単位として調整のうえ人事部門などに提出される。最終的に両者のあいだで調整が行われ，その結果をもとに企業としての要員計画が決められる。

### (2) 日本企業の要員計画と要員管理

日本企業では，このように本社人事部門が取りまとめ役となり，企業としての要員計画を立てる慣行が見られる。本社人事部門は，要員計画に関わることで，企業の事業計画において重視する事業や部門に重点的に多く要員を配置するなど，企業としての事業戦略に応じた要員配置の実現をはかっている。

こうした集権的な要員管理の実態は，例えば佐野（2021）が示すイギリス企業（小売業）の事例とは対照的である。事例企業の本社人事部門は，各事業所（店舗）に対して要員計画を示すことはしない。代りに人件費の予算のみを管理する。本社の示す事業所（店舗）ごとの人件費予算を受けて，各事業所（店舗）の判断で各部門（売場など）の人件費の予算を決める。職場管理者（売場責任者等）は，担当部門の人件費予算を超えない範囲で要員を調整する。部門に何人の要員を配置するかという要員の決定は職場管理者が担う。

このような要員管理の特徴のちがいは，日英の企業間である程度，広く確認

96

第 6 章　要員管理

表 6-2　日英企業の要員管理と関連する人的資源管理

|  | 日本企業（典型的パターン） | イギリス企業（典型的パターン） |
|---|---|---|
| 要員管理の特徴 | 集権的な要員管理：人事部門が要員計画を取りまとめ | 分権的な要員管理：人事部門は人件費予算のみ管理 |
| 関連する人的資源管理 | ・正社員の雇用保障の方針<br>・配置転換の強い権限<br>・能力給の賃金制度 | ・正社員・非正社員の区別なし<br>・配置転換の弱い権限<br>・職務給の賃金制度 |

（出所）佐野（2021）をもとに筆者作成

できる。両国の企業における要員管理の特徴は，それぞれにおけるより広い領域の人的資源管理の相違とも関連している。これを整理すると表 6-2 のようになる。

　まずイギリス企業における分権的な要員管理の背景として，日本企業の正社員に相当するような，とくに雇用保障の対象とする社員のグループをもたないことが挙げられる。これにともない，やがて要員が過剰になった場合にも，解雇も含めた要員の削減策により要員を適正な水準に保ちやすい。それゆえ採算性の観点から人件費さえ管理できれば，要員自体を企業として管理する必要性はより低い。

　これに対し日本企業の多くは，このあと詳しく見るように，たとえ企業の業績が低下して雇用調整が必要となっても，正社員の解雇をできるだけ避ける雇用保障の方針をとる。これを可能にするには，本社人事部門がとくに正社員の要員を厳格に管理し，部門のみの判断で増員とならないようにするほうが理にかなう。

　また，イギリス企業は配置転換を社員に指示する強い権限をもたない。そのため，仮に要員計画を立てたとしても，これに即した配置転換を確実に行えるわけでもない。この点は，企業側が社員の配置転換に関して強い権限をもつことの多い日本企業とは対照的である（第 9 章参照）。これにともないイギリス企業における要員の調整は，各部門での判断による採用や，離職者の不補充，ときに剰員（過多な要員）の解雇に大きくたよることなる。そうであれば，本社人事部門が時間をかけて部門との調整を行い，要員計画を立てる必要性は低く

97

なる。

　さらにイギリス企業では，職務の価値にもとづく職務給の賃金制度が一般的である（第12章を参照）。これに対応して，賃金支払いの基準となる個々の職務の範囲が明確にされる。これをもとに各部門における職務の構成が定まれば，職務の数と職務ごとの業務量に応じて，部門の要員はおよそ定まることになる。それゆえ要員計画を職場管理者に任せても，その自由度はあまり大きくない。

　これに対し日本企業では，職務ではなく能力の価値を重視する能力給の賃金制度が一般的である（第12章を参照）。これにともない，職務給の場合のように，賃金の基準となる職務の範囲に限定されることなく，社員各人に仕事をより柔軟に割り振ることができる。そうすることで，社員各人の仕事の幅を広げ，より少ない要員で部門の業務量をこなせるようにもできる。能力給のもと仕事配分が柔軟にできることが，生産性の向上に向けた柔軟な要員配置を可能にしている。

　このような利点は他方で，社員各人の仕事が無限定に広がることで，各人の業務負担が過重となるリスクをともなう。これによる長時間労働は，社員の健康不安や仕事意欲の低下，離職をもたらしかねない（第7章を参照）。

　日本企業では，こうしたリスクを避けるうえでも，人件費の管理だけでなく，要員計画をしっかり立てる必要がある。すなわち採算性の観点に加えて，社員に過度な業務負担を負わせることなく，仕事の遂行が確実に行える要員を実現する観点からも，本社人事部門と職場管理者とのあいだで適正な要員の水準について調整を行い，要員計画を立てるプロセスをもつことが重要となる。

　以上に見てきたように，日本企業において，本社人事部門が中心となり企業としての要員計画を立てる集権的な要員管理の慣行は，正社員に対する雇用保障や，能力給の賃金制度，これと関連する柔軟な配置や仕事配分の慣行など，日本企業の人的資源管理の諸特徴と対応関係をもつと考えられる。


### (3) 「終身雇用」と雇用保障
　こうして企業としての要員計画が決まると，企業は，これに照らして不足す

98

る要員の見積もりをもとに採用計画を立て，これにもとづき募集や選考を進めて要員を補充していく。また要員計画と照らして，要員が過剰と判断される場合には，要員を減らすことが重要な選択肢となる。

こうしたなか日本企業の多くは，社員の雇用保障を重視している。とくに正社員として雇用する社員については，「人員整理」と呼ばれる，解雇などによる企業都合の要員削減をできるかぎり避け，雇用関係を維持する方針をもつ。

このような雇用保障に関わる日本企業の慣行は「終身雇用」と表現されることもある。ここで「終身」といっても，その期間は新卒での入社から定年までと見なすのが一般的である。定年とは，企業がある一定の年齢に達した社員の雇用を終了することにしている場合の，その年齢を指す。現在，日本企業の多くは 60 歳を定年の年齢と定めている。ただし近年では，高年齢者の就業機会の確保を求める法律（高年齢者雇用安定法）の要請に応え，定年の年齢を 65 歳まで延長する企業も増えている。いずれにせよ，新卒での入社の時点から定年という職業上のキャリアの大きな区切りまでが「終身」の期間となる。

ところが実際には，当然ながら，新卒採用した社員のすべてを定年にいたるまで，つまり「終身」にわたって雇用する企業はほとんどない。一つには，定年前のキャリアの様々な段階で，本人の判断で他社に転職するなどして離職する社員があるためである。また企業の側も，そうした転職者を採用（中途採用）している。

さらには企業の都合で，定年前の社員の削減（人員整理）も行われている。とくに中小企業では，過剰な人件費をかかえる余裕や，部署間の配置転換による要員の調整余地が小さい。そのぶん業績低下にともない正社員の解雇が避けられない場合も多い。大企業でも，業績低迷が続くと判断される場合などには，このあと説明する希望退職募集などの方法を用いて，正社員の人員整理を行っている。

これらの結果として，「終身雇用」のイメージのある大企業でも，決して全員ではなく，一部の社員のみが定年まで勤めあげるにとどまる。この点は，日本経済の高度成長期やそれ以前にさかのぼっても変わらない（野村 1994）。

したがって企業と社員のあいだの雇用関係の実態を示す用語としては，「終身雇用」という表現は必ずしも正確なものではない。すべての社員に必ずしも定年までの雇用は保障しないことから，「長期雇用」という表現を用いることも多い。

　むしろ「終身雇用」は，実現できるかどうかは別として，日本企業の雇用保障に対する強い方針を反映する言葉と解釈することができる。すなわち日本企業の多くは，とくに正社員として雇用する社員について，できるかぎり人員整理を避けて雇用を維持する方針をもつ。またこれに対応して，社員の側も一つの企業で定年まで勤め上げることを期待する傾向にある。

　このようにして企業と社員とのあいだには，社員としては定年にいたるまで辞めずに勤勉に働き続け，これに応えて企業としてはできるかぎり社員の人員整理（とくに解雇）を避けるという交換の関係が成立していると見ることができる。こうした関係は，就業規則などで必ずしも明文化されてはいない。企業と社員のあいだに，いわば暗黙の合意として成立しているものである。企業だけでなく社員の側も，こうした関係を信頼することで成り立つ性格をもつ（仁田 2003）。

　このようななか「終身雇用」は，企業が実現に向けて取り組むべきこと，いわば規範として日本企業に広く共有されている。社員の多くもそれが望ましいという価値観をもつ。その結果として，大企業の正社員を中心に，決して全員ではないものの，新卒採用されて定年にいたるまで勤続する社員が一定の規模で存在している。こうして，ゆるやかな意味での「終身雇用」は，企業が守るべき規範や，正社員の一部に当てはまる慣行として，今でも日本企業のなかに広く見られる。

### （4）雇用保障の合理性

　日本企業の雇用保障の方針は，解雇に関する法の規制により支えられている面もある。ここで解雇とは，企業側（使用者）からの申し出による一方的な労働契約の終了のことをいう。法律（労働契約法第16条）により，「解雇は，客観

的に合理的な理由を欠き，社会通念上相当であると認められない場合は，その権利を濫用したものとして，無効」とされる。

さらに裁判例の積み重ねから，不況や経営不振などを理由とする要員削減のための解雇（「整理解雇」という）は，4つの要件に照らして有効であるかが厳しく問われる。すなわち，企業の行う解雇が有効と見なされるには，解雇の必要性のほか，企業が解雇を回避するための努力をしていること，対象とする社員を合理的な基準で決めること，労働組合や社員の納得を得るよう解雇の必要性や手続きを説明することといった要件を満たす必要がある（菅野 2004）。

こうした法的規制を前提とすると，企業は要員削減の手段として容易に社員の解雇を行えるわけではない。上記の要件を満たさない解雇は訴訟にいたるリスクがある。雇用保障を重視する社会の価値観を背景にして，解雇をめぐる訴訟が起こること自体が，企業イメージを損なう面もある。

とはいえ企業は，単にこうした法的規制や，その背景にある「終身雇用」の規範に応えるためだけに，雇用保障を行っているわけではない。企業が社員の雇用を保障することは，人的資源管理上も利点があると考えられるからである。

第1に，企業が社員の雇用を保障することは，社員が安心して企業に定着する条件となる。結果として社員の勤続期間が延びれば，企業は社員の人材育成に時間とコストをかけても，その成果として高まった能力で社員が企業に貢献する期間が延びる。これにともない，企業は教育訓練への投資の回収を行いやすくできる（こうした関係についてより詳しくは第8章を参照）。

第2に，雇用保障のもと社員の勤続が延びることで，社員のあいだに信頼関係をともなう人的なネットワークが形成される効果も期待できる。長期にわたり社員同士がともに仕事をするなかで，互いをよく知ることで相互理解が深まり，信頼関係がつちかわれる。こうした信頼関係は，社員間で率直に意見を表明する機会を増やしたり，意見調整に要する時間を短くしたりして，組織としての効率的な意思決定とその実行を促す可能性がある（小野 1989）。

第3に，社員が企業での長期の勤続を考える場合，自らの今後のキャリアや収入の機会が，勤務先のこれからの存続や成長に左右されることとなる。それ

ゆえ自分の長期的な利害のためにも，勤める企業の業績に貢献しようとするインセンティブが働く。さらにこうした企業と自らの利害共有の意識を基盤に，社員のなかに企業に対する帰属意識が生じる。そうした社員には，仕事や企業への積極的な貢献への意欲（コミットメント）を企業は期待できる（佐藤 2012）。

　第4に，先ほど示したように，企業と社員のあいだには，企業が社員の雇用をできるかぎり守る代わりに，社員は定年まで勤勉に働き続けるという暗黙の合意が成立している（仁田 2003）。こうしたなか企業が容易に人員整理を行えば，こうした交換関係への社員の信頼は損なわれてしまう。そうなると，企業はこれまでどおり社員の長期勤続や，勤勉な勤務態度と貢献を期待できなくなる。ひとたび失われた信頼の回復も容易ではないだろう。企業にとり雇用保障への社員の信頼をうらぎることにともなう損失は大きい。

　第5に，安定的な雇用の機会は，働く人の多くにとって魅力的な条件となる。それゆえ，すでに雇用している社員の離職を抑え，勤続を促すだけでなく，新たな社員を採用するうえでも有利となる。これらのことから，優秀な人材の確保を行うためにも，雇用保障への取り組みは有効となる。

　第6に，日本の企業内労働組合は，組合員としての社員の雇用を守ることを最も重要な方針の一つとしている。それゆえ社員の雇用保障は，企業が労働組合とのあいだで協調的な労使関係を築き，企業の施策への労働組合からの合意や支持を得ていくための重要な条件ともなる（野田 2010）。

　以上のように，企業が社員の雇用保障に取り組むことは，法的規制や社会規範に応えるだけでなく，人的資源管理上の利点も大きい合理的な行動と考えることができる。それゆえ，アメリカやイギリスなど，日本と比べてより解雇が容易とみられる社会においても，解雇による雇用調整をなるべく避けるなど，雇用保障を重視する企業が見られる（O'Reilly and Pfeffer 2000 ＝オライリー・フェファー 2002；佐野 2021）。


## (5)　雇用保障と雇用調整

　とはいえ雇用保障を実現することは，企業にとって容易ではない。というの

第6章　要員管理

も，景気の影響や市場環境の変化，事業戦略の失敗などにより企業業績が大きく低下することは，多くの企業が経験する。これにともない売上が低下するなかで企業が利益を確保するには，費用の一定割合を占める人件費を削減することが重要な選択肢となる。要員の削減は，その手段となるためである。

　もちろん人件費は，社員の数を減らす要員削減だけでなく，人件費の多くを占める賃金の水準を下げることでも可能となる。というのも，賃金への支払いの総額は，社員の平均的な賃金水準に社員数をかけた額となるためである。このうち賃金水準を下げれば，社員の数を減らさなくても人件費を削減できる。

　実際，日本企業も，賃金のうち賞与については，企業業績が低下すると支払う額を減らすことも多い。企業業績を反映させる変動的な賞与の仕組みは，企業業績の向上に向けて貢献することへのインセンティブを社員に与える。さらに業績低下時には要員削減によらず人件費を削減することで，社員の雇用保障を可能に役割も果たす。

　ただし賞与の範囲内での人件費の調整には限界もある。賞与のなかに，企業業績などによらない固定的な部分（基本給の〇ヵ月分など）をもうけることも多い。社員にとって，賞与も重要な生活の元手（もとで）であるため，ある程度，安定的な賞与の支払いは，社員の定着などを促す重要な条件となる。

　さらに賃金のうち社員に毎月，支払う部分である基本給は社員の序列とも関わる賃金の安定的な要素であり，その時々の企業業績により上下させることは難しい。また基本給の水準の低下は，採用や優秀な人材の採用や定着を難しくし，仕事へのインセンティブを小さくしかねない。そうなると，企業業績の回復がさらに見込めなくなってしまう。

　それゆえ賃金の調整による人件費の削減には限界がある。そこでやはり要員を減らす雇用調整が重要な手段となってくる。

　事業所や部門を単位とする要員の過剰については，配置転換による雇用調整も可能である。すなわち社内の特定の部署で要員が過剰な場合，同時に他の部署で要員が不足することがあれば，前者から後者への配置転換を行うことで，要員の過不足を調整できるためである。実際に日本企業は，これを積極的に行

い，社員の雇用保障をはかっている（詳しくは第9章を参照）。

　しかし配置転換により，要員の過剰ぶんをすべて調整できるとはかぎらない。また部署間で職種の構成が大きく異なる場合は，配置転換により要員の過不足を短期的に解消することは難しい。仕事の性格が異なれば，社員に求められる能力が異なる。そして人材育成により能力の転換を行うにしても，数年単位の長い期間がかかることも多いためである。

　このほか人員整理によらない雇用調整の手段としては，残業（所定外労働という。詳しくは第7章）の削減による労働時間の調整も広く行われる。これにより社員一人一人の労働時間を削減すれば，社員の人数を減らさなくても，過剰な要員を減らし，そのぶんの人件費（所定外労働にともなう人件費）を削減できる。このほか社員に一定の期間，休業手当を支払いながら休業させる一時帰休も，一時的な雇用調整の方法となる。

　また採用の停止や採用数の抑制も，人員整理によらない要員削減の手段となる。企業規模がある程度あれば，例年，社員の自発的な離職や定年にともなう退職があるのがふつうである。こうして減少するぶんの要員の一部ないしすべてを採用により補わないこと（退職者の不補充）で要員削減が可能となる。

　このほかパート社員や契約社員などとの期間に定めのある有期の雇用契約を更新せずに終了すること（「雇い止め」という）も雇用調整の手段となる。有期雇用の社員を一定の規模で雇用しておくことは，正社員の人員整理を避けつつ雇用調整を行う余地を広げる面もある。

　以上の手段では十分な要員削減にいたらない場合は，正社員の人員整理の必要が出てくる。その手段となる希望退職募集は，退職金の額を定年退職時よりも有利に設定することで，定年前の退職を選択する社員を募る方法である。賃金水準の高い社員層を減らして人件費負担を軽減するため，50歳以上などの一定の年齢を応募条件とすることが多い。

　さらにこうした希望退職募集では十分な人数の退職者が確保できない場合には，解雇（整理解雇）が企業に残された選択肢となる。このように日本企業の多くは，人員整理，なかでもとくに解雇をできるだけ避けつつ，様々な方法を

104

用いて雇用調整を行っている（野田 2010）。

## 3　事例で理解する：百貨店における要員管理

　前節で説明した日本企業の要員管理の実態について，佐野（2021）で取り上げられている事例から検討したい。日本企業における要員管理は本社人事部門が取りまとめて要員計画を立て，事業戦略に応じた要員の配置をはかっている。それはどのような効果をもたしているのか。

　百貨店を事業として営む日本企業 J 社でも，本社人事部門が，店舗の人事担当者・店長・部門長とも連携しつつ，次年度の総額人件費予算と合わせて企業全体の要員計画を作成する。つまり，集権的な要員管理が行われている。

　より具体的には，各売場の要員配置は企業および店舗レベルで立てられる年度ごとの要員計画に即して行われている。この計画では各売場について雇用区分ごとの要員の詳細までを含めた計画が立てられている。

　売場責任者にあたる上級売場マネジャーは，こうした要員計画に即して売場に配置された各雇用区分の要員を前提として，日々の要員配置を行っている。上級売場マネジャーには売場の要員を決定する権限がないことに対応して，人件費に関する業績目標は与えられていない。人件費は，売場よりも上位の部門において管理されている。こうした責任の配分からも，日本企業の要員管理の集権的な特徴を見いだすことができる。

　1980 年代以降の要員管理を長期的にみてみると，まず要員構成が大きく変化していることを確認できる。1987 年時点では社員：約 14,100 名，パート社員：約 4,200 名，契約社員：約 410 名，嘱託社員：300 名であったのが，2015 年になると社員：約 5,200 名，パート社員：約 1,700 名，契約社員：約 3,700 名，パート社員・契約社員（定年後再雇用）：約 2,900 名へと変化している。社員以外を非正社員と見なすと，非正社員の全体に占める比率は 1987 年では 25.8％に対して，2015 年では 61.4％と大きく増加している。

　こうした雇用区分間の要員構成の変化は，毎年の要員計画に即して進められ

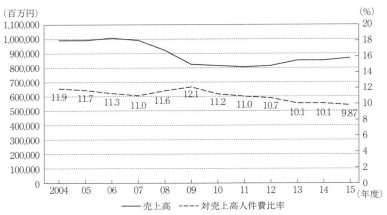

図 6-1　J社における売上高と対売上高人件費比率の推移
（出所）佐野（2021：187）

ている。J社では要員計画をつうじて人件費の抑制を進めてきた。図 6-1 は，J社全体における売上高と，対売上高人件費比率の推移を推計した集計したものである。2004 年時点での対売上高人件費比率が 11.9％であるのに対し，2015 年では 9.8％になっている。このように売上に対する人件費の比率が考慮されていることから，J社では前節で確認した「目標要員決定方式」に近いアプローチも採用されていると見ることができるだろう。

　J社では，このような要員管理のもと，長期的に非正社員の活用が進んでいる。こうしたなか，非正社員の要員管理の考え方も変化してきている。具体的には，上記のように 28 年間で契約社員が大きく増えている。ただしこれは，とくに 2000 年代半ば以降に進んだ。この背景として，2000 年代前半までは契約社員は定型的な業務を担う雇用区分とみなされていた。しかし，営業日・営業拡大に対応できる販売体制の強化という経営上の課題に対する労使の共通認識があり，販売職について契約社員の制度が導入された。その結果，実際にも 2000 年代半ば以降に契約社員の要員が増加したことが明らかにされている。

　こうした経緯からは，非正社員も含めた要員配置が継続的に見直されており，最適な要員管理のあり方が常に模索されていることがわかるだろう。

## 4　データで確認する：終身雇用は時代遅れか

　終身雇用は，年功賃金（年功的な処遇）とならんで，国際比較的に見て特徴的とされる日本的雇用慣行の中心に位置づけられてきた（小野 1989）。こうした終身雇用の方針にもとづく長期雇用には，前述のように人的資源管理として合理的な面もある。しかし，1990 年代から続く長期的な経済の停滞により，その負の側面が指摘され続けている。また，社員や企業の行動においても，転職と中途採用は増えている。

　長期雇用は，企業経営が順調であるときには経済合理性が前面に出る。企業の事業拡大や事業転換といった経営方針にそって，雇用保障と引き換えに，辞令（企業からの命令）一つで，社員を新たな事業所に配置することができる。しかし，企業業績の不振が続くと，解雇のしにくさから，余剰人員の人件費負担が企業の利益を圧迫する。また，技術革新やグローバル化による経営環境の変化がめまぐるしい時代においては，すでに雇用している社員の配置転換では，新たな経営課題に対応できないという問題も指摘されている。

　しかし，人件費管理や要員確保という経済的な目的にとって合理的（これを目的合理的という）という理由だけで企業の制度や社会の仕組みは変えることは難しい。これに加えて，規範として変化の方向性が正しいという価値判断（これを価値合理的という）が必要だからである。平たくいえば，前者は経済的損得にもとづく判断，後者は倫理的善悪にもとづく判断である。人びとが倫理的に「善い」と思わない方向への制度改革は社員に支持されない。

　表 6-3 は労働政策研究・研修機構が定点観測調査として実施している「勤労生活に関する調査」（調査対象は全国 20 歳以上の男女 4,000 人）の集計である。「終身雇用」を「良いこと」だと考える割合は 1999 年の調査開始以降，一貫して高く，2007 年以降は 85％を超えている。大多数の人々が価値判断として終身雇用を支持しているといえる。年齢別にみても，若い人が終身雇用に否定的であるということはない。

表 6-3 「終身雇用」の支持割合

単位：%

| 調査年 | 1999 年 | 2000 年 | 2001 年 | 2004 年 | 2007 年 | 2011 年 | 2015 年 |
|---|---|---|---|---|---|---|---|
| 全体 | 72.3 | 77.5 | 76.1 | 78.0 | 86.1 | 87.5 | 87.9 |
| 20-29 歳 | 67.0 | 73.5 | 64.0 | 65.3 | 81.1 | 84.6 | 87.3 |
| 30-39 歳 | 69.1 | 72.0 | 72.6 | 72.1 | 85.9 | 86.4 | 88.4 |
| 40-49 歳 | 70.8 | 77.3 | 74.6 | 76.9 | 86.5 | 87.8 | 88.6 |
| 50-59 歳 | 71.0 | 77.1 | 78.9 | 80.0 | 86.0 | 85.2 | 88.1 |
| 60-69 歳 | 75.4 | 80.1 | 78.4 | 82.6 | 86.5 | 89.8 | 88.1 |
| 70 歳以上 | 83.2 | 84.0 | 85.0 | 85.4 | 87.7 | 88.7 | 87.1 |

（出所）労働政策研究・研修機構「勤労生活に関する調査」

　たしかに調査を始めた 1999 年当時は年齢が高いほど終身雇用を支持する割合が高いという傾向がみられた。しかし，若年層でも終身雇用を支持する割合が上昇し，2015 年には年齢による差がなくなっている。それだけ広く支持されている終身雇用の方針を企業が取り下げることは容易ではないといえる。

　なお，この調査の第 1 回データを分析した今田（2000）によれば，この「終身雇用」を「良いこと」だとする意識は，年功賃金を「良いこと」とする意識，富の分配原理として「努力」「必要」「平等」を重んじる意識，生活について現状維持的で自分に自身がないといった意識と結びついている。つまり，終身雇用（長期雇用）を支持することは，長期的な雇用保障だけでなく，所得保障や社会的なルール，さらには自分自身の生き方への評価につながっていることが明らかになっている。

　日本的雇用慣行には，企業の人材活用という面だけでなく，社員の生活を保障するセーフティネットという面もある。そこには，経済的な安定だけでなく，心理的な安心や社会的承認を得るという意味も含まれる。経済的な利害だけで終身雇用（長期雇用）をやめることができないのは，雇用安定が人々の職業生活を支える価値意識の中心にあるからだといえる。

<table>
<tr><td>第7章</td><td>労働時間管理<br>働く時間を管理する</td></tr>
</table>

## 1 労働時間管理とは何か

　労働時間管理は，社員が働く時間としての労働時間について，その長さやいつ働くかというタイミングを企業として適切にやり繰りすることを指す。したがって労働時間に直接の影響を与える休日・休暇の管理もこれに含まれる。こうした労働時間管理は，労働時間に関する企業内のルールである労働時間制度の設計と運用をつうじて行われる。

　企業は社員の労働時間の長さをまったく自由に決められるわけではない。労働時間の長さの上限に関しては，法律（労働基準法）による規制がある。というのも労働時間が長くなると，疲労の蓄積や注意力の低下にともなうケガなどの労働災害が増えたり，社員の心身の健康を損なうリスクが高まったりするためである。企業としてこうしたリスクを避けることは，社員から安定的に貢献を得るうえで不可欠となる。さらにより積極的には，仕事の能率を維持したり，仕事と生活の両立（ワークライフバランス＝ work-life balance）を支援して社員の定着につなげたりするうえでも，労働時間の長さを適切に設定することが重要となる。

　社員がいつ勤務するかというタイミングの管理も重要である。例えば小売業の売場では，勤務する曜日・時間帯（シフト）の調整などにより，接客などを行う販売員が不在となる時間帯をなくすとともに，繁忙する時間帯には多く販売員を配置する。また1日24時間連続で操業する工場などでは，8時間ごとの交代勤務により操業時間をつうじた要員の配置を実現したりする。こうして社員の働くタイミングを工夫し，事業活動の時間をとおして労働需要に見合う

要員を過不足なく職場に配置することも，労働時間管理の目的となる。

さらに，例えば営業活動を主に一人で行うなど，仕事の進め方に関して社員各人の裁量の大きい仕事では，始業と終業の時間の選択を各人に任せたりして，労働時間に関しても社員に裁量をもたせることが可能である。これにより，各自の仕事の進捗（進み具合）に合わせた効果的な労働時間の配分や，社員のワークライフバランスを支援できる。本章では，こうした社員による柔軟な労働時間の選択を可能とする労働時間制度も含め，労働時間管理について考えることにしたい。

## 2　働く時間を管理する

### (1)　労働時間の長さの管理

企業が雇用する社員の人数（要員）が同じでも，それぞれが長く働けば，そのぶんこなせる業務の量は多くなる。各人の労働時間が短ければその逆である。しがたって，前章で見た要員計画を立てるうえでも，企業は社員各人が働くべきおよその労働時間の長さを定めておく必要がある。

これに関して，企業は労働条件などに関する企業のルールである就業規則などにより，社員が働くべき時間を「所定労働時間」として定める。この「所定労働時間」は，始業時刻から終業時刻までの時間から，休憩時間を除いた時間である。企業は社員に対して，基本的に所定労働時間に応じた勤務を期待する

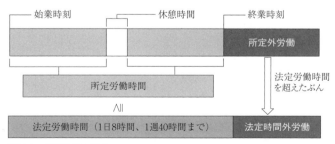

図 7-1　労働時間の構成
（出所）筆者作成

ことができる。図7-1 は，このような労働時間の構成を示したものである。

　所定労働時間の長さは，「法定労働時間」を超えないようにする必要がある。この「法定労働時間」は，労働条件の基準を定める法律である労働基準法により許される最長労働時間である。原則として1日8時間まで，1週40時間までとされる。

　さらに同じく労働基準法によれば，企業は原則として，毎週，少なくとも1日の休日（法定休日）を社員に与えなくてはいけない。また休憩に関しては，労働時間が6時間を超え8時間以下の場合は45分間，さらに労働時間が8時間を超える場合は1時間の休憩を勤務時間の途中に与える必要がある。

　所定労働時間を超えたぶんの勤務は「所定外労働」となる。「残業」や「超過勤務（超勤）」などとも呼ばれる。こうした所定外労働のうち，法定労働時間を超えたぶんは「法定時間外労働」（簡潔に「時間外労働」といわれることも多い）とみなされる。例えば1日の所定労働時間を7時間とした場合，これを超える8時間までの労働時間は所定外労働ではあるものの，法定時間外労働ではない。8時間を超えたぶんの所定外労働が法定時間外労働となる。

　法定時間外労働が例外的に認められるのは，企業が事業場（事業所など）ごとに社員の過半数の代表者と協定（労使協定）を結ぶなどの条件を満たす場合にかぎられる。こうした協定は，労働基準法第36条にもとづくことから「三六（サブロク）協定」とも呼ばれる。ただしこの場合も，法定時間外労働の長さには，原則として月45時間，年間360時間までという上限がある。

　また法定時間外労働に対しては，企業は25％以上の割増率で賃金を支払わなくてはならない。すなわち通常の時間の時間当たり賃金を100とすると，法定時間外労働では，少なくとも時間当たり25に相当する割増ぶんの賃金（割増賃金）を加えた125の賃金を企業は支払う必要がある。また深夜（午後10時から午前5時）の勤務にも25％以上の割増賃金がもとめられる。そのため，深夜に法定時間外労働が行われると，割増率は合わせて50％以上となる。

　このように時間当たりの賃金額が高くなれば，そのぶん企業が得る時間当たりの利益は減少する。企業が社員に法定労働時間を超える労働を行わせること

に対しては，割増賃金の定めにより追加的なコストによる制限がかけられている。

　以上のような労働時間の長さに関する法律の規制は，先進諸国のあいだでも多様である（鈴木 2016）。例えばアメリカ（連邦法）では法定労働時間は原則として週 40 時間，賃金の割増率は 50％である。一方イギリスでは，法定労働時間は原則として 17 週平均で週 48 時間とされており，割増賃金の規定はない（労働研究・研修機構 2024）。とはいえ労働時間の長さに関する法的なルールがあることは各国に広く共通している。各国の産業化の歴史をつうじて，長時間の労働が働く人の健康を害することがわかっている。それゆえ労働者保護の観点から，これを制限することが重要なためである（藤本 1963）。もちろん長時間労働を避けて社員の心身の健康を守ることは，企業が社員から安定的に貢献を得ていくうえも欠かせない人的資源管理上の課題といえる。

### (2)　労働時間の長さとワークライフバランス

　しかし日本企業の現状を見ると，長い時間の法定時間外労働が常に行われている企業も多い。これにともない，日本はヨーロッパ諸国などと比べて週 49 時間以上の長時間労働を行っている社員（employee）の比率が高い（小倉 2011）。

　日本企業でのこうした長時間労働の実態については，正社員に対する雇用保障の方針との関係が指摘されている。すなわち企業はとくに正社員の要員について，ふだんから所定外労働を行うことでようやく業務量をこなせるくらいに少なめに配置しておく。また業務量が増えてもすぐには要員を増やさず，すでに雇用している社員の所定外労働の増加で対応する。こうすることで，やがて業務量が減った場合にも，まずは所定外労働を減らすことで雇用調整を行うことができる。これにより解雇などによる要員削減を避けて，正社員の雇用保障を実現しやすくしているという見方である（白井 1992）。

　また，企業はこうした雇用保障と併せて，正社員として雇用する人材を長期的に育成し活用する方針をとる。それゆえとくに正社員の教育訓練などのため

には，人事担当者や職場管理者が多くの時間をかけている。企業は少なくとも
その時間ぶんの人件費として，大きなコストを負担していることになる。もち
ろん正社員にかぎらず，企業内での人材育成をはかる社員については同様のこ
とがいえる（教育訓練のコストについては第8章参照）。

　このような人材育成にかかるコストは，労働時間の長短にかかわらず，社員
を一人雇うごとにある程度,固定的にかかる性格をもつ。そこで企業としては，
業務量に対して雇用する社員の数を少なく抑えようとする。また人材育成のた
めにコストをかけるぶん，これに応じた社員からの貢献を同じ期間のあいだに
より多く得たい。それゆえ企業は,社員の労働時間を長くしがちと考えられる。
企業によるこうした選択を抑制するほどには，上で見たような法定時間外労働
にかかる割増賃金のコストは大きくない可能性がある（小倉 2011）。

　しかしすでに述べたように，長時間労働は社員の心身の健康を害することに
なる。また注意力の低下からケガなどの労働災害をもたらすリスクを高める。
そうならないとしても，長時間労働にともなう疲労の蓄積や集中力の低下は,
仕事の能率を低下させてしまう（黒田 2017）。企業が社員から継続的な就業と
高い貢献を安定的に得るうえで，社員の長時間労働をなくすように取り組むこ
とは不可欠となる。

　より積極的に，社員の仕事と生活の両立（ワークライフバランス）を支援する
視点から，所定外労働を削減していくことも重要となる。所定外労働が少なけ
れば，そのぶん社員は家事や育児，介護，その他の社会・文化的活動など，仕
事以外の生活に十分な時間をあてることができる。そうなれば，より多くの社
員が就業を継続しやすくなり，企業としては人材確保の効果が期待できる。ま
た働く人にとって魅力的な労働条件となるため，人材の定着のほか，採用をつ
うじた人材確保にも有利となるだろう。

　長時間労働を避けることで，社員が勤務時間をつうじて仕事に集中でき，仕
事の能率が高まる効果も期待できる。また時間内に業務を遂行するために無駄
な仕事を減らしたり，仕事の進め方を工夫したりといった業務改善にもつなげ
られる（佐藤・武石 2010）。さらに労働時間外での自主的な学習活動である自己

啓発により社員の能力が高まれば，企業は社員からより大きな貢献を得ることができる。このほか社員がボランティアや趣味などの社会・文化的な活動を行うなかで，社外の人々との交流をつうじて新たなアイデアを得て，これを仕事に活かすこともあるだろう（石山 2018）。

　以上のように，企業が社員の人材確保をはかり，社員の貢献を高めていくうえで，長時間労働を避け，社員のワークライフバランスの実現を支援することの意義は大きい。社員の所定外労働を削減してなくしたり，少なく保ったりすることは，そのための重要な手段となる。

　さらに法律（育児・介護休業法）は，該当する社員について，所定外労働の制限のほか，所定労働時間を短くする短時間勤務制度をもうけることを求めている。例えば，社員が短時間勤務制度を利用して，長期間にわたることも多い家族の介護と仕事とを両立しやすくすることは，介護にともなう社員の離職をふせぐ効果をもつと考えられる（池田 2023）。

　またボランティアや自己啓発なども含め，より広い社会・文化的活動を社員が行うための短時間勤務制度を取り入れることも，人材確保などの効果が期待できるだろう。このほか所定労働時間の短い正社員（短時間正社員）の雇用区分をつくることも，同様の効果が期待できる重要な選択肢となる。

　長時間労働を避けることで社員の健康を維持し，さらに社員のワークライフバランスを支援するうえでは，休日・休暇の管理も重要となる。

　すでに示したとおり，法律（労働基準法）上，企業は週に1日以上の休日（法定休日）を与えなくてはいけない。また1日8時間の所定労働時間とすると，週5日の勤務で計40時間となるため，週40時間までの法定労働時間の基準を満たすには，週2日を休日（そのうち1日は法定休日）とする週休2日制が基本となる。

　さらに法律（労働基準法）は，年次有給休暇の権利について定めている。企業には，有給，すなわち出勤日と同じく賃金の支払いの対象とするかたちで，毎年，一定の日数の有給休暇を社員に付与することが求められる。法律上の最低基準としては，入社6ヵ月以上1年6ヵ月未満の社員（フルタイム勤務の場合）

114

には原則 10 日間，以降，勤続 1 年ごとに日数が追加され，勤続 6 年 6 ヵ月以上で最大の 20 日の有給休暇付与日数となる。

このような制度を他国と比較すると，例えば欧州諸国では，日本のように勤続年数にはよらず，20 ～ 25 日程度が法定の最低付与日数である国が多く，実態としてはこれ以上の日数が付与されている。また日本とは異なり社員による実際の休暇取得率もかなり高い。2 週間以上の連続した休暇の取得も一般的とされる。これを可能にするうえで，年度初めに社員の年間休暇計画を策定する企業の慣行も指摘されている（小倉 2011）。日本企業が，社員のワークライフバランスを支援するうえでは，有給休暇の付与や取得に関して，こうした実態に近づけることも重要な課題となる。

### (3) 労働時間のタイミングの管理

労働需要が発生するタイミングに合わせて，これに見合った要員の配置を実現することも，労働時間管理の重要な役割である（今野・佐藤 2022）。

職場や事業所，企業といった様々な組織単位において，社員が行うべき業務の量は，1 日，1 週，1 月，1 年という期間をつうじて変化している。これに応じて，どれくらいの要員が必要かという労働需要も変化することになる。具体的な例として，24 時間営業のコンビニエンスストアの場合を考えてみよう。

店舗では，1 日をとおして店員がいない時間帯をつくるわけにはいかない。来客の少ない時間帯にも，レジでの顧客対応や防犯のため最低限の要員が必要なためである。また例えばオフィス街にある店舗などでは，平日のお昼どきには昼食のお弁当などを購入するため多くの来客があり，そのぶん業務量が増えて労働需要が高まるだろう。他方でオフィスの多くが閉まる深夜の時間帯のほか，週末，ゴールデンウィークなどの長期休暇の時期には，来客が減るために少ない要員で業務をこなせるかもしれない。

企業としては，このように変化する労働需要を充足するのに必要十分な要員を常に職場に配置することが重要となる。これにより，過少な要員のために業務遂行がとどこおらないようにする。また過剰な要員を配置することで余分な

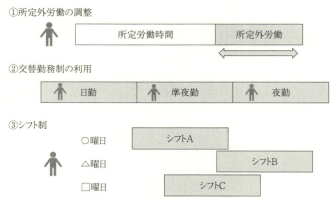

図7-2　労働時間のタイミング管理の方法
(出所) 筆者作成

人件費の負担を避ける。そうすることで効率的かつ安定的に利益を確保できる。社員各人の働く時間のタイミングをうまくやり繰りする労働時間管理は，そのための大事な手段となる。図7-2は，そうした労働時間のタイミング管理のための方法のいくつかをイメージとして示したものである。

　労働時間のタイミング管理の方法としては，第1に，所定外労働による調整が挙げられる。図に①として示したように，所定労働時間の勤務を基本としつつ，労働需要の発生するタイミングと規模に合わせて，所定外労働の有無や長さを調節する。社員各人の労働時間のタイミングをやり繰りする最も基本的な方法といえる。

　第2に，交替勤務制の利用が挙げられる。上の例のような24時間営業の店舗や，24時間操業する工場，夜間もサービス提供が必要な病院や介護施設などで取り入れられている。24時間でなくても，1日の事業活動の時間が長ければ，社員各人はその時間をつうじて働き続けるわけにはいかなくなる。そこで交替勤務制では，社員が文字どおり交替しつつ勤務することで，長い事業活動の時間をカバーする。

　交替勤務制には，勤務時間のパターンの数に応じて2交替制や3交替制などがある。例えば3交替制で一般的なのは，図では②として示したように，「日勤，

第7章　労働時間管理

準夜勤，夜勤」などとして，8時間程度の勤務時間のパターンを用意するものである。社員がいずれかのパターンを交替で勤務することで，24時間をつうじての要員の確保がはかられる。このほか午前8時から午後10時までなどの事業活動の時間に対し「早番，中番，遅番」などの勤務時間のパターンを用意し，昼間の時間帯に要員を厚く配置するなどの工夫も見られる。

　第3に，とくにパート・アルバイト社員などの非正社員については，図に③として示したように，より多様な労働時間の配置が可能な，いわゆる「シフト制」を用いる場合も多い。採用時には原則とする始業・就業時刻や，いくつかの基本となる勤務時間のパターンなどのみを決めておく。そのうえで「シフト表」などを用いて社員と調整のうえ，次の1ヵ月や1週間などの期間に各人が実際に勤務する曜日や日にち・時間帯（「シフト」）を決める仕組みである。

　このほか，図には示していないものの，非正社員を中心とする短時間の働き方自体も，労働時間のタイミング管理の手段となる。例えば飲食店で業務量の多くなる平日のランチの時間帯の3時間のみの勤務など，特定の曜日・時間帯の短時間勤務の雇用契約で社員を雇用する。これによりとくに労働需要の多い曜日・時間帯の要員を確保することができる。

　このように労働時間のタイミングを管理するうえでは，いくつかの手段の選択肢がある。これらを組み合わせて，労働需要に合わせた要員配置を実現することが，労働時間管理の重要な目的となる。

### (4)　労働時間の柔軟性

　以上のように，企業が労働需要に応じた要員配置のため，社員の労働時間を自由に決められる程度は，企業側にとっての労働時間の柔軟性と見ることができる。これにより人件費の抑制と安定的な事業運営が可能となることは，すでに指摘したとおりである。他方で，労働時間については，社員にとっての柔軟性という視点も重要となる。ここでいう社員にとっての労働時間の柔軟性は，社員各人が自分の勤務する時間を自由に決められる程度のことをさす（今野・佐藤 2022）。

117

社員にとって，同じ長さの労働時間であっても，それぞれの生活の都合に合わせて，いつ働くかというタイミングを自由に決められるとしたら，仕事と生活の両立はより実現しやすくなるだろう。例えば，社員が子供を保育園に送ってから出社できるように始業の時間を遅めにしたり，自己啓発のために夜間開講の社会人大学院に通う日は普段より早めの終業としたりできるようになる。このように社員にとっての労働時間の柔軟性をもたせることは，社員のワークライフバランスを支援することになる。これにより企業は人材の定着による人材確保などの効果を期待できる。

このように，企業にとっての労働時間の柔軟性とともに，社員にとっての労働時間の柔軟性を確保することも，人的資源管理上，重要な役割を果たす。

これら2つの柔軟性の関係について考えると，要員の都合上，企業が社員に勤務を期待する時間帯と，社員が働きたい時間帯とがうまく合致すれば，2つの柔軟性は容易に両立できる。しかし，いつもそうとはかぎらない。企業としての要員の都合と社員の希望とが異なる場合，労働時間の決定で要員の都合を優先すれば，社員の希望どおりの勤務はかなわなくなる。逆に社員の希望を優先すると，要員のやり繰りが難しくなる。このように2つの柔軟性のあいだには，トレードオフの関係（一方が成立すると，もう一方が成立しない関係）が生じることがある。

このような場合にも，企業としては，社員の労働時間の希望を把握しこれを反映させるかたちで，要員の都合などと折り合いをつけることが重要となる。所定外労働や，交替勤務制やシフト制のもとでの勤務時間帯の決定の際に，こうした社員各人の労働時間の調整を主として担当するのは，職場管理者などである。企業としては，このような職場管理者を対象とする研修などをつうじて，社員の希望を踏まえた労働時間管理の重要性を周知したり，そのためのノウハウを提供したりする施策が重要となるだろう（佐藤・武石 2010）。

より積極的に，社員の側が，それぞれの働く時間を決めることができるような労働時間制度を用意することも，社員にとっての労働時間の柔軟性を保つうえで，大事な手段となる。そうした労働時間制度をここでは，「柔軟な労働時

間制度」と呼ぶこととしよう。

　その一つとしては，フレックスタイム制が挙げられる。法律（労働基準法）によるルール上，企業は1ヵ月以内の単位とする期間（清算期間）内に社員が働くべき労働時間の長さを定めておく。ただし清算期間における実際の労働時間が法定労働時間を超えないなどの条件で清算期間は3ヵ月まで延ばすこともできる。また標準となる1日の労働時間や，自由に出退勤できる時間帯の範囲（「フレキシブルタイム」），社員が必ず働くべき時間帯をもうける場合はその時間帯（「コアタイム」）を決めておく。これを前提として，社員が各人の判断で，日々の始業と終業の時間を決定する仕組みである。

　このようなフレックスタイム制は，社員が各自の生活の都合に合わせて勤務する時間を選択する自由度を広げる制度と見ることができる。それだけでなく，仕事の進め方に関して社員の裁量度の高い仕事では，各自の仕事の進捗に合わせた勤務時間の配置ができる。これにより単位時間当たりの仕事上の貢献，つまり生産性を高められる。

　またそのぶん労働時間を減らすことができれば，これに応じた人件費を減らすことにもつながる。フレックスタイム制のもとでは，上記の単位期間内に実際に働いた労働時間が，法定労働時間を超える場合，そのぶんの時間について割増賃金が支払われる。社員の判断で効率よく各自の労働時間の配分を決めることで長時間労働を避けることができれば，こうした割増の人件費負担も減らすことができる。

　ただしこのようなフレックスタイム制は，仕事の進め方に関する社員の裁量度が小さい仕事にはあまり向かない面がある。例えば，工場の生産工程において生産設備の稼働ペースに合わせて集団で仕事を進める仕事では，社員各人がそれぞれ自由に始業と終業の時間を決めることは難しいだろう。また，ホワイトカラーの仕事でも，職場のメンバー同士で緊密に連携したり，他部署や取引先などと頻繁に連絡を取り合ったりすることがある。こうした仕事でも，社員各人が自由に勤務時間を決められる余地は小さくなりがちとなる。

　それでもとくにホワイトカラーの仕事では，各自の裁量で進められる部分も

小さくないのがふつうであろう。そこで企業としては，社員が共通して働く時間としてコアタイムをもうけ，その時間帯を社員間の共同作業や，打ち合わせや会議，仕事の引継ぎの時間とするルールを決めるなどの工夫も重要となる。これにより，社員が実際に自由に始業・終業の時間を決められるフレキシブルタイムの時間帯をつくれる。また，社員間の職務分担を明確にすることで各人が自律的に仕事を進められるようにするなど，仕事の進め方に関する社員の裁量度を高める取り組みも併せて重要となる。

　柔軟な労働時間制度としては，以上のようなフレックスタイム制のほかに，裁量労働制も挙げられる。フレックスタイム制とは異なり，実際に働く労働時間の長さも含めて社員の裁量に任せる点で，より柔軟な労働時間制度といえる。

　裁量労働制は，法律により仕事の性格上，仕事の進め方や時間配分などについて社員の裁量に大きく任せる必要のある一定の専門的業務について認められる（「専門業務型裁量労働制」）。新商品・新技術の開発や記事の取材・編集，新たなデザインの考案，プロデューサー・ディレクターなどをはじめとする複数の業務が，制度を適用できる業務とされている。このほか，事業を運営するうえで重要な決定を行う企業の本社などで，企画や立案，調査，分析を行う社員を対象とすることも認められている（「企画業務型裁量労働制」）。

　裁量労働制では，社員の実際の労働時間にかかわらず，労使で定めた時間（「見なし労働時間」）だけ働いたものと見なす。そのため制度の対象者には，実際の労働時間の長さに応じたかたちでは賃金が支払われない。

　このような裁量労働制は，労働時間の長さで測られる仕事の量ではなく，仕事の質や成果を評価して賃金などの報酬を支払う仕組みと見ることもできる（佐藤 2012）。したがって，裁量労働制のもとで，社員に対して仕事へのインセンティブを効果的に与えるには，仕事の質や成果を評価して処遇に反映させる人事評価制度や賃金制度の整備も併せて重要となる。

　裁量労働制が認められる上記の専門的職務のようなホワイトカラーの仕事では，仕事の成果が必ずしも労働時間の長さに比例して大きくならない。また社員各人が，労働時間の長さを左右する仕事の進め方について裁量をもつことが

多いと見られる。

　このような仕事の性格のもとで，もし労働時間の長さに比例して賃金を支払うとすると，短時間で成果をあげる生産性の高い社員よりも，同じ成果をあげるために長時間労働となる社員の賃金のほうが高くなる。こうした関係のもとでは，高い賃金を得るために，あえて仕事の進め方を遅くしたり，成果とは関係のうすい余分な仕事をしたりして労働時間を長くする方向へのインセンティブを社員に与えかねない。

　これに対し，実際の労働時間の長さと賃金との関係を切り離す性格をもつ裁量労働制は，労働時間制度の面で，こうした事態を避け，生産性を高める方向へと社員の努力を向かわせる仕組みと考えることもできる（佐藤 2001）。

　以上では，柔軟な労働時間制度として，フレックスタイム制度や裁量労働制について見てきた。これらの制度を適切に運用することで，社員のワークライフバランスの実現を促して人材確保につなげたり，自律的な仕事の進め方が仕事のやりがいを高めて社員の貢献を引き出したりなどの効果が期待できる。

　しかし他方で実際には，裁量労働制の社員の労働時間が長い傾向も指摘されている（荒木 2023）。社員が過大な業務量をこなすため長時間労働に従事する状況では，社員の裁量で始業や終業，勤務日のタイミングを決める余地は小さくなる。そうなっては，上記のような人的資源管理上の効果も期待できない。

　企業としては，職場管理者による社員への仕事配分や目標設定が過大とならないよう，社員各人への仕事配分の元となる職場の業務量が過大であったり，要員配置が過少となったりしていないかを確認し，適切な水準とすることが大事となる。そのうえで，柔軟な労働時間制度のもとで働く社員が，仕事の進め方に関して裁量をもてるよう，仕事上の権限の分権化を進めることも重要な課題となる（佐藤 2012）。

## 3　事例で理解する：労働時間の長さと仕事管理

本節では具体的な仕事の管理において，どのように労働時間が管理されてお

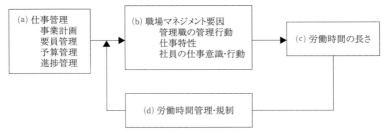

図7-3 労働時間の長さが生じるメカニズム
(出所) 佐藤 (2012: 136)

り，どのような課題があるかを見ることとしたい。佐藤（2012）は，ソフトウェア開発企業を事例として，企業における長時間労働問題と，社員の仕事管理との関係について議論している。

　同研究では，図7-3のような労働時間の分析枠組みを示している。実際に職場で業務が行われるにあたっては，社員に割り当てる仕事のタイプ・業務量・ペースを決めるうえで，（a）仕事管理として様々な計画や管理が必要となる。（b）の職場マネジメント要因は，実際に業務が遂行されるにあたり，その進行のスムーズさ・順調さを決定づける要因である。上司による管理の仕方や仕事の特性，社員の意識などによって同じ業務であっても要する時間が変わってくる。

　これらの要素が組み合わさった結果（アウトプット）として，実際の（c）労働時間の長さが決まってくる。ここで長時間労働などの問題のあるアウトプットが生じるのであれば，その反省が（d）労働時間管理・規制にフィードバックされることになる。（d）のプロセスは，前節でも触れたように就業規則をつうじて行われる場合も，企業のレベルを超えた法規制として各企業に課される場合もあろう。

　こうした枠組みにもとづき，佐藤（2012）はとくに（a）仕事管理のあり方が長時間労働につながるケースがあることを議論している。具体的には，対象のソフトウェア開発企業における事業計画と要員管理に着目する。これらを策定するプロセスを見ると，まず事業計画においては，全社の売上・利益目標が

示される。そのうえで売上・利益目標を前提に各組織(事業部やビジネスユニット)内で事業計画段階での「もくろみ」の要員（必要な社員数）が算出される。これは「売上の計画値／人月単価」（人月単価は，1ヵ月の1人当たりの人件費）で算出される。ただしあくまで受注前の計画段階のものであり，最終的には，実際の受注時の売上などの実績値をもとにしたより精緻な要員を算出する。

　しかし，「もくろみ」の要員と，実績値をもとにした要員とのあいだには必ずギャップが生じ，要員計画を事業部やビジネスユニット間で調整する必要が出てくる。とはいえ，それぞれさらなる受注への備えや必要な技能水準などが異なることなどにより，この調整を行うことは容易ではない。さらに，「もくろみ」の要員と実績値をもとにした要員の差の解消に向けて，要員管理を一元的に行う組織が存在しないことによる難しさもある。

　（a）仕事管理のうち進捗管理に関しては，プロジェクトの進捗（進み具合）が遅れた場合には，①要員の増加，②サービスの開始延期，③作業量の縮小あるいは工程の省略，④作業時間の延長という手段が，遅れを取り戻すための選択肢になる。しかし①②③は人件費や開発するソフトウェアシステムの要件定義，納期といったプロジェクトの根幹に影響を与えてしまう。それゆえ，結果として④作業時間の延長という選択肢が採用されやすくなってしまう。

　佐藤（2012）はこうした事例を踏まえ，事業計画にもとづく要員管理を行う際に，人月単価は反映されるものの，プロジェクトに必要な労働時間が十分に考慮されていないことに問題を見いだしている。もちろん，あらかじめプロジェクトに必要な労働時間を正確に見積もることが難しい場合も多い。佐藤（2012）の議論は，そうしたなかでも各人の仕事の管理をする際に，どういった仕事にどの程度，時間がかかるかという点を常に考慮する必要があることを示している。


## 4　データで確認する：日本企業では休暇を取りにくいか


　日本企業では休暇を取りにくいとよくいわれる。その対策として，労働基準

表 7-1　希望する日数の年休を取れたか

単位：%

| | 希望どおり取れた・計 | 希望どおり取れた | 大体希望どおり取れた | どちらともいえない | あまり希望どおり取れなかった | 希望どおり取れなかった | N |
|---|---|---|---|---|---|---|---|
| 合　計 | 76.4 | 54.8 | 21.7 | 14.9 | 5.0 | 3.7 | 13179 |
| 男　性 | 74.1 | 51.1 | 23.0 | 16.9 | 5.1 | 3.9 | 6636 |
| 女　性 | 78.8 | 58.5 | 20.3 | 12.9 | 4.8 | 3.5 | 6502 |
| 正社員 | 75.8 | 54.1 | 21.7 | 15.4 | 5.1 | 3.7 | 11891 |
| 非正社員 | 82.8 | 61.3 | 21.5 | 10.3 | 3.8 | 3.1 | 1288 |
| ▼取得日数 | | | | | | | |
| 1-5 日 | 67.8 | 49.1 | 18.7 | 18.5 | 7.3 | 6.4 | 4393 |
| 6-10 日 | 79.4 | 57.0 | 22.4 | 13.2 | 4.9 | 2.5 | 4248 |
| 11-15 日 | 87.1 | 61.0 | 26.0 | 8.8 | 3.1 | 1.1 | 1948 |
| 16 日以上 | 92.7 | 68.8 | 23.9 | 5.0 | 1.3 | 1.0 | 1632 |
| ▼取得率 | | | | | | | |
| 0%超～25%未満 | 63.7 | 48.6 | 15.1 | 20.4 | 8.5 | 7.4 | 1571 |
| 25%～50%未満 | 72.2 | 51.7 | 20.5 | 16.5 | 7.2 | 4.0 | 2918 |
| 50%～75%未満 | 81.7 | 56.4 | 25.4 | 12.1 | 4.1 | 2.0 | 2802 |
| 75%～100%未満 | 90.9 | 64.8 | 26.1 | 6.0 | 2.2 | 0.9 | 1651 |
| 100%以上 | 88.9 | 68.7 | 20.2 | 6.7 | 2.2 | 2.2 | 2040 |

（出所）労働政策研究・研修機構「年次有給休暇の取得に関するアンケート調査」（2020 年）

法は 2019 年から年 5 日の年次有給休暇（年休）取得を義務づけている。日本では年休取得率（付与された日数に対する取得日数の割合）の低さが問題になっている。これに対し，ヨーロッパでは夏休みを 2 週間も 3 週間も取ることが一般的であり，年休をすべて取るのが当たり前とされるため，年休取得率という概念自体がない。

　しかし実は，日本で休暇を取りにくいと感じている社員は，いわれているほど多くない。表 7-1 は労働政策研究・研修機構の「年次有給休暇の取得に関するアンケート調査」（2020 年）の労働者調査である。同調査では，大多数が希望どおりの日数を取得できたと回答している。

　たしかに実際に取得した日数との関係をみると，取得日数が少ないほうが，希望どおり取れたという割合は低い。とはいえ，「1 〜 5 日」は現在の労働基準法では取得が義務になっているため，本人の意思によって取得できる日数の

第 7 章　労働時間管理

下限を「6 〜 10 日」としてみると，この取得日数でも「希望どおり取れた」(57.0%)
と「大体希望どおり取れた」(22.4%) の合計は 80％に迫る。属性別に比較する
と，女性より男性，非正社員より正社員のほうが希望どおり取得できたという
割合は低い。それでも男性や正社員のおよそ 4 人に 3 人は希望どおりに取得で
きたと回答している。

　つまり，日本の職場は休暇を取りにくいというのは，根拠のない神話かもし
れない。あるいは，本人の取り越し苦労にすぎず，実際に取得申請をしたら希
望どおりに取れるということかもしれない。いずれにせよ，休暇を取りにくい
と決めつけるのではなく，冷静に考えてみることが大事だといえる。

　ただし，取得日数が 10 日以下でも希望どおりに取れたという社員は，もと
もとの取得希望日数が少ない可能性もある。2 節でも確認したように，労働基
準法では勤続が 6 ヵ月になると 10 日の年休が付与され，その後は 1 年ごとに
付与日数が増え，勤続 6 年 6 ヵ月から年 20 日になる。取得率に着目してみると，
この付与日数 20 日を前提とすれば取得率 25％以上が取得義務の年 5 日以上に
なる。そこで，取得率 25％〜 50％未満の社員を見ると約 7 割が希望どおりに
取れているとしている。このように低い取得率でも希望どおり取得できたとい
う場合は，本人が希望する取得日数がもともと少ないからだろう。

　小倉 (2003; 2011) は日本人が年休を取り残す理由として，傷病や急な用事が
発生したときに備えるという目的があることを明らかにしている。日本の年休
は，連続して取ることもできれば，半日単位で取得することもできる。年 5 日
までは時間単位で取得できる。翌年まで繰り越せるため，前年の繰り越し分を
加えると最大で年 40 日付与される。所得保障つきでそれだけの日数を柔軟に
取得できる休暇はほかにない。そのため，育児や介護を目的に，短期の介護休
業や介護休暇，あるいは男性の育児休業や子の看護休暇などの代わりに年休が
使われているという実態もある。

125

**第8章**　　　　**教育訓練**
人を育てる

## 1　教育訓練とは何か

　教育訓練は，社員の仕事に関わる能力の向上を促す企業の取り組みである。社員のもつ仕事に関わる能力は人的資源の中核といえる。それゆえ教育訓練は人的資源＝人材を開発することを意味する人材育成（human resource development ＝ HRD）の手段となる。

　企業は事業を運営するために，仕事量に応じた人数の社員を配置し，賃金などをつうじて仕事に取り組む動機づけをはかる。しかし高度な仕事ほど，それで十分というわけにはいかない。仕事を行うための能力（技能）の内容が問われるためである。また同じ仕事でも，その仕事に関する能力の高い社員が行うほうが，より少ない人数でより多くの質の高い成果を期待できる。

　したがって企業には，社員による仕事の実行を可能とし，さらにその能率や成果の質を高めていくうえで，高い能力をもつ人材へのニーズが発生する。人材育成は，第5章で学んだ採用とならんで，こうした企業の人材ニーズを充足する手段となる。ただし採用は企業の外部から社員を新たに雇い入れることで人材ニーズを満たす。これに対し，人材育成はすでに雇用している社員により人材ニーズを充足する。

　本章で学ぶ教育訓練は，こうした人材育成の主な手段となる。教育訓練の方法には，仕事につきながらの訓練である OJT（on-the-job-training）と，仕事を離れての訓練である Off-JT（off-the-job-training），社員の自主的な学習を支援する自己啓発支援が含まれる。

　企業は教育訓練のほかにも，例えば次章であつかう配置転換などをつうじて

人材育成を行う。また人事評価をつうじて社員の能力向上を評価したり，これを賃金や昇進・昇格に反映させたりする。そうして社員に能力向上への動機づけを与えることも人材育成を促す。このように人事管理の様々な領域が人材育成に関わる。こうしたなか本章では，人材育成を主な目的とする施策である教育訓練に焦点を当て，その効果的なあり方について考えることとしたい。

## 2　企業として人を育てる

### (1)　能力の可変性と人材育成

　教育訓練の目的である人材育成の重要性について確認することから始めよう。人材育成は，英語では human resource development であり，文字どおり人的資源（human resource）の開発（development）を意味する。人的資源の中核にあるのは，社員のもつ仕事に関する能力である。人材育成は，仕事に関する能力≒人的資源の開発をつうじて，人材の確保をはかり，企業の人材ニーズを充足する活動と見ることができる。

　仕事により必要とする能力の水準は異なる。社員が行う一つ一つの作業をタスク（task）といい，例えばアパレルの売場で行わる販売職の仕事（tasks）のなかでも，商品の売場への品出し作業などより，発注する商品の選択や顧客からのクレームへの対応などのほうが，習得までに長い経験や努力を要する高い能力が求められる。また接客による商品販売のような「奥が深い」仕事は，仕事の種類としては同じでも，商品知識や接客のノウハウをもつ能力の高い販売員のほうが，より確実に売上につなげることができる。

　企業における仕事と人の結びつきは変化する。一般社員から管理職への昇進の際には，部下を管理する仕事の比重が高まるなど，仕事内容は大きく変わる。また日本企業では，職種の変更をともなう配置転換も広く行われる。例えば生産拠点を海外に移すため国内の工場を閉鎖する際に，その工場で生産職として働いていた社員の職種を事務職や営業職などに転換して，雇用を維持したりする。さらに AI などの新しい技術の導入が進めば，様々な職種で仕事の内容自

体が大きく変わるかもしれない。

　こうしたなか人材育成は，より高度な仕事を担当したり，同じ仕事でも効率的に行えたり，より高い成果につなげられるような，高い能力をもつ人材を得る手段となる。また人材育成により，事業戦略の変化や技術革新にともなう仕事の変化に応じて，社員のもつ能力の構成を変えたりもできる。

　これらが可能なのは，社員のもつ能力に，教育訓練などをつうじて変化する可変的な性格，つまり「可変性」があるためである（佐藤・藤村・八代 2023）。

　しかし，能力の可変性には不都合な面もある。すなわち能力は低下する方向へも変化する。例えば育児や介護の都合などで，社員が長期の休業を取得して仕事から離れる期間が長くなると，能力の低下が懸念される。そこで企業としては，短期間での復職（再び仕事に戻ること）を促すために短時間勤務の選択肢を用意したり，休業期間中の社員にも仕事に関わる情報共有をはかったりする。こうした取り組みにより，社員が仕事や教育訓練から長期間，離れることにともなう能力の低下をできるだけ抑えることが重要となる（脇坂 2018）。

　このほか能力の水準や内容は変わらなくても，技術革新にともない能力の価値が低下することもある。これを能力の「陳腐化（obsolescence）」と呼ぶ。典型的な例として，かつてはタイプライターという手動の機器を用いて活字をうつタイピストという専門的な職業が，女性を中心に多くの雇用機会を生んでいた。しかし 1980 年代には電子的に文字の入力・編集・印刷のできるワードプロセッサ（ワープロ）が普及し，さらに 1990 年代にはパソコンがこれに代り一般的となる。多くの人が容易に活字文書を作成できるようになる。こうした技術の変化のなかで，企業がタイピストを雇用するニーズは大きく低下した。タイピストとしての能力の価値の低下つまり陳腐化が進んだと見ることができる。

　この例にかぎらず，これからも AI などの新しい技術の普及にともない様々な仕事で能力の陳腐化が進むと予想される。他方で，そうした新たな技術を使いこなす仕事や，新たな技術に置き換えることのできない仕事に関わる能力の価値は高まるだろう（松島 1962）。企業が社員の雇用を保ちつつ，こうした能

128

力の価値の変化に対応するには，人材育成により，社員のもつ能力を価値の高い内容へと転換させる必要がある。これが可能なのも，上で指摘したように能力が可変的であるためである。

このように企業は能力の可変性を利用して，社員の能力の水準を維持・向上させたり，その内容を変化させたりする。これにより，事業戦略の変化や技術革新の進展のなかでも，企業の事業と収益を支える能力をもつ人材の確保をはかる。こうした企業による取り組み全般が，人材育成ということになる。

### (2) 人材育成の多様な役割

以上のように人材育成は，常に変化する企業の人材ニーズを充足するように，人材を確保する役割を果たす。人材育成は，第5章で学んだ採用とならんで，人材調達の機能をもつと見ることもできる。ただし採用では，企業がそれまで雇用関係のない人材を新たに社員として雇い入れる。これに対し人材育成は，すでに雇用関係のある社員の能力の水準を高めたり，その内容を変化させたりして人材の調達をはかる点に相違がある。

したがって人材育成によらず，採用によっても人材調達は可能である。しかし採用により「即戦力」となる人材を調達しても，人材育成が不要となるわけではない。というのも企業は採用した社員の能力を人材育成によりさらに高めることで，いっそう大きな貢献を引き出せるためである。また上で述べたように事業戦略の変化や技術革新にともない企業の人材ニーズが変化し，採用した社員の能力の価値が低下することもある。企業が雇用保障を重視するならば，そうした社員を容易に解雇するわけにいかない。やはり継続的な人材育成が重要となる。

企業が人材育成に取り組むことは，採用による人材の調達にも好影響を与える。というのも，働く人にとって人材育成により自らの能力の価値を向上させる機会があることは，企業内での昇給（賃金が上がること）や昇進，好条件での転職の機会を広げる。それゆえ，人々が就職や転職をする際に就業先を選ぶにあたり，その企業の人材育成が充実しているかが重要な判断材料となるためで

ある。

　こうして人材育成は，それ自体，人材調達の手段となるだけでなく，採用への好影響をつうじて間接的にも人材調達に貢献する。とくにこれから能力を伸ばす余地の大きい若年層の求職者にとっては，企業の人材育成が充実していることは魅力的なはずである。それゆえ人材育成の充実した企業では，とくに新卒採用において，十分な人数の質の高い人材を確保しやすくなる（Thurow 1975 ＝サロー 1984）。

　同じ理由から，人材育成の充実した企業では，採用した人材の定着も進むと考えられる。さらに企業が人材育成により「企業特殊的技能」を社員に習得させることも，社員の転職を抑えて定着を促すと考えられる。第5章で確認したように，企業特殊的技能は各企業に特有の能力である。そのため転職して他の企業に移ると，転職前の企業で習得した企業特殊技能は発揮できない。それゆえ転職時に賃金が低下しやすく，これを避けようとして社員が転職を思いとどまるためである（Doeringer and Piore 1971 ＝ドーリンジャー・ピオレ 2007）。

　ただし企業の人材育成は，他の企業でも通用する「一般的技能」を高める面もある。これにより社員が他企業でも活躍する余地が広がることで，転職が促される可能性もある。しかし企業がこれを避けるため，例えば専門知識に関する研修など，一般的技能に関わる教育訓練をひかえるのは得策ではない。そのぶん社員の能力が低く抑えられ，社員からの貢献を小さくしてしまうためである。むしろ，汎用的な内容の教育訓練も含めて人材育成を充実させることが重要と考える。そうすることで，社員にとっての自社の魅力が高まれば，社員の定着を促すことが期待できるためである。

　さらに人材育成は社員の仕事意欲を高める役割も果たす（守島 2009）。人材育成による能力の向上にともない，社員は自らの成長を実感するほか，昇給や昇進の機会も広がる。また仕事を教えてくれる上司や同僚に対して，仕事をつうじて報いたいという思いが強まるかもしれない。より広く職場や企業に貢献したいという感情としてのコミットメントが醸成されたりもする。これらの結果，社員の仕事意欲が高まることが期待できる。

第8章　教育訓練

例えば期間を限定してアルバイト社員などを雇用する場合を考えてみよう。かれらに担当させる仕事に必要な能力をひととおり習得させるだけならば，初期の研修や指導のみで十分かもしれない。しかし，そうして短期的に人材を受け入れる場合でも，仕事意欲を高める効果を期待するならば，教育訓練の機会を継続的にもうけることが，企業にとって重要な選択肢となる。さらに技術職などの専門的な能力習得への関心が高い人材を有期雇用や派遣社員などとして受け入れる際には，とりわけその重要性は高いと考えられる（佐野・高橋2010）。

### (3)　OJT のプロセス

ではどうやって人材育成を進めたらよいか。人材育成のための方法として，まず OJT から見ることにしたい。OJT は on-the-job-training を略したものである。文字どおり，仕事をつうじた（on the job）訓練（training）のことをさす。より具体的には，社員に対して，その上司にあたる管理者や，仕事をよく知る同僚の社員などが，仕事配分や指導・助言などを行う。これらをつうじて社員の能力向上を意識的に促す活動が OJT である。

こうした OJT の典型的なプロセスを理解するには，「認知的徒弟制（cognitive apprenticeship）」の議論が参考になる（Collins, Brown and Newman 1989）。伝統的な職人の世界における徒弟制（apprenticeship），すなわち親方と弟子の関係のもとでの能力習得のあり方をもとに，学校教育も含むより一般的な学習の進め方を示すモデルとして提唱されたものである。

これを仕事の場面にあてはめると，職場管理者などの仕事をよく知る「熟達者（expert）」は，まず学習者としての社員を前に仕事を行って見せる。このプロセスは「モデリング（modeling）」と呼ばれる。その次のプロセスは「コーチング（coaching）」であり，熟達者は，学習者の仕事ぶりを観察してフィードバックやヒントを与えたり，仕事を行って見せたりする。

さらに「スキャフォールディング（scaffolding）」として，熟達者は学習者が仕事を行うことを手助けする。そのなかで学習者が能力を習得するに応じて支

131

援を減らしていき，最後は支援なしで仕事を行えるようにする（「フェイディング（fading）」）。なおスキャフォールディングは，建設現場などでよく見る足場を組むイメージの用語である。以上のプロセスをつうじて，学習者は仕事に関わる能力を効果的に習得していく。

　具体的な場面に当てはめると，例えば営業職では人材育成を意識して「同行営業」が行われる。新人社員が，先輩社員と組んで顧客のもとに営業先に出向くことを指す。新人社員は，最初は先輩社員による営業先での顧客への提案や折衝には加わらず，先輩社員の仕事ぶりを見ることで仕事の進め方を学ぶ（モデリング）。その後，先輩社員は新人社員にも営業活動を少し任せてみる。はじめは上手くいかないことが多い。そうした点を中心に先輩社員は新人社員に指導や助言を行う（コーチング）。これを繰り返すなかで，徐々に新人社員に営業活動の多くを任せ，指導や助言の必要も小さくなり，最後は新人社員が一人で営業活動が行えるようにする（スキャフォールディング・フェイディング）。

　例えばこうしたプロセスをつうじて効果的に OJT が行われる。もちろん職種や職場，さらには教える側の社員などによっても，具体的な OJT のプロセスは様々であろう。認知的徒弟制のモデルは理想的なプロセスとして示されたものであり，実際にはこれどおりとはかぎらない。それでも，仕事をよく知る社員（熟達者）による支援のもと，新たな仕事を行わせることをつうじて，社員（学習者）による能力の習得をはかる点は，OJT に広く共通すると考えられる。

　OJT は，このように社員が上司や同僚などから学ぶという面とともに，新たな仕事を経験するなかで行われるという面もある。未経験の仕事に習熟する過程で，能力が大きく伸びるためである。それゆえ長期にわたり同じ仕事を繰り返していると，やがては能力の伸び方は頭打ちとなる。これを避けて，社員の能力の向上を継続的にはかるには，ある職務で能力の向上が頭打ちとなる前に，社員の職務を変更したり，新たな仕事を割り振ったりして，社員が未経験の仕事を経験する機会を継続的につくることが重要となる（八代 1995）。

　そうして社員の仕事経験の幅を広げることは，もちろんその社員が担当できる仕事の範囲を広げる効果をもつ。それだけでなく，あらかじめ予想しにくい

不確実な問題（不確実性）に適切に対処する社員の能力を高める効果も指摘されている（小池 2005）。

　小池（2005）によれば，日本企業ではモノづくりを担う生産職の社員に，職場内の仕事や，ときに技術領域の近い「となり」の職場内の一部の仕事を広く担当させる慣行が見られる。このような「幅広い OJT」により，意識的に社員の仕事経験の幅を広げている。そうした取り組みは，社員による「知的熟練」の習得を促すとされる。ここで「知的熟練」とは，仕事の場面での変化や問題にうまく対応するための知的な性格をもつ能力のことである。

　生産の職場では生産量が常に変化している。例えば生産量が減少した時には，企業はそのぶん人件費を減らして利益を確保するため，職場に配置する要員を減らしたい。そのためには職場の社員がそれぞれ担当する仕事の範囲を広げるよう社員の仕事を再配分し，担当の社員が外れた仕事をカバーできるようにしたい。「幅広い OJT」は，社員各人の能力の幅を広げることでこれを可能にする。

　さらにそれだけでなく，「幅広い OJT」により社員がそれぞれ職場内の広い範囲の仕事を経験すると，例えば不良品がでたときに，社員はこれを検出してその原因を推理できるようになる。簡単な原因によるものであれば，不良品を直すこともできる。というのも社員は，経験した工程の仕事であれば，どの作業で誤りを起こしやすいかがわかる。また仕事を広く経験することで，職場の設備や生産の全体的な仕組みを理解するためである。

　こうして生産職の社員は，「知的熟練」をもつことで問題解決をその場ですぐにできるようになる。そうなれば，製品が組み立てられた後に，検査や修理担当の技術者などがこれを分解して原因の解明から始めるよりも，格段に時間と作業のロスを減らせる。そのぶん生産性を高めることができる（小池 2005）。

　このような不確実性への対応が求められるのは，もちろん生産職の社員にかぎらない。非定型的な仕事の比重のより高い技術職や営業職などのホワイトカラーの社員では，よりいっそう仕事のなかで不確実な問題に直面することが多いだろう。これに適切に対処するには，高度に知的な能力が求められるはずである。そうした不確実性に対応する能力をつちかううえで，ホワイトカラーの

社員についても，仕事経験の幅を広げる取り組みが重要と考えられる（小池2005）。

具体的な方法としては「幅広い OJT」のように，職場内での担当の仕事を転換するローテーションを行ったり，広い範囲の仕事を割り振ったりする。また詳しくは次章で確認するように，職場間の配置転換も有効な人材育成の手段となる。企業はこのように仕事配分や配置をつうじて，社員に広く仕事を経験させる。これと併せて，「認知的徒弟制」のモデルをもとに確認したように，その時々の職場での社員の仕事に即して，上司や同僚が指導や助言などの支援を行う。こうして OJT による人材育成を効果的に進めることができる。

### (4) OJT を促す条件

OJT の主な担い手は，社員の上司にあたる職場の管理者や，同僚の社員である。とりわけ職場の人材育成に責任をもつ職場管理者の役割は大きい。しかし職場管理者は，部下の人材育成のほかにも，担当する職場の運営や成果の達成のために様々な役割を担う。それらの役割のなかで人材育成の優先順位を高く位置づけているとはかぎらない。また人材育成を重視していたとしても，十分な時間を割けないかもしれない。さらに職場管理者は，研修の講師のように教育訓練の専門家としての知識やノウハウをもつわけでもない（Heraty and Morley 1995）。

そこで企業として OJT の充実はかるには，人事部門が中心となって，職場管理者が職場メンバーの人材育成を適切に行えるよう，動機づけや時間，知識やノウハウの面で条件をととのえることが重要となる。

このうち，職場管理者に対して OJT を積極的に進める動機づけを与えるには，かれらの人事評価の項目に，部下に対する人材育成への取り組みを位置づけることが重要な手段となる（大木 2003）。これにより，人材育成が職場管理者のフォーマルな役割であることを明確にし，その自覚を促す。さらに人事評価の成績を昇給や昇進の機会に反映させることで，これを目指す職場管理者に対して，部下の人材育成に取り組むインセンティブを与える。

第 8 章　教育訓練

　さらに職場管理者に，OJT の進め方に関する知識やノウハウといった能力をもたせるには，職場管理者の選抜と教育訓練が有効な手段となる。このうち選抜に関しては，「認知的徒弟制」モデルで「熟達者」としての役割を果たせるような，教えるべき仕事をよく知る社員を職場管理者に選抜することが重要となる。また単に仕事ができるだけでなく，部下にうまく仕事を教えることのできる社員を選ぶことも大事となる。

　とはいえ社員は職場管理者になってはじめて，本格的に人材育成の役割を担う場合もあろう。OJT に関する能力を最初から十分にもつとはかぎらない。それゆえ職場管理者への教育訓練が重要となる。具体的には管理職研修により，職場管理者に OJT の方法を学んでもらう。また部下の人材育成が，企業が職場管理者に期待する重要な役割であることを理解してもらうことも重要である。併せて人事部門などが職場管理者に対して，個別の相談対応や助言などを行い，OJT の実行を知識やノウハウの面で支援することも大事となる（佐野2024 b）。

　また社員の職場での能力の習得（学習）は，職場管理者だけでなく，同僚からの仕事に関する助言や指導，仕事の振り返りを促す客観的な意見などのフィードバック，精神的安息を与える励ましなどにより促される（中原 2010 a）。職場のメンバーのあいだに，こうして互いの学習を支援しあう良好な関係を築くことも，職場管理者の重要な役割である。企業としては，こうした役割を担えそうな社員の職場管理者への選抜や，管理職研修などによる役割の明確化と知識やノウハウの提供が重要となる。

　また職場管理者に，部下への助言や指導に割く時間の余裕がなければ，OJTの充実は難しい。企業としては，職場管理者に担わせる仕事内容の整理などにより負担を軽減し，職場管理者が人材育成に時間をあてられるようにすることも重要となる。さらに職場内で社員各人が同僚の能力向上への支援を行う時間的余裕を作れるよう，十分な要員を配置することも重要であろう（佐藤 2012）。

　このほか OJT を効果的に進めるには，社員各人の能力向上への意欲も欠かせない。これを促すには，人事評価の対象として社員の能力向上を位置づけ，

135

その成績を昇給などの処遇に反映させることも有効となる。この点に関して，日本企業では職能資格制度など，能力の価値を基準とする社員格付け制度が一般的である。こうした人事制度は，社員に対して能力向上へのインセンティブを与える効果をもつと考えられる（守島 2009）。

　OJT は，社員が互いに仕事での貢献を高めることを目指して競争しつつ，互いに励まし助言しあうような「切磋琢磨」の関係のもとで促されると考えられる。これに対し過度な「成果主義」のもとでは，競争相手となる同僚に仕事を教えることが自分の昇給や昇進を不利にするという意識を社員がもつかもしれない。これを避けるには，個人の仕事上の成果（業績など）と昇給や昇進との関係をあえてゆるやかに保つなどの人事制度上の工夫も重要となる（佐藤 2012）。

　以上のように，企業として OJT の充実をはかるには，その直接の担い手である職場管理者に任せきりにするのは適切ではない。そうではなく，人事部門が職場管理者に対して，研修や個別の相談対応と助言，時間確保の面での支援，人事制度の整備などをつうじて，OJT を効果的に進められるような条件をととのえることが大事となる。OJT の充実に向けては，そうした人事部門と職場管理者とのあいだの連携が重要な鍵をにぎる（佐野 2024 b）。

### (5) Off-JT と自己啓発支援

　教育訓練の方法としては，こうした OJT のほかに，Off-JT や自己啓発支援がある。このうち Off-JT（off-the-job-training）は，文字どおり仕事を離れての訓練である。企業による研修がこれにあたる。典型的には，社内の会議室や社外の研修会場などで，講師による説明を社員が聞く座学のかたちで行われる。実技や参加者間のディスカッションが取り入れられることもある。研修担当の社員が講師となる場合もあれば，社外の講師をまねく場合もある。

　次に見る自己啓発との相違点として，Off-JT は，企業の指示にもとづき就業時間内に行われる。それゆえ Off-JT に参加する時間は，賃金の支払い対象となる。これに対し，社員が同様の講座などを受講しても，それが企業の指示に

よらず就業時間外に自発的に行われる場合は，Off-JTではなく自己啓発となる。

Off-JTをその目的により分類すると，「階層別研修」は新入社員研修や管理職研修（新任課長研修など）として，社員の階層ごとに行われる。新入社員研修であれば，ビジネスマナーや社内ルール，仕事の基礎知識など，管理職研修であれば管理者としての予算や部下の管理などを学ぶ。それぞれのキャリア段階に対応した課題に関わる内容となる。このほか「専門別研修」では，営業や研究開発，生産などの職種ごとの専門的な知識を学ぶ。さらに「課題別研修」は，海外への赴任予定者が語学を学ぶなど，階層や職種を問わず，共通の学習課題をもつ社員を対象とする研修である。企業はこれらの研修の体系を設計し運用することで，Off-JTの機会を社員に与えている。

このようなOff-JTは，OJTと比較すると，学習すべき共通の課題をもつ複数の社員を集めて効率的に教育訓練を行える点に利点がある。また社内外の専門家を講師とすることで，上司や職場の同僚からは得られない専門的知識を学ばせることができる。言葉での説明により整理された知識を学ぶため，社員が普段の仕事で得た経験や断片的な知識を，より広い場面で応用可能な一般的な概念や理論に関連づけて理解する機会ともなる。このほか社員が研修会場に集うことは，職場を越えて同じ課題を共有する社員間で人的なネットワークを形成するきっかけにもなる（今野・佐藤 2022）。

もちろんOJTにもOff-JTにはない利点がある。すなわちOJTでは，社員がそれぞれ担当する仕事や，各人の能力水準に合わせた教育訓練を個別的に行える。また社員にとって学ぶ内容と仕事との関係が明確なので，学習意欲を保ちやすい。さらにOJTでは，言葉で説明できないノウハウなども，教える側が仕事を行う様子を見せたり，本人に仕事を行わせたりするなかで社員に習得させることができる（今野 2008）。

このようにOff-JTとOJTとは互いに異なる利点をもち，互いに不得意な点を補いあう補完的関係にある。そこで企業としては，両者を適切に組み合せることで効果的に人材育成を進めることができる。

さらに企業が社員の能力向上を促すには，社員の自発的な学習である自己啓

発を支援することも有効である。仕事の変化が激しく，これに応じて新たな知識や能力が求められる状況のもとでは，企業が有効な研修をすべて用意することはできない。また上司や先輩にあたる社員が，教えるべき最新の知識や能力をもつとはかぎらない。むしろ社員がそれぞれ自己啓発として，自らの仕事に役立つ社内外の学習の機会を選ぶほうが，求められる知識や能力の習得を効果的にできたりする。企業としてこれを支援するのが自己啓発支援である（高見2024）。

　自己啓発支援の内容としては，まず社員が購入した仕事関連の書籍代や，受講した講座の受講料，取得資格の検定料などの一部ないし全額を補助する金銭的支援が挙げられる。また仕事に関連する講座や資格などの情報を社員に提供する情報面での支援がある。さらに社員が社内外の勉強会や講座に参加したり，社会人大学院に通ったりする時間を確保できるよう，就業時間面での配慮や教育訓練休暇などの特別休暇の付与を行う時間的支援も重要となる。

### (6)　教育訓練への投資

　以上のようなOJTやOff-JT，自己啓発支援を組み合わせて，企業が教育訓練を充実させることは，人材の調達と定着化による人材確保や，社員の仕事意欲の向上を促す。しかし，それでは企業はこれらの効果を得るために教育訓練をとにかくふんだんに行えばよいかというと，そうではない。教育訓練には費用（コスト）がかかるためである。

　それゆえ，より小さな費用で大きな効果を得るという効率性の観点から，OJTとOff-JT，自己啓発支援の組み合わせ方や，それぞれの内容，誰に教育訓練を行うかという教育訓練の対象など選択する必要がある。

　教育訓練の費用としては，Off-JTであれば，外部講師への謝金や社外の研修会場を利用する際の料金，テキスト代，社内の講師の人件費など，金銭的な費用が明確に把握しやすい。しかし実はOff-JTには，こうして直接，金銭的な費用がわかる「直接費用」のほかに，「機会費用」というかたちでも費用が生じている。

第8章　教育訓練

　ここで「機会費用」とは，企業が教育訓練の実施にともない社員から得る機会を失った貢献を指す。例えば営業職の社員であれば，研修に1日参加すると，1日分の営業活動による売上が失われる。他の職種の社員もそれぞれ分業のもと企業の利益に貢献している。いずれも研修に参加すれば，その時間に社員が通常の仕事を行っていたとしたら企業が得たはずの貢献が失われる。そのぶんが機会費用となる。日本企業についての集計では，Off-JTには直接費用よりも大きな機会費用が生じているとの見積もりもある（田中・大木編2007）。

　さらにOJTでは，Off-JTのように直接費用はかからないものの，やはり機会費用が生じる。まず職場管理者などの教える側の社員が，通常の仕事の手を休めて指導や助言を行うことで，そのぶんの貢献が失われる。またOJTを受ける社員の側も，OJTの際には新たな仕事や不慣れな仕事を行い，これに習熟する過程で能力の向上がはかられる。それゆえ十分にこなせる仕事のみを担当する場合と比べ，OJTの間は，社員の企業への貢献が低下するはずである。こうしてOJTでは，教える側と学ぶ側の社員の双方に機会費用が生じることになる（今野・佐藤2022）。

　このようにOff-JTには直接費用と機会費用，OJTには機会費用として，教育訓練にともなう費用が発生している。自己啓発支援の場合も，金銭的支援や，有給の特別休暇の付与などの時間的支援にともない直接費用が生じる。

　こうして費用をかけても企業が教育訓練を実施するのは，その結果，社員の能力が向上することで，やがてより大きな貢献を企業が社員から得られるようになるためである。こうした関係は「投資」としての性格をもつととらえることができる（佐野2007）。

　すなわち，企業としてはまず費用をかけて社員に教育訓練を行い，後になってからその見返りとしてより大きな貢献を社員から得る。例えば株式への投資のように，こうして先に費用をかけ後からその見返りを得るという関係はまさに投資と見ることができる。それゆえ企業が教育訓練を行うことを「教育訓練投資」と表現することもある。

　さらに企業が見返りを得られるかが不確実である点からも，「投資」という

139

表現が合っている。不確実性の最も大きな要因は，社員が離職するリスクにある。企業として，せっかく費用をかけて社員の能力を高めても，社員が離職してしまうと，それ以降は投資したぶんの費用を回収できない。社員が長く勤続するほど，企業は費用を回収し，さらにより長い

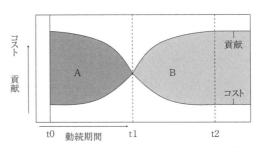

図 8-1　勤続期間と教育訓練費用（コスト）および社員の貢献の関係（イメージ）
（出所）筆者作成

期間，能力を高めた社員の貢献をつうじて見返りを得ることができる。ただし社員の定着と離職を確実に予測することはできず，投資ぶんの費用の回収は不確実性をともなう。

　これに関して，図 8-1 は，社員の勤続期間と企業の負担する教育訓練の費用，社員の貢献の関係を単純化したイメージで示したものである。教育訓練にともない，最初は貢献を費用が上回り（ t 1 の時点まで），やがて貢献が費用を上回るようになる（ t 1 の時点以降）。さらに勤続期間が延びて費用と貢献の差分であるAの部分とBの部分の面積が同じになる時点（ t 2 の時点）を超えると，企業は教育訓練にかけた費用以上の貢献を見返りとして得ることができる。さらに社員の勤続期間が長くなるほど，企業は教育訓練の見返りとしての利益を得る期間が延び，より多くの利益を得ることができる。

　実際には，教育訓練は継続的に行われており，社員のキャリアの長期にわたり投資とその回収が繰り返し行われる。こうしたなか企業が投資した費用をより確実に回収するうえでは，社員の長期勤続が重要となる。これが見込めない場合は，企業は安心して教育訓練に費用をかけることができない。日本企業では，仕事経験の少ない新卒者を積極的に採用し，企業として教育訓練投資を行うことで人材を確保する慣行が見られる。このように人材調達において人材育成を重視する慣行は，社員の雇用保障と長期定着を重要な条件としている（白井 1992）。

第8章　教育訓練

　他方で先に見たように，企業が教育訓練を充実させることは，社員にとっての企業の魅力を高め，社員の定着を促すことにつながる面もある。これを期待して教育訓練への投資を行うことは，企業が自社の人的資源の質を高めることで競争優位を得るための重要な選択肢となる。

## 3　事例で理解する：OJTと「工程設計力」

　前節でOJTを効果的に行うにあたって職場の仕事を広く経験させることや，それによりつちかわれる「知的熟練」という技能が存在することを指摘した。本節では，知的熟練論を大型洗濯機メーカーの事例研究から発展させることを試みた梅崎（2021）の議論をもとに，OJTについてさらに深く理解したい。

　同研究は，製造機械工場（A工場）における技能形成を分析し，社員が機械を使う速度・精度については，勤続期間15年程度でピークに達し，その後は「工程設計力」（治具を設計する能力）が求められるようになることを指摘する。

　治具とは，工作物を固定することにより，切削加工や溶接の仕上がりを安定させたり，効率を向上させたりするための器具の総称である。新たな治具の導入により，以前は経験とカンによる微調整などが必要であった仕事において，誰でも一定以上の品質の溶接が可能になるなどの効果が見られる。

　梅崎（2021）は，知的熟練論が対象にしていたのが主に工程のなかで生じる変化への反応であったのに対して，現場の作業者がこのような治具の設計をつうじて，自ら工程の設計に関わる場合があることを指摘した。

　こうした治具の導入は，作業者の技能形成においてプラスの面とマイナスの面とがある。すでに述べたように，機械を使う速度・精度という技能の向上は勤続15年程度でピークをむかえ，その後は年齢とともに停滞・退化する。そのなかで治具の開発に関わることは作業者にさらなる技能形成の機会を与えることになる。

　他方で，新たな治具が開発された工程での仕事は，以前よりも低い技能で行える定常作業となる。これにより，技能が停滞・退化した社員にも割り当てら

141

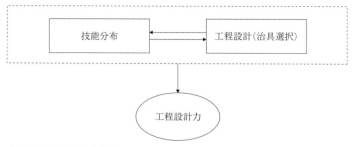

**図 8-2　工程設計力の育成**
(出所) 梅崎 (2021: 62)

れる仕事を生み出せるものの，作業者の熟練（経験を要する高度な技能）の解体を進めていくことにもつながる。たしかに短期的には簡単な定常作業が生み出されることで業務が効率するかもしれない。しかし，それだけでは，新たに工程設計力を有する人材を生み出すためのOJTを進めることが難しくなってしまう。

　こうした課題に対してA工場では，以下のようなローテーションを行うことによって対応していた。まず新入社員は，はじめは治具を使った単純作業から仕事をはじめ，徐々に一つの機械作業に習熟し，その後にはあえて適当な治具が存在しない作業を意図的に担当させる。これにより，社員が工程全体の流れを学ぶというプロセスを採用している。こうしたプロセスが可能になるためには，まだ治具が開発されていない仕事を工場のなかに残しておく必要がある。これにより，新しい工程設計者を育てるOJTが可能となる。

　こうした工程設計力の育成について，梅崎（2021）は図8-2のような図式にもとづき整理をしている。工程設計力の育成は，技能分布と工程設計（治具選択）の相互作用を適切に保つことによって可能になる。

　具体的には，職場の技能分布は，治具の開発を急速に進めていけば，治具の開発を行う技能をもつ高熟練者と定常作業のみを行う低熟練者に二極化していくことになる。これを避けて工程設計力をもつ人材を育成するうえで，A工場はあえて治具を用いない工程を残しておく方策をとっている。これにより，職

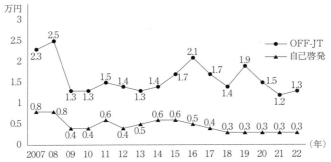

図 8-3 労働者1人当たりの Off-JT と自己啓発の平均支出額
（出所）厚生労働省「能力開発基本調査」

場の技能分布のばらつきを保ち，社員が治具の開発に関わる機会をなくさないようにしている。その結果として，工程設計力を育成する仕組みをととのえることができているのである。

このように幅広い OJT を維持するためには，その機会を与える仕事を職場に残して維持するように仕事の配分を行うことが重要となることが事例から示唆される。さらに梅崎（2021）は，作業者に対して工程設計に関わることを評価し，熟練解体後の企業内キャリアを保証するうえで，長期雇用を前提とする昇進の機会があることも重視していた。OJT はこのように様々な人的資源管理の要素とセットになって効果的に運用されるのである。

## 4 データで確認する：企業は教育訓練にいくら使っているのか

日本の企業では，仕事経験をつうじて能力開発を行う OJT が人材育成の基本であるといわれる。Off-JT や自己啓発支援も行われているものの，その費用を支出している企業は多いとはいえない。

厚生労働省の「令和4年度能力開発基本調査」の企業調査（常用労働者30人以上を雇用している企業7,332社が対象）によれば，Off-JT と自己啓発支援のいずれかに費用を支出している企業は約半数にとどまる。残りの半数は，どちらに

も支出していない。また，Off-JT と自己啓発支援の両方に支出をしている企業は約 2 割にとどまる。

図 8-3 は，同じ調査データにおいて，企業が Off-JT と自己啓発支援に支出している社員 1 人当たりの平均額の推移である。Off-JT も自己啓発支援も，2007 年から 2022 年の 15 年間に増加する傾向はみられない。Off-JT への支出は増減を繰り返している。こうしたなか 2008 年は 1 人当たり 2.5 万円だったものが，2022 年は 1.3 万円と，ほぼ半分の金額になっている。自己啓発支援への支出も 2008 年の 0.8 万円から 2022 年は 0.3 万円へと半分を下回るようになっている。

企業経営におけるコンプライアンスの重視やデジタル化による技術革新など，経営環境の変化によって，日常的な業務では身につかない知識や技能を身につける必要性は高まっている。そうした時代の流れに対応していくために，Off-JT や自己啓発の重要性は増している。しかし，日本の企業が実際にこれに対応できているかは検討の余地があるといえる。

一方，OJT についても「令和 4 年度能力開発基本調査」の事業所調査（常用労働者 30 人以上を雇用している 7,046 事業所が対象）によれば，正社員または正社員以外に対して「計画的な OJT」を「実施した」と回答した事業所は 63.0% であり，36.7% の事業所が「計画的な OJT を実施していない」と回答している。「計画的な OJT」の対象を職層等別にみると，正社員では「新入社員」が 52.0%，「中堅社員」が 36.9%，「管理職層」が 22.7% となり，「正社員以外」は 23.9% である。

なお，佐藤（2022）の国際比較研究によれば，日本とイギリス，ドイツのいずれにおいても，企業による教育訓練の取り組みは社員の勤労意欲（会社の発展のために自身の最善を尽くしたいという意欲）にプラスの影響を及ぼしている。日本では，とくに OJT と自己啓発支援の取り組みに効果がある。

職業キャリアの多様化にともなって，会社主導から個人主導へと能力開発のあり方が変化している面はある。しかし，これをもって教育訓練を本人任せにして良いと考えるのは早計である。人的資源管理として OJT は依然として重

第8章 教育訓練

要であるし，自己啓発についても，情報・時間・金銭面で支援するかたちで企業が関与し，社員の能力向上に向けた取組を支援することが重要であるといえる。

第**9**章

# 配置転換
## 社内で人を動かす

## 1 配置転換とは何か

　配置転換は，企業内で社員を配置する職務（job）を変更することを指す。部や課などの職場内での持ち場の変更や，事業所内ないし事業所間での社員の職場の変更にともない，社員を配置する職務を変えることが配置転換である。「配転」と略すことや「異動」と呼ぶこともある。

　配置転換のうち，職場内での社員の職務の変更は「ローテーション」と呼ばれる。ただし，職場管理者による日々の仕事の割り振りなどにより，社員の職務の一部が変化することは，ふつう配置転換とは見なさない。職場内での持ち場や役割が変わるなどして，社員の担当する職務の内容が大きく変更される場合に，配置転換（ローテーション）と見なされる。

　配置転換は，事業所内だけでなく，事業所を越える職場間でも行われる。主に事業所内では一時的に異なる職場に社員を配置することもある。こうした一時的な配置転換は「応援」と呼ばれる。また事業所間の配置転換のうち，とくに社員の住所の変更，つまり転居をともなうものを「転勤」という。

　アメリカやイギリスなどの企業と比べた日本企業の特徴として，企業が社員に対して配置転換を指示する強い権限（人事権）をもつことが挙げられる。企業にとって配置転換は，職場間での要員の調整や人材育成のための手段となる。それゆえ日本企業は，ときに転勤や職種変更をともなうかたちで柔軟に配置転換を行ってきた。

　しかし他方で，とくに転勤や職種変更をともなう配置転換は，社員の希望する生活やキャリアの実現を難しくし，社員の離職や仕事意欲の低下をまねきか

ねない。それゆえ近年では，配置転換の判断の際に，社員の生活の都合に配慮したり，勤務地や職種の範囲に限定のある正社員の雇用区分をもうけたりする企業が広がりつつある。さらに社員の意識も変化するなか，配置転換に社員の意思を反映させる仕組みの導入も進む。本章では，このように変化のなかにある配置転換の役割や課題について考えることとしたい。

## 2 社員の配置を変える

### (1) 配置転換の機能

企業にとって配置転換は，職場間で要員を調整するかたちでの雇用調整の手段となる（白井 1992）。図 9-1 はそのイメージを示したものである。

企業内では，業務量に対して要員が過剰な職場と不足する職場とが同時にあることも多い。例えば，工場内のある職場では，新製品の製造のために業務量が多くなり要員が不足する一方で（図では職場 A），旧製品を製造する他の職場では業務量が減少して要員が過剰になったりする（図では職場 B）。

こうしたなか企業は，業務量に対して要員の過剰な職場（B）から，業務量に対して要員の不足する職場（A）へと配置転換を行う（図中①）。これにより，双方の職場の要員を業務量に応じた適切な水準に近づけることができる。

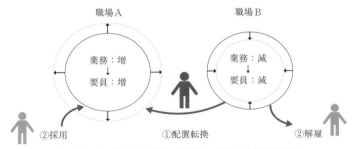

図 9-1　雇用調整の 2 つのタイプ
（出所）筆者作成

職場間での要員の調整は，採用と解雇をつうじても行える（図中②）。要員の過剰な職場で社員を解雇して要員を減らし，要員の少ない職場では新たな社員を採用して要員を増やすという方法である。しかしこの場合，社員の採用のための募集や選考の活動にコストをかけることとなる。また解雇により，企業がコストをかけて育成した人材を失うことにもなる。

　これに対し配置転換であれば，こうした採用のための追加的なコストの発生や，人材育成へのコストをかけた投資が無駄になることを避けられる。さらに社員の解雇を避けて雇用保障を行うことで，社員の企業へのコミットメントを高め，仕事への貢献を引き出すことも期待できる。日本では法律上，とくに無期の雇用契約を結ぶ社員について，要員削減のための解雇（「整理解雇」）が他国と比べても強く規制されている。これに対応するうえでも，配置転換は欠かせない雇用調整の手段となる（第6章を参照）。

　第4章で学んだ用語では，配置転換は「機能的柔軟性」，採用と解雇の組み合わせは「数量的柔軟性」にもとづく雇用調整の手段といえる。日本企業では，正社員を中心とする無期雇用の社員の雇用保障をはかるうえで，「機能的柔軟性」を重視した雇用調整が行われていると見ることができる。

　さらに企業にとって配置転換は人材育成の手段ともなる。仕事を広く経験することが，社員の仕事上の能力を高めることについては，第8章で確認した。仕事経験の幅の広がりに応じて，様々な仕事を遂行できる広い能力を習得するだけでなく，事業のなかでのそれぞれの仕事の位置づけや意味を理解するなどして，仕事上の不確実な変化や問題（「不確実性」）に適切に対応できる能力が高まる（小池 2005）。

　人材育成の手段として，OJT（「幅広い OJT」）は職場内の広い範囲の仕事を経験させるような仕事配分をつうじて行われる。配置転換はさらに，職場を越えた範囲へも社員の仕事の経験を広げることで人材育成に貢献する。とりわけ非定型的な職務を担当することの多いホワイトカラーの社員では，ブルーカラーの社員と比べても，仕事のなかで不確実な問題に直面することが多い。これに適切に対処する能力を社員に習得させるには，より広い範囲で配置転換を

第 9 章　配置転換

行うことが有効と考えられる（小池 2005）。

　そうした不確実な問題の解決に関する能力を社員が習得していくプロセスを理解するには「経験学習」についての考え方が参考になる。学習者としての社員は，仕事のなかで様々な課題に直面し，これに即興で対処することが求められる。そうした経験を積み，さらにその経験の意味を振り返ることで，仕事に関するいわば持論をもつようになるとされる（Kolb 1984）。

　こうして社員が仕事上の課題に対処する方法を学んでいくうえでは「ストレッチ経験」が重要とされる。これは，その時々の社員の能力では解決できないものの，いわば「背伸び（stretch）」してこれに挑戦し，上司や同僚などの支援を受けて何とか解決できるような課題の経験である（中原 2010 b）。

　配置転換をつうじて，社員が新たな職場で新たな仕事を経験することは，そうした「ストレッチ経験」を得る重要な機会となる。例えば管理職層の仕事には，とりわけ不確実な問題への対処が求められる。日本の大手製造企業の管理職層を対象とする研究では，かれらがこれまでに，海外への派遣や，地方拠点への異動，子会社の経営層への異動により担当した仕事など，配置転換にともなう役割の変化や新たな仕事の経験から，学習につながる「教訓（レッスン）」を得てきたことを明らかにしている（谷口 2006）。

　配置転換はこのほか，社員各人の適性に合った仕事の発見に貢献する（小野1989）。例えば営業職としての仕事の成績がふつうの社員も，人事やマーケティングの仕事では本人の興味や能力などに合うことで，より大きく企業に貢献するようになるかもしれない。そうした仕事が何かは，実際に社員に担当させてみないとわからないことが多い。そこで配置転換が重要となる。これにより社員各人の適性に合った仕事を明らかにし「適所適材」の人材配置や効果的な人材育成を促すと考えられる。

　配置転換は，社内の人的ネットワークを広く形成することにも貢献する（小池 1991）。職場間で配置転換があることで，社員自身も，上司や同僚の社員も職場が変わる。これにともない社員各人は，広い範囲の社員と同じ職場で仕事をする経験をもつことになる。これにより社員のなかに「社内の誰がどんな仕

149

事をこなせるか」という人材に関する知識が広がる。また互いに信頼して仕事を依頼・引き受けられる人間関係を広く形成する機会を得られる。このような知識や信頼関係に支えられた社内の人的ネットワークは，職場を越えた社員間の協力を促すかたちで社員の仕事の遂行を支えると考えられる。

　このようにして，配置転換をつうじて社内に人的ネットワークを広げ，社内の広い範囲の仕事や組織，人材についての知識を蓄積することは，職場管理者としての調整の能力を社員が習得するうえで重要との見方もある（Ouchi 1981＝オオウチ 1981）。職場管理者には，職場メンバーやより上位の管理者，他部門の管理者とのあいだで意見や利害を調整し，一つの方向に向けて協力しあうようにすることが求められる。配置転換による様々な職場での経験が，これを可能にする能力の習得につながるとされる。

　このほか，配置転換にともない社員がその前後の職務を比較することで，その相違点や共通点を認識して相対化や総合化を行う学習が，経営幹部に必要とされる多様な状況への対処能力を高めるとの指摘もある（内田 2009）

### (2)　配置転換の範囲

　以上のように配置転換を広く行うことは，職場間の要員の調整や人材育成に貢献する。それでは企業にとって，配置転換の範囲は広ければ広いほどよいといえるだろうか。

　これについて考えるには，配置転換にともなう教育訓練のコストについても考慮する必要がある（八代 1995）。配置転換を行うと，たしかに仕事経験の幅が広がることによる社員の能力向上が期待できる。しかし他方で，社員が配置転換後の新たな職務に習熟するまで，本人の貢献は小さくなる。またそうした社員に指導や助言を行う上司や同僚も，そのぶん時間を割くため貢献が小さくなる。それゆえ企業には機会費用が発生し，これが教育訓練にともなうコストとなる（機会費用については第8章を参照）。

　そうした教育訓練のコストは，配置転換の頻度が多いほど，また職種を越えるなどして配置転換の前と後とで仕事内容に相違が大きいほど，大きくなると

考えられる。もちろんそれでも,能力向上にともない社員の貢献度が高まることで,教育訓練にかけたコストが十分に回収できれば問題はないかもしれない。果たしてどうか。

これについては,ジェネラリストへの批判というかたちで議論されている。すなわち広い範囲で配置転換を行うことで育成されるジェネラリストよりも,配置転換の範囲を限定することで育成されるスペシャリストのほうが企業に貢献するのではないかという意見がある。ジェネラリストの能力は「広く浅い」のに対し,スペシャリストの能力は「狭く深い」。

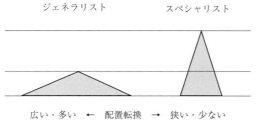

図9-2 ジェネラリストとスペシャリストの能力のイメージ
（出所）筆者作成

そのイメージを示すと図9-2のようになる。一定期間のあいだに社員が向上させることのできる能力の程度は同じとすれば,ジェネラリストとスペシャリストの能力の幅と高さを示す2つの△の面積は同じとなるはずである。ヨコ方向への能力の広さを優先すれば,タテ方向への能力の深さは,そのぶん犠牲となる。その逆も成り立つ。能力の広さと深さとはいわばトレードオフの関係にある。

ジェネラリストとスペシャリストのうち,いずれのタイプの人材が企業により大きく貢献するかは,一概にはいえない。というのもジェネラリストほど,広い範囲の職務間で配置転換による要員の調整を行いやすい。また不確実性に対応する能力や,職場管理者に必要な調整の能力はより高い可能性がある。しかし他方でスペシャリストのもつ特定分野での高度な知識などの専門的能力が,他社にない高度な製品・サービスを支え,企業の競争力の源泉となるかもしれない。いずれにも一長一短がある。

それでは実際に企業はどのような範囲で配置転換を行っているか。アンケー

ト調査にもとづく国際比較研究によれば，日本とアメリカ，ドイツの企業に共通して，部課長層のホワイトカラー社員の多くは，一つないし少数の職能のなかで複数の職務を経験している。ここで職能とは，営業や経理，人事などの大ぐくりの職種の範囲を指す。ただし日本企業では，主な職能に加えて他の職能も長めに経験する割合がより高い（小池・猪木編 2002）。

このように日本企業でも，配置転換の範囲は無限定に広いわけではない。ただし一つないし少数の職能のなかでは，広く職務を担当するような配置転換が行われている。日本企業のホワイトカラーでは，極端なジェネラリストでもスペシャリストでもない人材の育成がはかられているといえる。こうした企業内キャリアのあり方は「はば広い専門性」とも表現される（小池編 1991）。これに対応する配置転換の範囲は，上で整理したようなジェネラリストとスペシャリストの利点をバランスよく得られる範囲となっていると考えられる。

また配置転換の範囲は，主な一つの職能を中心とする。その理由としては，職能のなかでは職務間に関連性があるため，ある職務の経験が他の職務を行ううえで役に立つという「重層的効果」が挙げられる。例えば百貨店であれば，店頭販売の経験により消費者のニーズを知ることが，仕入れ担当者（バイヤー）としての商品の選択など，仕入れの仕事の成功につながったりする。また関連性のある職務への配置転換であれば，教育訓練のコストもより小さくてすむ（小池 2005）。このように「重層的効果」や教育訓練のコストの抑制が効果的に期待できるのが，主な職能を中心とする職務の範囲にあたると考えられる。

### (3) 配置転換の決定への人事部門の関わり

もちろん適切な配置転換の範囲がわかっていても，企業が配置転換を決める権限をもたなければ，これをコントロールすることは難しい。日本企業は他の国の企業と比べて，これを可能にするような配置転換に関する強い権限（人事権）をもつことが多い。

上で見たように，日本企業での社員の配置転換の範囲は，一つの職能を中心としつつも，これに加えて別の職能にも広がる。さらに事業所を越える職場間

の異動も広く行われている。社員の居住地の変更をともなう配置転換である転勤も一般的である。とりわけ正社員として雇用する社員に対して，こうした広い範囲での配置転換を企業側の指示で行う点に，国際比較で見た日本企業の特徴がある。

これに対し，例えば日英比較の事例研究によれば，イギリス企業の事例では日本企業のような強い配置転換の権限をもたない。具体的には，日本企業のように命令による配置転換は行われない。そうしたやり方ではなく，人事担当者や職場管理者などが社員に対して配置転換を依頼し，社員がこれに同意した場合にのみ配置転換が行われる。

またとくに事業所間の配置転換に関しては，日本でいう社内公募制度が主に用いられている。社内公募制度では，企業内の職務の空席情報を社員に広く示し，社員がその空席に応募するかたちで配置転換が行われる。このようにイギリス企業の事例では，社員の同意や，社内公募制度のもとでの社員の選択を前提に配置転換が行われる（佐野 2021）。

こうした日英間の相違の要因として，一つにはすでに確認したように，雇用保障への法的・社会的な期待が日本においてより強いこと挙げられる。すなわち企業には，できるだけ解雇によらず配置転換により雇用調整を行い，社員の雇用保障につなげることが期待されている。それゆえこれを実現する手段として，企業のもつ配置転換の強い権限が社会に受け入れられ，法的にも認められてきた面がある（荒木 2001）。

さらに賃金制度の性格のちがいも指摘できる。すなわち日本企業で一般的な能力給では，賃金水準を変えることなく職務の変更を容易に行いやすい。これに対し，イギリス企業で一般的な職務給では，職務が賃金水準の根拠となるため，職務の変更は賃金の変更をともなう場合がある。とりわけ賃金水準の低下をともなう職務の変更を社員は受け入れがたいであろう。また職務給のもとでは「この職務のために雇用されている」という社員の意識も強いと見られる。それゆえ職務の変更について，社員の同意や選択を前提とすることが，公正なものとして労使に広く受け入れられていると考えられる（詳しくは第12章を参

照）。

　日本企業での配置転換に関する強い権限の担い手を見ると，職場管理者だけでなく，人事部門，とくに本社に置かれた本社人事部門が配置転換に関わる企業が多い。この点も，国際比較で見た日本企業の特徴といえる（Jacoby 2005 ＝ ジャコービィ 2005）。

　日本企業では人事部門が配置転換に関与することで，例えば異なる営業部門のあいだなど，とくに部門を越える職場間の要員調整に際して，部門間での要望や利害の調整の役割を担っている。これにより配置転換による雇用調整を円滑に進められる。

　さらに配置転換への人事部門の関与は，企業を単位とした「適所適材」の実現や人材育成を促すと考えられる。というのも職場管理者に配置転換をゆだねると「人材の抱え込み」の問題が生じかねないためである。すなわち職場管理者は，自らが責任をもち，自らの人事評価の対象ともなる担当職場の業績に強い関心をもつ。これにともない，職場の業績に貢献する優秀な部下はできるだけ長く担当職場に置こうとする。こうして職場での優秀な「人材の抱え込み」が行われる可能性がある。

　もちろん職場管理者は，担当の職場内では最適な配置や人材育成をはかろうとするはずである。とはいえ「人材の抱え込み」が行われると，その対象とされた社員は，他の職場でより適した職務にめぐりあう機会や，仕事の経験を広げて能力を高める機会を失ってしまう。それゆえ部分最適，すなわち職場を単位とした最適な配置や人材育成を積み上げても，全体最適，すなわち企業全体を単位とした最適な配置と人材育成には必ずしもつながらない。

　そこで人事部門が，事業所や部門を越えた広い範囲での配置転換を行うことで，職場管理者による「人材の抱え込み」を避ける。これにより企業を単位とした全体最適な配置や長期的な人材育成をはかることができる（八代 2002）。

　イギリス企業などでは，社内公募制度を利用した個人の選択による配置転換により，職場管理者による「人材の抱え込み」の問題を小さくしていると考えられる。ただし，配置転換が成立するかは社員各人の意向にも左右されるため，

企業としての適所適材や人材育成に向けた配置のコントロールは難しい。これに対し日本企業では，人事部門が強い権限のもと配置転換を実施することで，その実現がはかられている。

### (4)　社員の意向の配置転換への反映

　とはいえ企業が一方的に社員の配置転換を決定し，社員にこれを強いることは，社員の仕事と生活の両立（ワークライフバランス）を難しくする側面がある。とくに転居をともなう配置転換である転勤では，社員がそれまでに慣れ親しんだ地域の社会関係から距離を置くこととなる。家族と離れて勤務地に転居する単身赴任や，家族帯同での転居では，社員本人だけでなくその家族の生活にも負担が生じる。配偶者と協力しての育児に支障が生じたり，近隣に暮らしていた親の介護が困難になったりすることもある。

　それゆえ，とくに転勤を社員に求める際には，社員の個別の事情と意向に配慮することが重要となる（白井 1992）。ワークライフバランスを重視する社員が増えるなかで，その重要性はますます高まっている。そこで正社員に対しても，転勤について育児や介護などの特別な事情に配慮して当面の実施を見送るなど，個別的な対応を行うことが企業に求められる（武石 2022）。これにより社員の離職を避けて人材の確保につなげられる。

　このほか様々な理由で転勤を望まない社員を雇用するうえで，勤務地限定正社員として，雇用契約などにより転居のない範囲に配置転換を限定する雇用区分をもうける企業も増えている。さらに技術職や営業職など，特定の職種に限定して雇用する職種限定正社員の雇用区分を導入する企業も広がる。これらの雇用区分では，勤務地や職種を重視する人材を広く正社員として雇用し，長期的に活用することが期待できる（限定正社員について詳しくは第4章を参照）。

　さらに近年では，より積極的に，配置転換の決定に社員本人の希望を反映させようとする企業の取り組みも広がる。いわば個人選択型の配置転換の仕組みといえる。

　そうした仕組みの一つとしては，自己申告制度が挙げられる。年度ごとなど

定期的に，社員が今後の仕事についての希望を申告する制度である。企業内で共通のフォーマットを定め，これに社員が記入する形式をとる。その情報をもとに上司が面談を行い，社員の意思を確かめたり相談や助言を行ったりする。申告された情報は人事部門にも共有され，配置転換を実施するかの判断や，配置転換先とする職場の選択に活かされる。

　社員本人の意思を直接的に配置転換に反映する仕組みとしては，社内公募制度が挙げられる。社内公募制度では，先にイギリス企業での仕組みとして紹介したとおり，企業が社員を配置したい職務の空席を社内に示す。これに応募した社員のなかから，受け入れ先職場の管理者などが適任者を選抜し，選ばれた社員が配置転換となる。日本企業では，企業の指示にもとづく配置転換と併用するかたちで，社内公募制度を運用する場合が多いようである。

　日本企業でこれら個人選択型の配置転換が普及してきた背景としては，第1に，社員各人の企業業績への貢献度，すなわち「成果」を大きく賃金に反映させるような「成果主義」の賃金制度が広がったことが指摘できる。

　こうした「成果主義」の賃金制度のもとでは，とくに人事評価の成績が低く昇給を得られない社員が，企業の指示で配置された仕事への不満を高めかねない。成果があがらないのは，配置された仕事が自分に合わないから，あるいはそもそも成果をあげにくい仕事だからだという不満である。これに対し企業が個人選択型の配置転換の仕組みを取り入れることで，そうした不満を抑えることができる。担当する仕事が自らの希望や選択の結果となることで，成果があがらない場合を含め，担当する仕事への社員の納得性が高まると考えられるためである（太田 2008）。

　第2に，雇用保障への社員の信頼が低下した可能性も指摘できる。既述のとおり，配置転換に関する企業の強い権限は，雇用保障の手段として社会的にも支持されてきた面がある。しかし1990年代以降の低成長の経済環境のもと，大手企業を含む企業の倒産や希望退職募集などの情報を目にする機会が増えた。こうしたなか企業による雇用保障への社員の信頼が低下している可能性もある（服部 2010）。そうなると社員としては，雇用保障と引き換えに受容して

きた，配置転換に関する企業の強い権限を受け入れにくくなるだろう。

またそうした経済環境のなかでは，他社でも通用する専門的な能力などを高めるため，自分の意思で企業内でのキャリアを選びたいと考える社員が増えても不思議ではない。さらにより積極的な意識の変化として，自分のキャリアを自分で選んでいくこと自体を望ましいととらえる価値観が広がってきている可能性もある（田中・大木 2007）。そこで企業としては，個人選択型の配置転換を取り入れ，社員の自律的なキャリア形成を促すことがいっそう重要になる。これにより，社員の定着化や仕事意欲の維持向上を期待できる。

ただし，企業が個人選択型の配置転換の仕組みを導入すれば，自動的に社員の自律的なキャリア形成が促されるわけではない。日本企業の現状では，社内公募制度を導入しても社員の制度利用が少ないこともある。また自己申告制度の場合でも，今後のキャリアに関する申告内容が曖昧なため，企業による配置転換の判断において参考にしづらいことがある。

社員が個人選択型の配置転換の仕組みを用いて自律的にキャリア形成を行うには，それぞれが自らの今後のキャリアについて明確かつ現実的な希望と見通しをもつことが重要な条件となる。企業としてこれを支援するには，職場管理者に部下のキャリアを支援するノウハウを身に着けさせるための管理者研修を実施することも重要となろう。このほか人事部門の担当者やキャリア・カウンセラーによる社員への専門的な助言や相談の機会をもうけることも有効と考えられる（守島 2004）。

### (5) 出向と転籍

日本企業において社員の配置の範囲は，一つの企業を越えることもある。出向や転籍がこれにあたる（永野 1989）。いずれも企業間で社員を異動させる仕組みである。資本関係や取引関係のある企業間で行われるのが一般的である。これらの関係でつながった企業グループのなかに，企業間の調整をつうじて人と仕事とのマッチングが行われる「準内部労働市場」が成立しているとの見方もある。こうした慣行は，他国にあまり見られない日本企業の特徴と考えられ

ている（稲上 2003）。

　このうち出向では，社員はもともと所属する出向元企業と雇用関係を保ちながら，新たに配置される出向先企業とも雇用関係を結ぶ。そして出向先の職場にて仕事を行うことになる。これに対し転籍では，社員はもといた転籍元企業との雇用関係を終了し，新たに働くことになる転籍先の企業と雇用関係を結ぶ。転籍と通常の転職とのちがいは，転職では社員が自由に雇用関係を結ぶ企業を選ぶ。これに対し転籍では，社員本人の意向を踏まえつつも，転籍元と転籍先の企業間での調整にもとづき社員の雇用関係の変更が行われる。

　出向の場合，一定の期間後に出向を終了し，社員を出向元の企業に戻すことが予定されることが多い。出向元の企業とも雇用関係を保ったままなので，その際に雇用関係を結び直す必要もない。転籍では転籍元の企業との雇用関係を終了することから，社員を転籍先から戻すことを予定しない場合が多い。ただし出向先の企業で一定期間，社員が勤務したあとに転籍とすることを予定する場合もある。

　企業が出向・転籍を行う目的としては，一つには，企業内で行う配置転換と同じく，社員の経験の幅を広げて人材育成につなげることが挙げられる。出向・転籍は，企業の範囲を越えて社員の仕事経験の広げる機会となる。若年層の出向ではこれを目的とする場合が多い。これに対し，中堅層の社員の出向では，同じく人材育成の目的に加え，出向先での人材ニーズをみたすことを目的とすることも多くなる。

　高年齢層の社員を対象とする場合には，出向元や転籍元からの退職のプロセスとして，役職を解いた社員などを出向や転籍により他企業に移行させて雇用の継続をはかることが多い。ただしもちろん出向・転籍で社員を受け入れる企業の側も，受け入れた社員に貢献してもらう必要がある。それゆえ出向先・転籍先企業は，出向元・転籍元企業に対し，受け入れたい社員の人材の要件（「スペック」）を提示し，両者の調整のもと出向・転籍の人選が行われる。このような「スペック人事」の慣行も日本企業のなかで広がってきている（稲上 2003）。

158

## 3　事例で理解する：企業は転勤に何を求めているのか

　前節にて配置転換と人材育成とが密接に関わっていることを説明した。ここでは，この点について具体的なインタビュー調査からより詳しく見たい。労働政策研究・研修機構（2016）では，転勤（転居をともなう配置転換）の実態に関して，様々な産業の大企業15社へのインタビュー調査を行っている。表9-1は，対象企業が社員に転勤を求める理由についての回答結果をまとめたものである。

　「転勤経験者が限られる」の項目で○がついている企業は，転勤対象者が幹部候補にかぎられるなどの理由で，大半の社員が転勤の対象外となっていることを意味する。「定期的な人事異動」に○がついている企業では，一定の年数おきに配置転換が行われており，具体的な異動の頻度は「異動頻度」，国内で転勤した際の平均赴任期間は「平均赴任期間・国内転勤」の項目にそれぞれ示されている。3～5年で定期的に異動がある企業と，不定期に異動がある企業とに分かれていることがわかる。

　そのうえで転勤を求める理由を見ると，明確に「育成」を目的としてかかげているか，「経験」「教育」「キャリア形成」など育成に関連するキーワードを挙げている企業が多いことがわかる（A・C・D・E・F・G・H・I・L・M・N・O社）。

　さらに詳細に見ると，いくつかの企業では転勤による人材育成の具体的な対象を念頭に置いている。すなわち，A・C・G・O社は経営幹部育成をかかげているのに対して，B・F・N社が技術職や営業職を対象とするというように，転勤において重点を置く職種を挙げる企業も見られる。これには仕事の特性も関係している。例えば営業職を転勤の対象として重視しているF社では，担当する顧客との関係性が長く続きすぎると，業務経験の幅が狭くなってしまう。そこで提案型の営業の幅と質を高めるために配置転換を定期的に行っているという。

表 9-1　企業が転勤を求める理由

| ケース名 | | 転勤経験者が限られる | 定期的な人事異動 | 転勤を求める理由 | 異動頻度 | 平均赴任期間・国内転勤 |
|---|---|---|---|---|---|---|
| 建設業 | A社 | | ○ | キャリア・パスと刺激を与える。幹部登用段階で、本社の企画・管理、海外でのマネジメントなどの経験を付与。 | 部門で様々 | 3〜4年 |
| 建設業・不動産業 | B社 | | | 人事ローテーション。特に技術職（施工現場監督）、営業職（「本人活性化」）で人事異動が必要。 | 不定期 | 平均2年 |
| 金属製造業 | C社 | | ○ | 転職を含めた人事異動を行う理由は、幹部候補生としての育成が主だが、これに伴う玉突き的な移動も発生する。 | 3〜5年 | 3〜5年 |
| 機械製造業 | D社 | | ○ | 社員の育成、適材適所の人員配置。その際、「転勤」は意識しておらず、ジョブ・ローテーションの結果。 | 原則5年 | 5年（様々） |
| 電気機器製造業 | E社 | | | 転勤の目的は、事務系の人材育成。事業拡大・新規拠点の立ち上げ時（主に海外展開のケース）など。 | 不定期 | 不明 |
| 運輸業 | F社 | | ○ | 人材育成が主要因。とくに営業職で、様々な業種（顧客）との取引をすることで、物流提案の幅と質が向上する。 | 3年目安 | 3年 |
| 小売業 | G社 | | ○ | 人材育成と経営幹部育成 | 3年ごと | 3年 |
| 金融業 | H社 | | ○ | 人事異動（転勤）を育成・登用のきっかけと捉えているため。不正・癒着防止の観点も副次的にある。 | 5年めど | 5年 |
| 保険業 | I社 | | ○ | コンプライアンス（不正防止）が基本。それに加え、育成の観点。 | 3年 | 3年 |
| 不動産業（デベロッパー） | J社 | ○ | ○ | 転勤は、定期的な人事異動の結果。 | 4〜5年 | 4〜5年 |
| 宿泊業 | K社 | ○ | | 欠員補充と人事ローテーション。人事異動は、事業所の活性化が主目的。 | 不定期 | 10年 |
| 飲食業 | L社 | | | 教育配転が主要因。異動は、店舗棟の欠員補充や出店計画などによって生じやすい。 | 不定期 | 平均3年（不定期） |
| 旅行業 | M社 | | ○ | 人材育成上、幅広い経験が必要。組織の活性化のため。 | 3年 | 3年 |
| 教育・学習支援業 | N社 | ○ | | 学校事業（営業職）におけるキャリア形成の必要性。 | 不定期 | 3〜4年 |
| 介護・福祉サービス業 | O社 | ○ | | 人員不足や新規施設の開業でのローテーション。幹部育成など。 | 不定期 | 様々 |

（出所）労働政策研究・研修機構（2016: 37）

　このように，転勤による人材育成の対象をとくに限定しないかたちで設定するのか，あらかじめ重点を置く対象を設定するかには，企業ごとの特色が出てくるといえるだろう。

人材育成以外の目的を重視する企業もある。多く見られるのは，本人や組織の活性化という目的である（B・K・M社）。こうした企業では，同じ拠点で働き続けることにより仕事がマンネリ化することを防いだり，定期的に組織の人員構成を変えて組織全体を活性化したりすることが意識されている。このほか，O社は幹部育成に加え「人員不足や新規施設の開業でのローテーション」を目的として挙げており，前節でも言及した雇用調整のための配置転換という性格が強い。さらに，金融業H社と保険業I社では「不正防止」がかかげられており，転勤を行う理由には産業ごとの仕事の特徴が反映されている。

以上からわかるように，転勤は実際に人材育成・個人や組織の活性化・雇用調整などの様々な目的で利用されている。その目的のちがいは企業ごとの戦略のちがいや，仕事の特徴などと関係している。転勤のあり方はこれらの複合的な要因を考慮して決定されているといえる。

## 4　データで確認する：転勤にはどのような不便があるのか

日本企業では，企業の判断で配置転換が行われている。支社や支店など，複数の事業所をもつ企業であれば，事業所間の配置転換も行われる。その際に，転居をともなう配置転換である転勤が行われることもある。

転勤がある企業は，それだけ広い地域に事業を展開しており，その地域が拡大すれば，そのぶん広い範囲で転勤が発生する可能性がある。企業が社員に転勤を命ずる理由は様々である。前節でも見たように，雇用調整や人材育成，不正防止といった理由などが挙げられる。

このうち雇用調整は，典型的には，工場や店舗を閉鎖する場合に，そこで働く社員を別の工場や店舗に移すことで解雇を回避するようなケースが当てはまる。新規開業した工場や店舗に既存の工場や店舗から社員を移して配置することも雇用調整にあたる。

人材育成は，商慣行や文化の異なる地域で働くことで，職業経験の幅を広げるということが当てはまる。例えば，営業職社員が同じ地域でずっと働いてい

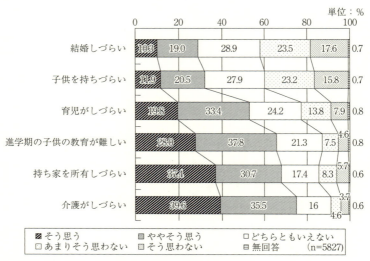

**図 9-3** 現在の会社での転勤経験に照らして困難に感じること
注：正社員調査による。
（出所）労働政策研究・研修機構「企業の転勤の実態に関する調査」(2016)

ると，特定の顧客と関係を深めることができる一方で，顧客との関係に緊張感がなくなるということもある。そうした営業職社員も，転勤により担当地域が変われば，新しい顧客と関係を結ぶための創意工夫をするようになる。また，営業職社員と特定の顧客との関係が深くなりすぎて，癒着が生まれれば，不正の温床にもなりかねない。そうした危惧のもと，不正防止の観点から一定期間ごとに転勤をすることをルールとする企業もある。

しかし武石 (2022) は，転勤経験者において，キャリア形成上の理由があった，希望どおりの転勤だったと肯定的に評価する割合は低く，企業による転勤の命令にしたがった結果に対する社員の納得度は高くはないというデータを示し，人材育成のための転勤の合理性に疑問を投げかける。

ワークライフバランスの観点からも，転勤は社員の私生活に様々な不便をもたらしている。図 9-3 は，労働政策研究・研修機構の「企業の転勤の実態に関する調査」(2016 年，全国の常用労働者 300 人以上の企業 1 万社が対象) の労働者調

査の結果である。転勤にともなう具体的な困難として，「そう思う」と「やや
そう思う」の合計割合が最も高いのは「介護がしづらい」であり，「持ち家を
所有しづらい」「進学期の子供の教育が難しい」が続く。

　育児・介護休業法では育児期・介護期の転勤について事業主に配慮すること
を求めている。しかし，一般的な原則として社員は転勤を断ることはできない。
日本的雇用慣行のもとでは，社員の配置転換について企業に広範な裁量が認め
られている。その代わりに，解雇は厳しく規制されているという関係にある。
つまり社員に対しては，企業が雇用を守る代わりに，企業による配置転換の命
令にはしたがうことを求める。そのため，転勤を拒否した社員については，裁
判所も解雇を認めてきた。

　ただし，転勤には転居費用などのコストをともなう。単身赴任の場合，家族
のもとに帰る費用の一部を企業が負担していることもある。交通機関や通信手
段の発達により，現地に事業所を置かず，出張やオンラインですませることが
できる仕事も増えている。育児や介護にかぎらず，転勤の必要性を問い直しな
がら，本当に必要な場合に限定していくことも重要である。

**第10章**

# 昇進管理
## 管理職へと選抜する

## 1　昇進管理とは何か

　前章で学んだ配置転換は，企業内での社員の序列の変化を必ずしもともなわない水平的あるいはヨコ方面への職務間の社員の異動といえる。これに対して昇進は，上下の序列のある職務間の異動，あるいは第3章で学んだ社員格付け制度における上位の格付け（等級）への昇格といった垂直的ないしタテ方向への社員の位置づけの変更を意味する。

　こうした広義（広い意味）の昇進には，管理的な職務である役職への社員の登用や，さらにより上位の役職へと社員を引き上げることを意味する「役職昇進」が含まれる。「昇進」として多くの人がまず思い浮かべるのは，こうした役職昇進のことかもしれない。役職昇進は，狭義（狭い意味）の昇進といえる。広義の昇進には，これに加え，社員格付け制度における昇格も含まれる。

　アメリカなどの企業で一般的な，職務の価値にもとづく社員格付け制度（職務等級制度）では，役職昇進にともない社員の担当する職務の価値も高まったと見なされる。それゆえ役職昇進と同時に社員格付け制度上も昇格となる。このほか管理的職務でなくても，上位の格付け（等級）の職務へと社員を配置することは昇進＝昇格とされる。

　これに対し，日本企業で普及している職能資格制度のような，能力の価値にもとづく社員格付け制度では，管理的職務としての役職と切り離して，社員格付け（等級）が決まる。両者には一定の対応関係があるものの，昇進と昇格とは必ずしも同時に行われない。役職昇進など上位の職務への昇進をともなわない昇格が行われることは，日本企業に特徴的な慣行となっている。

広義の昇進に含まれる役職昇進と昇格は，いずれも社員の権威や権限，経済力を高める機会となる。日本社会でこのような昇進は「出世」として肯定的にとらえられてもいる。それゆえ多くの社員の関心事となる。そこで企業としては昇進管理，すなわち昇進のあり方をうまくやり繰りして，社員の仕事への動機づけにつなげたい。昇進にはこのほかの人的資源管理上の効果も期待できる。ではどうしたら，効果的な昇進管理ができるか。以下で考えることとしたい。

## 2　上位の役職・格付けへと選抜する

### (1)　2重のランキング・システム

上で指摘したように，広義の昇進に含まれる役職昇進（狭義の昇進）と昇格との関係は，社員格付け制度のタイプによって異なる。アメリカやイギリスの企業などで一般的な職務等級制度では，上位の役職（管理的職務）への昇進など，企業内でより高い価値があると見なされる職務に登用することが，同時に昇格を意味する。社員の序列を決める，いいかえるとランキングを行う仕組みは，基本的に，職務の価値にもとづく一つのみである。

これに対し日本企業では，職能資格制度など，能力の価値にもとづく社員格付け制度が一般的である。それゆえ，社員の序列としては，管理的職務としての役職の序列を示す職階制度と，能力の価値にもとづく社員格付け制度の2つが並存することになる。このような二本立ての社員の序列は，2重のランキング・システムとも呼ばれる（今野・佐藤 2022）。そのイメージを図にすると，図10-1のようになる。

日本企業では，こうした2重のランキング・システムのもと，職階制度上の役職昇進と，社員格付け制度上の昇格とが，切り離されて行われる。ただし，ふつうは両者のあいだに一定の対応関係をもたせている。すなわち職階制度上の各役職に対応する能力をもつ社員は，それぞれに相当する社員格付け（等級）に位置づけられる。そのなかから，各役職に登用して役職昇進させる社員が選ばれる。例えば，課を束ねる課長の役職に配置する社員は，課長相当の管理職

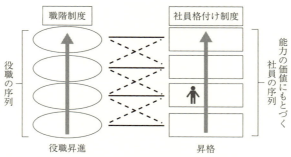

図 10-1　2重のランキング・システムのもとでの役職昇進と昇格
注：役職と格付け（等級）むすぶ太線は主な対応関係，破線は副次的な対応関係を表現。
（出所）筆者作成

の格付け（等級）の社員のなかから選ばれるという関係になる。

　こうした仕組みは，管理的職務を担う能力のある社員を相応の社員格付け（等級）に位置づけて「ストック」しておく役割を果たす（佐藤・藤村・八代 2023）。日本企業の多くは，管理的職務を担う人材を主に社内での育成により確保している。2重のランキング・システムは，こうした人材確保の慣行を支える仕組みといえる。

　ただし企業によっては，人材育成などによる人材の確保が追いつかず，ある役職に相当する社員格付け（等級）の社員が十分に「ストック」されていない場合もある。企業としては，そうした場合にも対応できるよう，図 10-1 の破線が示すように，役職と社員格付けのあいだの対応関係をゆるやかにしておく。そうすることで，社員格付け（等級）に対してより上位の役職へも社員を配置することができるようにしている。

　以上のように，アメリカやイギリスの企業で一般的な職務等級制度では，役職昇進と昇格が直接の対応関係にある。これに対し，日本企業で一般的な能力の価値にもとづく社員格付け制度では，役職昇進と昇格とを切り離しつつ，ゆるやかに対応づけている。このような 2重のランキング・システムのもと，役職昇進など上位の職務への昇進を必ずしもともなわない昇格が行われること

は，すでに指摘したように，日本企業に特徴的な慣行となっている。


### (2) 昇進における選抜の機能

　昇進管理においては，上位の役職や格付け（等級）へと昇進させる人を選ぶ「昇進選抜」をどう行うかが，企業として考えるべき重要なポイントとなる。そもそも昇進には，選抜がつきものである。とくに役職昇進には，組織の構造上，選抜が欠かせない。役職昇進の機会は，企業における管理的職務のポスト数に依存するためである。すなわち，たいていの組織は上位の役職ほどポストの少ないヒエラルキーのかたちをとる。それゆえ，組織自体が常に拡大して役職のポストが増えていかないかぎり，役職昇進させる社員をより少なく絞る選抜が不可欠となる。

　また職能資格制度などの能力による社員格付け制度の場合でも，社員格付け（等級）は基本給の賃金水準に反映される（第12章を参照）。そして上位の格付け（等級）にある社員ほど高い賃金水準となり，そのぶん企業が負担する人件費も大きくなる。それゆえ企業が人件費の過度な負担を避けるうえでは，上位の格付け（等級）の社員の数に限定をかけることが重要となる。そうなると昇格についても選抜が必要となる。

　このように企業にとっては，組織構造や人件費の規律を保つうえで，昇進させる社員を選抜し，その数を絞ることが欠かせない。さらに，より積極的には，昇進選抜をうまくやり繰りすることで，社員からの貢献を引き出すことにつなげることもできる。

　こうした昇進選抜の機能の最も基本的なものとして，それぞれの役職の適任者を選ぶことが挙げられる。すなわち上位の階層の役職ほど，あつかう予算規模が大きかったり，管理する部下の人数が多かったりして，責任者としての意思決定が企業の業績や組織運営により大きな影響を与える。意思決定の権限と裁量もより大きくなる。そのぶん仕事の難易度も高い。それゆえとくに役職昇進における選抜では，そうした管理的職務を担うのに十分な能力をもつ人材を選抜することが重要となる。

とはいえ，どんなに慎重に選抜を行っても，上位の役職に昇進させた社員が
すぐに十分に活躍できるとはかぎらない。上位の役職ほど行うべき管理的職務
の難易度は高くなるためである。役職についていない一般社員も，係長に昇進
すれば，職場内のチームを率いることが期待されるようになる。さらに課長や
部長へと昇進すると，それぞれ課や部を単位とする職場の責任者として，部下
の評価などにも責任をもつようになる。これらにともない，社員に期待される
役割も，上司の指示を受けて仕事を行うフォロワーの立場から，チームや職場
のメンバーを率いるリーダーへと転換していく。そうした新たな役割を昇進し
てすぐに十分にこなせるとはかぎらない。

　むしろ昇進による上位への役職への登用は，社員に対して能力向上の機会を
与える機能を果たす。そして，組織の下位の階層から段階的に上位の階層へと
社員を昇進させることは，大きな飛躍の少ないかたちで徐々に高度な管理的職
務を社員に経験させることにつながる。これにより円滑な人材育成が期待でき
る。

　それゆえ選抜においては，その職位で活躍できる能力をもつかという観点と，
登用後の能力向上が期待できるかという2つの視点が重要となる。一般社員か
ら上位の管理職層への内部昇進（企業内での昇進）の慣行のもとでは，上位の階
層ほど前者のいわば即戦力としての貢献の視点から，下位の階層ほど後者の人
材育成の視点からの選抜が重要と考えられる。

　昇進選抜のもう一つの重要な機能は，選抜があることで社員間に競争関係を
つくり社員の仕事への動機づけにつなげることにある。誰もが等しく昇進する
のではこうした競争関係は成立しない。企業への貢献に関わる基準で社員を評
価し，これをもとに選抜を行うことで，社員間により高い貢献に向けた競争を
促すことができる。

　このような昇進をめぐる競争は「昇進競争」と呼ばれる。昇進にともない社
員は，権力，権威，経済力といった社会的地位を構成する魅力的な資源をより
多く得ることとなる。これらの資源を獲得しようと社員間で昇進競争が行われ
る。

日本企業において昇進競争は「同期集団」のあいだでとくに意識されることが多い。ここでいう「同期集団」は，主として新卒採用において，同じ年度（「同期」）に採用した社員の集団のことをいう。企業の規模が大きいほど，同年度に採用する社員は多く，同期集団の規模は大きい傾向にある。こうした同期集団は，社員がそれぞれ社内での自分の昇進スピードの速さや，昇進競争を優位に進めているかどうかを判断するうえでの比較の対象となる。

このような，人々が組織内での自分の位置づけを評価する基準となるグループは，一般に「準拠集団」と呼ばれる（Merton 1949＝マートン 2024）。社員にとって同期集団は，社内での昇進競争における自らの位置づけを評価するうえでの主な準拠集団となる。

入社当初はあまり昇進を意識していなかった社員も，何年かして昇進選抜が行われる時期が近づくにつれ，同期集団内での昇進競争を意識するようになる。そうしたなか「同期に昇進で遅れたくない」というような競争意識が生じたりする（竹内 2016）。

ただし中小企業など，毎年，新卒者を多く採用するような新卒採用の慣行がない企業や，主として中途採用により社員の確保が行われる企業もある。こうした企業では，同期がいないもしくは少なかったり，その範囲が明確でなかったりする。それゆえ大企業と比べて，同期集団内での昇進競争が社員に強く意識されないことも多いと見られる。

このような場合でも，企業内での権威や権力，経済力を高める昇進は，多くの社員にとって魅力的なはずである。それゆえ企業は，昇進選抜をつうじて社員に仕事への動機づけを与えることができる。企業は，人事評価の成績や上司による評価などの情報を踏まえて選抜を行う。これにより，昇進を目指す社員に対して，人事評価の良い成績や上司からの高評価につながる行動を促すことが期待できる。

## (3) 昇進選抜のタイミング

昇進管理では昇進選抜のタイミングをどうするかが重要となる。社員を採用

して何年後まで昇進の機会を与えるかにより，昇進に向けた社員間の競争の性格が異なってくるためである。この点に関しローゼンバウムは，社会的地位のあいだの人々の移動に関する社会学の研究のアイデアを応用して，アメリカ企業における昇進選抜の特徴を明らかにしている（Rosenbaum 1979）。

社会的地位間での移動パターンとしては，対照的なタイプとして「競争移動（Contest Mobility）」と「庇護移動（Sponsored Mobility）」とがある（Turner 1960）。これらを企業内での地位間の社員の移動パターンとして見ると，「競争移動」では，社員の入社後の初期に，将来の昇進機会を約束する少数のエリート社員が選抜される。その他の多数の非エリート社員には，昇進の機会が閉ざされる。これに対し「競争移動」では，入社後の長期間にわたって，すべての社員に昇進の機会が開かれ，昇進をめぐる競争が行われる。

ローゼンバウムの議論にしたがうと，このうち庇護移動では，入社後の初期に選抜された少数のエリート社員のみを対象として，管理職への登用に向けた教育訓練を行う。そうすることで人材育成の効率化をはかれる。昇進することのない非エリート社員には，そうした教育訓練を行わずにすむためである。しかしその代わり，非エリート社員となる多くの社員にとっては，昇進が仕事へのインセンティブ（動機づけ要因）とならない。これに対し，競争移動では人材育成の効率は低下するものの，多くの社員に長期にわたり昇進に向けて仕事に取り組む動機づけを与えることができる。

このように，いずれのタイプにも一長一短がある。こうしたなかアメリカ企業での昇進の実態は，これら両極端の移動パターンの折衷となる「トーナメント移動」に近いとされる。「トーナメント移動」では，スポーツでのトーナメント戦のように，選抜が何段階に分けて行われる。各段階での昇進選抜をめぐる競争に勝利した社員が，その次の段階の昇進選抜に向けた競争に参加する。こうして段階的に昇進競争への参加者が絞られていく。

このようなトーナメント移動では，競争移動と比べると，段階的に昇進の可能性がある社員が絞られるぶん効率的に人材育成を行える。また庇護移動と比べ，より多くの社員に長期にわたり昇進に向けた仕事への動機づけを与えられ

る。アメリカ企業では，こうしたトーナメント移動に近い昇進選抜を行うことで，人材育成の効率化と多くの社員の仕事への動機づけ効果とのバランスをはかっていると考えることができる（Rosenbaum 1979）。

日本企業における昇進選抜にも，このようなトーナメント移動のパターンが確認される。しかしアメリカ企業などと比べると，トーナメント移動のパターンが現れるタイミングは，社員の入社後のより遅い時期となる点にちがいがある（今田・平田 1995；小池 2005）。すなわち，課長への登用をめぐる選抜など，それ以上の役職や格付け（等級）へと昇進しない社員が現れる選抜のタイミングがより遅い。これを図にすると図 10-2 における実線で示したグラフのようになる。

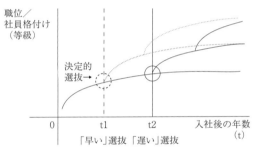

図 10-2 「早い」選抜と「遅い」選抜の相違（イメージ）
（出所）筆者作成

またそうした選抜の前には，同期集団の社員間に昇進の時期に差がつく選抜を行うタイミングがある。日本企業では，そのタイミングも入社後しばらくたってからとなる。実務のなかでは，同期集団のなかで最初に昇進（昇格）した社員の集団は「第一選抜」と呼ばれる。日本企業では，こうした「第一選抜」が出現するタイミングも遅めということになる。

このように日本企業では，①「同期集団」のなかで昇進の時期に差をつける選抜や，②それ以上の階層に昇進しない社員が出る選抜といった「決定的な選抜」の時期が社員の入社後の遅いタイミングにやってくる（図 10-2 では t2）。こうした特徴は「遅い」選抜と呼ばれる。これと比べるとアメリカ企業などの昇進選抜では，トーナメント移動のパターンが現れる時期がより早く（図 10-2 では t1 のタイミング），「早い」選抜という特徴をもつ（小池 2005）。

実際に，ある国際比較調査によれば，昇進に差がつきはじめる時期の平均値

はアメリカ企業では入社後3.42年であるのに対し，日本企業では7.85年であった。また同期入社の社員の半数が上位階層への昇進の見込みがなくなる時期は，アメリカ企業では9.1年，日本企業で22.3年とされる（佐藤 2002）。このように国際比較的に見て，日本企業における「決定的な選抜」の時期が「遅い」傾向はその後の調査研究でも確認されている（佐藤 2022）。

### (4) 「遅い」選抜の合理性

日本企業で「遅い」選抜が一般的な理由，いいかえると「遅い」選抜の合理性は，報酬としての昇進の性格とも関わる。多くの社員にとって昇進は，賃金とならんで，仕事の見返りとして得られる魅力的な報酬である。それゆえ社員には，昇進に向けて仕事に取り組む動機づけがはたらく。ただし賃金と昇進とを比較すると，これら2つの報酬は異なる性格をもつ（守島 2004）。

すなわち第1に，賃金と比べて昇進は，社員が明らかに把握しやすいという意味で「明示的」な性質をもつ。というのも賃金については，社員同士で給与明細などを見せ合うなどしないかぎり互いの額を知る機会はまずない。これに対し昇進では，とくに管理職への昇進（昇格を含む）について，企業がその事実を社内に広く示すことが多い。なかでも役職昇進では，組織の運営上その事実を明確に示す必要があるため，とりわけ明示的なものとなる。

第2に，これと関連して，昇進はもう一つの特徴として，一度，ある役職や社員格付け（等級）に昇進させた社員を元に戻すこと，つまり「降格」が難しい。その点でいわば「下方硬直的」な性格をもつ。というのも役職や格付け（等級）は，社内での威信（偉さ）の秩序と関わる。それゆえ，昇進にともない一度は高まった威信を降格によりまた低くすることは，対象となる社員にとって大きなペナルティと受けとめられやすいためである。そこで降格はふつう，社員の人事評価の成績がきわめて低いなどの場合にかぎり行われる。

これに加えて，降格は昇進と同じく明示的であるため，その事実は他の社員にも広く知られる。それゆえ降格した社員については，マイナスの評価（ラベル付け）が社内で広く共有されてしまう。そうなると当該社員のその後の活躍

をさまたげかねない。これを避けるため，いっそう企業としてはペナルティを課すに値する場合を除き，降格を避けようとする。その結果ますます昇進は，降格による取り消しが困難な，下方硬直的な性格をもつようになる。

これに対して，同じ報酬でも賃金の場合は，下方硬直的な性格はより弱い。とくに賞与（ボーナス）の水準については，人事評価の成績などに応じて上下する制度とする企業も多い。そうすることで，社員に対して仕事への動機づけを与えている。これが可能なのは，賃金は昇進のように明示的ではなく，賃金が下がったことによりその社員への他の社員による評価が下がる心配がないためと解釈できる。ただし基本給の水準は，社員格付け（等級）に対応し，また社員の収入のベースとなる。そのため，引き下げることはあまり行われない。

以上のように，昇進という報酬は明示的なため，同期集団の誰かが自分より先に昇進した場合，そのことはすぐに明らかとなる。また下方硬直的であるため，その人のその後の降格にともない自分の昇進の機会が広がるということもあまりない。社員はこれらの事実の認識をもとに，自らの昇進の機会は小さくなったと見積もる。その結果，昇進をあきらめて，これに向けた仕事への動機づけを失う社員が出てくる（守島 2004）。

したがって「早い」選抜を行うと，入社後の早い段階から，昇進による仕事へのインセンティブを与えることのできない社員が多くなってしまう。そうした事態は，とりわけ長期雇用の慣行が広がる日本企業では，避けたいところである。昇進に向けて仕事に取り組む意欲を失った多くの社員が，長期にわたり勤続することになるためである。

これに対し「遅い」選抜であれば，多くの社員に対して入社後の長期間にわたり昇進に向けた仕事への動機づけがはかれる。また「遅い」選抜では，管理職への昇進選抜までには，社員各人について，長期にわたる複数の管理者による人事評価の成績を蓄積できる。その情報をもとに恣意的な評価の影響を小さくして，適任者をより確実に見極め，公正な選抜を行うことも期待できる（小池 2005）。

他方で「早い」選抜にも，優秀な人材を早期に抜擢して管理職として活躍さ

せることができる利点がある。またこれに向けた教育訓練を重点的に行うことで，管理職となる人材の効率的な育成が可能となる。アメリカなどの転職が一般的な社会では，こうして優秀な社員層の定着を促し，早期に育成して管理職としての活躍につなげることの利点が大きいと解釈できる。

　もちろん「遅い」選抜を特徴とする日本企業でも，長期の雇用慣行のもと，やがて上位の管理職層や経営層として活躍しそうな，いわば幹部候補となる社員に対して，早期から重点的な教育訓練を行い，キャリアの各段階での活躍をはかることは重要である。

　こうしたなか「日本型ファストトラック」とも呼べる慣行が見られる。アメリカの企業などにおける「早い」選抜のもとでの「ファストトラック」は，幹部候補となる社員を文字どおり「急行組＝ファストトラック（fast-track）」として早期に選抜し，管理職へと早期に昇進させる。これに対し「日本型ファストトラック」では，「遅い」選抜のもと，新卒入社後10年目前後までの，昇進で差をつける前の時期から，配置する職場や仕事の面では社員間に差をつける（八代 2002）。

　こうした慣行に関して，日本企業では「花形部署」などと呼ばれるような，幹部候補の社員が配置されると社内で認識される職場がある。例えば都市銀行などでは，本店の法人営業部門などがこれに相当すると見なされる。そうした職場では，大きな予算をあつかい重要な意思決定を行うなど，管理職や経営層に求められる能力の習得につながる良質な経験を社員が得ることができる。また入社後の早い段階から「花形」職場に配置されることで，社員は企業側からの幹部候補としての自らへの期待をシグナルとして認識する。これにより幹部候補の社員に対し，昇進に向けた仕事や能力向上への動機づけを与えられる。

　企業は，日本型ファストトラックの対象とする社員を社内に広く示すわけではない。通常は人事部門内のかぎられたメンバーなどが非公表のリストとしてもつ。また「花形」職場への配置と幹部候補であることとの関係も企業として明確に表明しているわけではない。そのため「花形」職場を経験しない社員も将来の昇進への期待を維持しやすい。さらに幹部候補の社員の成績次第では，

社員に知られることなくリストを変更することも可能である（八代 2002）。

　先に確認したように昇進は明示的で下方硬直的な性格をもつ。日本企業では，社員の入社後のキャリアの早期から，こうした昇進ではなく，配置する職場や配分する仕事において差をつけている（上原 2007）。このような仕組みは，「遅い」選抜のもと，多くの社員に長期にわたり昇進による動機づけを保ちつつ，幹部候補の社員の効率的な人材育成を可能にする工夫と見ることができる。

### (5)　日本企業における昇進選抜の変化

　とはいえ明示的でない日本型ファストトラックでは，これに選抜された社員の自己認識も不確かなものとなる。そのため動機づけの効果には限界もあるだろう。また逆に，配属部署などから幹部候補とされる社員が誰の目にも明確となると，昇進で差をつける本来のファストトラックをもうける場合と同様，多くの社員に対して長期的に動機づけを保つことはのぞめない。

　そうであれば，昇進においても早い時期から差をつけることで，選抜された社員の仕事や能力向上への動機づけを高め，また早くからの役職での職務経験をつうじて効率的な人材育成をはかる利点のほうが大きい可能性もある。こうしたなか日本企業のなかには，従来から「抜擢人事」として，優秀な社員については入社後の比較的，早い時期から役職への登用をはかる企業も見られる。

　また近年では，「遅い」選抜を支えてきた2重のランキング・システムを修正する動きが見られる。2重のランキング・システムのもとでは，組織の構成に応じて配置できる人数がかぎられる役職上で昇進しなくても，役職を担う能力があると見なせれば，その社員を管理職相当の社員格付け（等級）へと昇格させることができる。これにより「遅い」選抜を保ち，多くの社員に対して，長期にわたり管理職に昇格する機会を与えることが可能となる。

　しかしこうした2重のランキング・システムのもとでは，高い格付け（等級）ゆえに賃金水準は高いものの，役職につかず，これに見合う貢献をしていない社員がでてくる。その人数が過度に多くなると，人件費負担から企業の利益の確保が難しくなる。実際に1990年代には，そうしたいわば「役職につかない

管理職」の増加にともなう人件費負担が，多くの企業で問題となった（八代2002）。

これへの対応策として，一つには昇格基準の厳格化が挙げられる。役職昇進を管理職相当の社員格付け（等級）への昇格の条件とすることや，管理職を対象に，役職の価値を格付けの基準とする役割等級制度を取り入れることがこれにあたる（第3章を参照）。これらは，管理職のランキング・システムを役職の序列に対応する社員格付け制度へと，一本化する取り組みといえる。

もう一つの対応策としては「専門職制度」の導入が挙げられる。これは，役職昇進のルートと並行して，高度な専門人材としての昇格のルートをもうけるものである。ただし専門職制度は，1990年代の導入当初は，「役職につかない管理職」をそのまま管理職と同等の専門職の格付け（等級）に位置づけ処遇する仕組みとなっていた企業も少なくなかった。

しかし専門職とした社員が，それに見合う高度な専門的職務をつうじて企業に貢献しないかぎり，過度な人件費負担の問題は避けられない。そこで，近年では，一般の社員から専門職への登用や，その後の専門職としての昇格の基準を厳格にする企業が広がっている。すなわち専門職の格付け（等級）ごとに求められる専門的な職務や能力の明確化がはかられている（今野・佐藤2022）。

とはいえこうした専門職制度における昇格基準の厳格化は，専門職に昇格できる社員の数を減らすことにもなる。上記のように管理職への昇進の基準も厳格化して昇進機会が減るなかでは，キャリアの早い段階から，自らの昇進をあきらめる社員がいっそう増える可能性がある（久本2008；佐野2024a）。そうした社員に対して，昇進以外の方法で，いかに仕事へのインセンティブを与えるかは，企業の重要な課題となりつつある。

## 3　事例で理解する：女性管理職育成と女性社員の意識

本節では昇進管理に関して，女性管理職の育成と女性社員の仕事に対する意識との関係について考えてみたい。

第 10 章　昇進管理

　労務行政研究所（2016）に掲載されたダイキン工業における女性管理職登用
の取り組みの事例では，女性社員の昇進意欲を維持向上するという課題への解
決策として，先輩社員が女性社員のキャリア相談などを受けつけるメンター制
度などのサポートや，男性管理職の意識改革への取り組みに加え，女性社員に
対し早期に責任の重い仕事を割り当てることで管理職候補を育成する「女性版
若手チャレンジプログラム」という取り組みが行われている。図 10-3 はその
概要をまとめたものである。

---

D-CAP…Dainkin Challenge「A」Programの略。
　「挑戦・成長を加速するダイキン独自のプログラム」の意。「A」には複数の意味を込めて
いる。
　～Ambition（野心）／Acceleration（加速）／Achievement（達成）／Aspiration（向上心）／
　Ace（最高の者）

**概要**
・今後の事業拡大に向けた全社的イノベーションテーマに，思い切って若手人材をチャレンジ
　させ，重要テーマの実行加速を狙う
・経営トップ直轄の人材育成策として，将来を担う可能性ある若手人材を“コアマン”とし，
　フラッシュ＆スピードの組織運営の中で成果を出させ，従来にないスピードで人材育成する
・対象者一人ひとりに対して，役員・部門長クラスが「育成責任者」として付き，テーマの目
　標達成と若手の育成に対して責任を持つ
・若手には，“コアマン”として関係者を巻き込みながらテーマを実行・成果を出していく強い
　意識・行動力を求める
　周囲の役員・管理職は，サポーターとして若手をサポートする

---

図 10-3　ダイキンの「女性版若手チャレンジプログラム」
（出所）労務行政研究所（2016: 29）

　将来を担う可能性がある女性の若手人材を抜擢し，その人材に対して役員・
部門長クラスが育成責任者として目標達成をサポートしていく取り組みとなっ
ている。こうした女性管理職育成の取り組みの効果も含めて，女性社員自身が
どのようにして昇進を志向するようになるのかという点も合わせて重要であ
る。これについては，インタビュー調査をもとに女性の仕事への姿勢と配置・
異動との関係性について考察した池田（2020）の論考が参考になる。
　同研究は，これまでの議論では女性の企業内キャリアと家庭生活との関係を
検討することが多かったとする。これに対し，企業内での職務や地位との関係

177

でどのような配置や異動が女性のキャリア形成にとってプラスとなり，女性の就業意欲を引き出せるのかを問う必要があると主張し，2社の女性社員へのインタビュー調査をもとに考察している。

そのなかでは，「ポジティブ派」と「ニュートラル派」という二つのタイプに女性の仕事への関わり方（姿勢）を区別する。前者は責任の重い仕事を進んで引き受け，新しい仕事にチャレンジする姿勢を明確に表明するタイプである。後者は，「こういう仕事をしたい」という意欲は表明しないものの，周囲の期待には応えようという気持ちをもつタイプである。

池田（2020）は，両タイプを視野に入れた検討から，近年の女性活躍推進施策はどちらかというとニュートラル派の女性をポジティブ派に転化することに力点を置いている。しかし，ニュートラル派の女性がニュートラル派のまま活躍できている場合にも注目するべきであるとする。

実際にニュートラル派に属し，高い仕事への意欲を示している女性社員の事例としては，社内の若手リーダー研修を受けたり，海外出張に派遣されたりした経験があり，会社からの期待に応えようとする意欲をもつ女性の例が取り上げられている。この事例では，昇進への期待が会社や上司から示され，そのための研修や経験を積めている実感をもてることが，女性社員の仕事への意欲にプラスの効果をもたらしている。

このような女性社員の意識に着目した事例に即して考えると，ダイキン企業が実施している女性社員の早期の活躍を支援する取り組みは，女性社員の仕事への意欲を喚起する一つの有効な方法といえる。そうした取り組みのなかでは，どのような仕事を割り当てて会社としての期待を示していくかが重要となる。昇進管理は，実際に昇進にいたるまでの配置や仕事の配分と不可分であることが，こうした女性管理職育成の事例からも確認される。

## 4　データで確認する：女性活躍時代の昇進管理

長期雇用と年功的な処遇を特徴とする日本的雇用慣行のもとでは，勤続年数

の長い者から順番に役職昇進をしていくことが一般的である。つまり，若くて勤続が短いうちに大きな働きをしたからといって，すぐに管理職に登用されて役職昇進することは期待しにくい。多くの企業において，新卒採用された社員の係長昇進は 30 歳前後，課長昇進は 40 歳前後，部長昇進は 50 歳前後というのがおよそ標準的な昇進年齢である。

　このような昇進管理は「遅い」選抜と呼ばれる。しかし，このことは，入社直後の何年間かは競争がないということを意味しない。マラソンのように，スタートから競争は始まっており，先頭から大きく引き離されることなく，継続的に企業内キャリアを形成していく必要がある。そして，このような昇進競争の仕組みは，女性には不利に働きやすい。役職昇進のタイミングの前に出産・育児にともなう休業などのタイミングがくるからである。

　そもそもの長期雇用と年功的な処遇の対象としては，男性の正社員が念頭に置かれており，女性は正社員であっても結婚や出産・育児を機に退職することを前提に管理職候補とはみなされていなかった。その意味で，日本的雇用慣行は女性社員に不利に働く性格をもっており，昇進管理は男性社員に有利な仕組みとなってきた。

　1985 年に男女雇用機会均等法が制定され，結婚や出産・育児を理由とする退職は規制され，1991 年制定の育児休業法は，産後の復職支援として育児休業の普及を促した。しかし，バブル経済崩壊後に厳しい雇用情勢が続いた1990 年代は，武石（2006）が分析しているように，女性のキャリアにとっても厳しい時代が続いた。しかし 2000 年代に入り雇用情勢が上向き始めると，企業は新たな戦力として女性社員の活躍を意識するようになる。

　図 10-4 は民間企業の役職者に占める女性比率の推移である。2000 年代から今日にいたるまで，課長以上の管理職に占める女性の割合は上昇傾向にある。政策の面でも，2016 年には女性活躍推進法が施行され，企業の女性登用を後押ししている。

　しかし，このことは日本的雇用慣行の解体を意味しているわけではない。池田（2017）の分析によれば，女性の管理職登用が進んでいる企業でも長期雇用

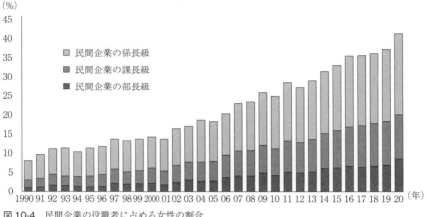

図 10-4　民間企業の役職者に占める女性の割合
(出所) 厚生労働省「賃金構造基本統計調査」

慣行は崩れていない。ただし年功的な処遇については見直す傾向がみられる。

　日本的雇用慣行は，性別や年齢，学歴など，入社後の努力で本人が変えられない属性にもとづいて社員をグループ分けし，人的資源管理を行ってきた。「遅い」選抜を特徴とする年功的な昇進管理は，そうした属性主義の中核にあるともいえる。

　人事制度改革の一環として，こうした「遅い」選抜を見直し，能力が認められた人材は早期に選抜する試みも企業では行われている。しかし，それでも年功的な昇進管理は根強く維持されている。そのために，女性の管理職昇進にも，採用から昇進まで長い時間がかかるという面がある。多様な人材が活躍できる昇進管理のあり方が模索されている。

第**11**章

# 人事評価
### 社員の貢献を評価する

## 1　人事評価とは何か

　本章であつかう人事評価とは，企業として公式にもうけた人事評価制度にもとづき，社員の貢献度に関わる諸側面を評価して成績をつける活動をさす。社員各人に対して直接，人事評価を行うのは職場管理者である。職場管理者が部下にあたる職場メンバーの社員に対して，人事評価を行う。

　人事評価制度がなくても，職場管理者が部下に指示を出しつつうまく職場を運営するには，職場メンバー各人の働きぶりや能力などについての何らかの評価は必要であろう。仕事ぶりを褒めたり助言したりして，職場メンバーの仕事への動機づけをはかったり，能力を踏まえた仕事の配分を行ったりするうえで，職場メンバーの状況を把握することは欠かせないためである。

　人事評価制度は，こうした職場管理者による職場メンバーに対する評価を，職場管理者の任意の活動とすることなく，企業の制度として共通に行わせるものである。その際には，企業としての評価のための基準をもうけ，これにそった評価を職場管理者に求める。また評価のスケジュールも統一するのがふつうである。さらに，人事評価の成績を賃金や社員格付けに反映させる仕組みをもうける。

　こうした仕組みをつうじ，企業は広い範囲の社員について，それぞれの貢献度に関わる諸側面を評価し，その成績を社員各人の昇給や昇格といった処遇に反映させる。また人事評価の過程で得た社員各人の働きぶりや能力などについての情報を仕事配分や配置，教育訓練の内容などを決める際に利用する。

　このように人的資源管理に広く利用される人事評価は，社員各人の賃金の水

準や企業内でのキャリア形成の機会に影響を与えることから，社員の利害に大きく関わる。それゆえに，社員の仕事への動機づけのための重要な手段となる。しかし人事評価が社員の納得できる「公正」なものと受けとめられないと，社員の仕事意欲の低下や離職などにもつながりかねない。それではどのようにしたら公正な人事評価は可能となるのか。そのための工夫や取り組みについて考えてみたい。

## 2　社員の貢献を評価する

### (1)　個別管理の手段としての人事評価

人事評価は，社員各人の貢献度に関わる情報を得て，これをそれぞれの昇給や昇格・昇進に関する決定に反映させることを主な目的の一つとする。

ただし人事評価がないと社員の賃金水準の決定や，昇格や昇進の対象とする社員の決定ができないわけではない。工場で働くブルーカラーの社員も含めて，広く人事評価を行うことは，むしろ先進諸国のなかでも日本企業に特徴的と見られる（石田 1990）。

現在でも，例えばアメリカの企業では，労働組合のメンバー（組合員）として工場の現場で働くブルーカラーの社員への人事評価制度の導入が制限されている（石田・篠原 2014）。イギリスの企業でも，ブルーカラーの社員に人事評価制度が徐々に取り入れるようになったのは，1980 年代以降のことである（稲上 1999；上田 2007）。

この背景として，人事評価制度の導入への労働組合の反対が挙げられる。というのも，企業が人事評価の成績を社員の賃金に水準に反映させるようになると，組合員の中心となるブルーカラーの社員のあいだで昇給をめぐる競争の関係が成り立つ。そうなると社員（組合員）は，より高い賃金を得るうえで，互いに団結して経営側と交渉するよりも，個人的により高い人事評価の成績を得ることを優先させるかもしれない。その結果，組合員の団結に支えられる労働組合の経営側に対する交渉力の低下が予想されるためである。

第 11 章　人事評価

　これらの社会では，職務の価値に応じた社員格付け制度（職務等級制度）が普及している。職務等級制度のもとでは，社員の職務が決まれば，社員各人の格付け（等級）も定まる。そして格付けごとに一律の額の基本給とすることで，人事評価制度がなくても，社員各人の賃金の水準を決めることができる（詳しくは第3章）。

　また職務等級制度のもとでは，上位の格付け（等級）の職務への昇進が昇格となる。人事評価制度がない場合も，事業所（工場）などの範囲のなかで勤続年数の長い社員から順に昇進＝昇格を行うことはできる。このような勤続年数にもとづく配置のルールは「先任権制度（シニオリティ・ルール＝seniority rule)」と呼ばれる。先任権制度は，昇進のほか，雇用調整のため一時的な解雇（レイオフ）を行う対象者を選ぶうえでも用いられる。すなわち，勤続年数が短い社員からレイオフの対象となる。再度の雇用の際には，そのなかで勤続年数が長い順に再雇用される。こうした先任権制度は，労働組合がブルーカラーの社員を組合員とするアメリカの工場などで，広く普及してきたルールである（小池 1977)。

　このように人事評価制度がなくても，賃金の水準や昇進・昇格といった社員各人の処遇を決めることはできる。とりわけ，上記のとおりアメリカやイギリスの企業では，職務等級制度が一般的であり，また労働組合が組合員に人事評価を取り入れることに強く反対してきた。こうした社会ではブルーカラーの社員を中心に，企業による人事評価制度の導入が制限されてきた経緯がある。

　これに対し日本企業では，職務等級制度ではなく，能力の価値にもとづく社員格付け制度として職能資格制度が 1960 年代から普及してきた（第3章参照）。職務の価値とは異なり，能力の価値は人事評価なしには見積もることはできない。能力は，社員各人の働きぶりなどから見積もられる個人の特性であるためである。それゆえ，能力の価値にもとづく社員格付け制度は，人事評価制度なくしては成り立たない。

　また日本の社会では，職能資格制度が普及する以前から，社員各人の働きぶりやこれを支える能力に応じて賃金を支払うのが「フェア（fair)」だとする価

183

値観（公正観）が社員（組合員）に広く共有されていたと考えられる。こうした公正観を背景に，労働組合も，人事評価制度をともなう職能資格制度を受け入れていった（石田 1990）。それゆえ日本企業では，欧米の先進諸国に先駆けて，ブルーカラーも含めた社員に広く人事評価制度が取り入れられている。

アメリカやイギリスの企業でも，ホワイトカラーの社員には，人事評価制度は広く普及している（笹島 2008；須田 2004）。またイギリスの企業では，すでに述べたように 1980 年代以降は，徐々に，ブルーカラーの社員にも人事評価制度が広がってきた（上田 2007）。アメリカの企業でも，労働組合のない工場などでは，ブルーカラーの社員への人事評価制度の導入が見られる（石田 2023）。こうした人事評価制度の広がりは，もちろん企業の経営側が人事評価制度を重視していることによる。

企業としては，人事評価があることで，社員各人の貢献度を評価して昇給や昇進・昇格の機会に結びつけることができる。社員の多くにとって昇給や昇進・昇格は魅力的な報酬である。それゆえ社員には，人事評価での高い成績につながる行動をとる動機づけが働く。こうした動機づけを利用して社員各人からの貢献を引き出すことが，人事評価の最も基本的な効果といえる。

また人事評価をつうじて，企業は社員各人の能力や意欲といった人材（人的資源）の質に関わる情報を豊富に得ることができる。これを昇進・昇格の判断に活かして，優秀な人材の高度な仕事での活躍につなげられる。そうした情報は，社員各人の人材育成のための教育訓練の内容を決めるうえでも有効となる。

このような，社員各人を対象とする人的資源管理は，とくに「個別管理」と呼ばれる。人事評価は，企業が人材としての社員の情報をもとに効果的な個別管理を行うための欠かせない手段となる。それゆえに，企業において広く取り入れられている。とりわけ日本企業の多くでは，ブルーカラーを含む広い職種を対象として人事評価制度が用いられる。

## (2) 絶対評価法と相対評価法

日本企業において人事評価は通常，毎年，同じスケジュールで行われる。半

年ないし1年ごとに各社員の直属の上司にあたる管理者が，人事評価の成績をつける。成績はS，A，B，C，Dというような5段階程度でつけるのが一般的と見られる。こうした人事評価の成績をもとに，社員各人の基本給の昇給や賞与の額を決めたりする。また長期的な成績の積み重ねを踏まえて，社員格付け上の昇格や，役職上の昇進などが決められる。

人事評価の方法については，大きく分けると，絶対評価法と相対評価法の2つのタイプがある。このうち絶対評価法は，あらかじめ定めた評価基準に照らして，社員の能力や業績などを評価する方法である。これに対し，相対評価法は，人物比較法とも呼ばれ，社員同士（人物と人物）を比較して順位づけする。社員の能力や業績などを全般的に相互に比較して評価を行う方法である（高橋 2010）。これら2つの評価方法のイメージを示すと図11-1のようになる。

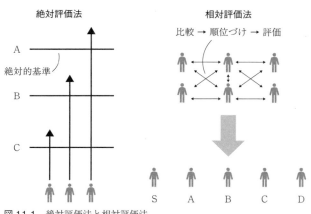

図11-1 絶対評価法と相対評価法
（出所）筆者作成

これら2つの評価方法を比べると，それぞれに利点と欠点とがある。すなわち絶対評価法では，あらかじめ明確な評価基準を定めておく必要がある。しかし，例えば企画力や実行力といった仕事に関わる能力など，測定しにくい要素について評価基準を作るのは簡単ではない。また評価基準に照らしてS〜Dの段階や100点満点の得点などとして各人の成績をつけるのも決して容易ではな

いだろう。これに対し，相対評価法では，社員の能力や業績などについての全般的な評価から，社員のうちいずれが優れているかの順位づけを行えればよい。明確な評価基準を作成する必要は必ずしもなく，また評価の実施も格段に容易といえる。

さらに絶対評価法では，評価基準をどれくらい満たすかで評価する。そのため，例えば成果に関する基準を全員が達成するなどして，社員がみな高い評価となることもある。しかし，こうして成績が高いほうに偏ると，これを昇給や賞与に反映させることにより人件費負担が増してしまう。また評価の高低を問わず，社員間で成績に差がつかないと，その情報を昇進・昇格のための選抜の判断材料とはしづらい。

これに対し相対評価法は，社員間の順位をつける方法であるため社員間で成績の差をつけやすい。「S 5％，A 20％，B 50％，C 20％，D 5％」などというように，成績の分布をあらかじめ定めておくこともできる。これにより，人事評価の成績に差がつき，昇進・昇格の判断のための有力な情報を得られる。またかぎられた賃金の原資を前提として，人事評価の成績に応じて社員間に賃金水準の差をもうけることができる。

しかし相対評価法では，互いに比較する対象とする社員のグループの範囲をどうとるかにより，社員各人の成績が左右される。同じ職場のメンバーなどとして，組織の都合でたまたま比較対象となったグループの社員がいずれも優れていることもある。この場合，本人が努力して能力や業績などを高めても，評価が変わらなかったり，低くなったりするかもしれない。このように相対評価法では，本人の努力と無関係な他の社員への評価が成績に影響を与える。そのため，人事評価の成績への社員の納得性を低くする可能性がある。

これに対し，評価基準に照らして社員各人をそれぞれ評価する絶対評価法では，こうした問題は避けられる。また絶対評価法では，評価基準に即して成績の根拠を説明することも可能となる。そのため，やはり人事評価の成績に対する社員の納得性を保ちやすいと考えられる（楠田 1981；高橋 2010）。

以上のように，絶対評価法にも相対評価法にも，それぞれ強みと弱みとがあ

第11章　人事評価

る。一概にいずれがより優れた評価方法ともいえない。とはいえ現在の日本企業では，人事評価を個別管理に活かすうえで，絶対評価法による人事評価を重視する方向にある。明確な評価基準に照らして社員を評価することで，人材としての社員についての情報を豊富に得ることができる。これを人材育成や配置の決定などに活かせる。また人事評価の成績を賃金などの処遇に反映させて仕事への動機づけをはかるうえでは，評価に対する納得性が不可欠となる。明確な評価基準にもとづくことは，そうした社員の納得性を高めると考えられる。

　ただし動機づけのためには，処遇にちがいをつけられるよう，成績に差のつく人事評価を行うことも重要となる。そこで実務上は，各職場で行う絶対評価法による評価の成績をもとに，部などの上位の組織単位で社員を順位づけする。そのうえで，事前に用意した成績分布となるよう最終的な成績を調整する仕組みも用いられる（高原2008）。

### (3)　評価要素の選択と組み合わせ

　絶対評価法では，人事評価の対象とする要素，つまり評価要素を選ぶ必要がある。そうした評価要素ごとに評価基準をもうけて評価を行う。評価要素としては様々なものを選ぶことができる。主な評価要素について，整理すると図11-2のようになる。これらは，第3章で整理した，社員格付け制度の基準として用いられる要素におよそ対応する。いずれも最終的には社員の仕事上の成果（個人業績）につながるような貢献度に関わる要素である。

　ただし，社員格付けの基準とは異なり，売上や利益などの成果を評価要素に用いることはできる。とくに年度ないし半期ごとの成果評価の成績は，半期ごとの賞与の額や，次年度における基本給の昇給額を決めるために用いられる。また短期的に変化しやすい成果評価の成績も，何回か積み重ねたうえで昇格に反映させれば，社員各人の社員格付け（等級）は安定的となる。長期的に成果をあげる社員は，それを支える高い能力をもつはずである。それゆえ成果評価の成績の積み重ねは，職能資格制度など，能力の価値にもとづく社員格付け制度において昇格を判断する根拠ともなる。

187

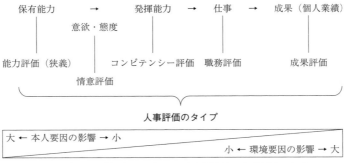

**図11-2 成果（個人業績）を生むプロセスと評価要素・人事評価タイプ**
（出所）今野・佐藤（2022: 154）の図7-2を参考に筆者作成

　このほか，短期的に変化しうる仕事への意欲や態度についても同様に評価要素としうる。他方で，社員格付け制度の基準とは異なり，年齢や勤続年数は，評価するまでもなく明確なので人事評価の対象とはならない。

　したがって，主な評価要素としては，能力や意欲，勤務態度，仕事，成果などが挙げられる。これらの評価要素に対応して，評価のタイプはそれぞれ能力評価（能力の評価），情意評価（意欲や勤務態度の評価），職務評価（仕事の価値の評価），成果評価（成果の評価）と呼ばれる。また能力のうち，担当する仕事での発揮能力を評価する場合には，保有能力を評価する狭い意味（狭義）の能力評価と区別して，コンピテンシー評価（発揮能力の評価）と呼ばれることもある（コンピテンシー評価の社員格付けへの利用については第3章を参照）。

　人事評価では，これらの評価要素のなかからいくつかを組み合わせて評価を行い，最終的な成績をつけることが多い。というのも，それぞれの評価要素は，互いに異なる性格をもつためである。

　図11-2に示したように，主な評価要素のうち，保有能力や意欲，勤務態度などは，本人の努力によるところが大きいという意味で本人要因に大きく左右される。これらの評価要素と比べると，発揮能力は，能力の発揮を左右する仕事への配置や仕事配分などの組織の都合に左右される程度がより高い。また売

上や利益などの成果も，製品・サービス市場の影響を受けやすい。

　このように評価要素には，本人要因にもとづく程度が高いものと，組織や市場などの環境要因により大きく左右されるものとがある。こうしたなか，とくに環境要因の影響を大きく受けやすい売上や利益などの成果のみを評価要素として選ぶことには，問題も大きい。というのも，成果をあげるため本人は努力したつもりでも，環境要因の影響を受け不本意な成績となることもある。こうしたことが続くと，社員の評価に対する納得性を低下させかねないためである。

　このほか成果が過度に重視されると，社員がすぐに確実に成果をあげることを優先して，成果が不確かとなる新たな仕事に挑戦することを後回しにすることもある。これにともない新たな仕事での能力向上の機会を失い，結果として将来の成果が先細る可能性もある。

　人事評価において評価の対象となる成果は，評価対象の期間にすでに達成された過去の時点の成果である。これに対し，社員の能力や仕事への意欲，態度などは，評価時点以降の成果の達成につながる可能性がある。社員に長期的な成果の達成を期待するには，むしろそうした成果以外の要素を評価することが重要と考えられる。

　とはいえ，反対に保有能力や意欲，勤務態度のみを評価要素として選ぶと，半年や年度ごとに期待される短期的な成果の達成に向けたインセンティブが弱まり，そのための社員の行動を促すことが難しくなりかねない。

　そこで多くの企業は，性格の異なる評価要素を組み合わせ，評価要素ごとの利点と欠点とを互いに補完するかたちで，人事評価の成績をつけている。具体的には，成果評価と能力評価，情意評価を組み合わせて総合的な人事評価の成績をつけたりする。

　もちろん，こうした評価要素の組み合わせ方については，企業の選択の余地は大きい。企業は，どの評価要素を選ぶか，また最終的に総合して一つの成績をつけるうえで，各評価要素の比重をどの程度にするかなどを選ぶ必要がある。例えば，総合的な成績のもとにする評価の点数を100点満点でつけるとして，その内訳として成果評価，能力評価，情意評価のぞれぞれの配点をどうするか

（成果評価 50 点，能力評価 30 点，情意評価 20 点の配点とするなど）について選択しなくてはいけない。

　さらに例えば，成果を評価要素とする場合にも，利益や売り上げ，製品やサービスの質など，成果として評価しうる様々な側面のうち，いずれを具体的な評価項目とするかについて選択の余地がある。このように，評価要素およびその比重，評価要素に対応する指標としての評価項目を選ぶ必要がある。

　このような評価要素や評価項目の選択は，企業の大事にする価値観や，事業や組織の運営上の方針にもとづき行われる。というのも企業は，評価要素や評価項目の選択をつうじて，社員に行ってほしい行動への期待を示すからである。例えば，営業職の社員の人事評価において，成果評価の比重を大きくし，売上を主な評価項目としたとする。この場合，企業は人事評価をつうじて社員に対し，将来に向けた能力向上や良好な勤務態度，営業上の顧客サービスの質などよりも，とにかく売上獲得を期待していることを示していることになる。

　社員は，このように企業の選択する評価要素や評価項目の組み合わせから，企業が自らに期待する行動のあり方をメッセージとして読み取る。社員としては，そうした期待にそった行動をとることで，人事評価の成績が高まり，昇給や昇進の機会も大きくなる。それゆえ人事評価の要素や項目から読み取れる，企業からの期待に応じた仕事上の行動をとることへの動機づけが働く。

　人事評価制度の設計や運用を行う人事担当者や職場管理者が，人事評価のこうした効果を自覚していない場合もあろう。上記の営業職の例で，例えば企業の理念では「顧客第一主義」をかかげ，職場管理者も職場メンバーに対し，売上よりも丁寧な顧客サービスを重視する心構えを示したりするかもしれない。これらは，社員が評価要素や評価項目から読み取る「売上を最も重視して行動せよ」という企業からの期待と矛盾する面がある。

　このような矛盾したメッセージは，社員の行動を不確かなものとする。そうしたなか，社員の行動を主に方向づけるのは，昇給や昇格などに反映され，社員の利害に関わる人事評価から読み取るメッセージのほうであろう。それゆえ企業として社員に期待する行動が，評価要素や評価項目と矛盾するようであれ

第 11 章　人事評価

ば，前者に合わせて，評価要素や評価項目の組み合わせや比重を修正すること
が重要となる。

### (4)　「成果主義」と目標管理制度

　以上で見たように人事評価では，評価要素や評価項目の選択をつうじて，企
業としての社員の行動への期待を示す。そして企業が社員にどのような行動を
期待するかは，企業ごとの価値観や方針による。それゆえ企業が事業や人的資
源管理において重視するものが変われば，評価要素や評価項目の組み合わせも
変わる。

　日本企業における近年の大きな変化としては，1990 年代半ば以降，「成果主
義」の方針のもと成果評価を重視する企業が広がったことが挙げられる。そし
て成果評価のための制度として普及したのが目標管理制度である（奥野 2004）。
同制度が日本よりも先に普及したアメリカでは Management by Objectives（目
標による管理），略して MBO と呼ばれる。日本企業でも MBO という表現を用
いることがある。

　日本企業における目標管理の典型的なプロセスとしては，人事評価のサイク
ルとなる年度のはじめに，事業目標などを踏まえて，年度内に社員がそれぞれ
達成すべき個人目標を立てる。通常は，重点的に取り組むべき複数の目標が設
定される。例えば営業担当者であれば，年間に達成すべき売上額のほか，新規
の顧客を何件開拓するか，既存顧客への訪問件数を昨年度と比べて何割増やす
か，などの個人目標が設定される。このように個人目標としては，売上や利益
などの業績自体の数値だけでなく，これを実現するための活動実績に関する数
値も設定することができる（高原 2008）。

　年度の途中では，事業目標の変更などに合わせて，各人の個人目標の内容を
調整することもある。そして年度の終わりに，年度内の個人目標の達成度を確
認し，成果評価の成績をつける。例えば，目標を上回ればA評価，目標を大き
く上回ればS評価というように，目標の達成度をもとに成果についての成績を
つけていく。

191

目標管理制度は，事業戦略と社員各人の個人目標とを結びつけて，社員の努力を事業戦略の達成に向けて方向づける仕組みでもある。すなわち事業戦略が実現できるよう事業部，部，課へと組織目標を具体化するかたちで割り振る。職場管理者は，こうして担当職場に与えられた組織目標を達成できるよう，目標管理制度を用いて，職場メンバー各人の個人目標を定める。

このように，企業の事業戦略を起点として目標を下層へとブレイク・ダウン（分割と具体化）するプロセスをつうじて，最終的には企業の事業戦略と個人目標とが結びつく。それゆえ社員が各人の個人目標を達成することが，企業の事業戦略を実現することに貢献することとなる。

目標管理制度を用いた人事評価では，そうした個人目標の達成度を「成果」として評価する。「成果主義」の方針のもとでは，こうした成果評価を中心とする人事評価の成績を短期的には昇給や賞与，長期的には昇進や昇格などに反映させる。これにより社員の行動を事業戦略の実現に向けて方向づけ，動機づけることが期待される。

さらに目標管理制度には，社員の「自己統制」を促す効果も期待されている（奥野 2004）。すなわち，各人が自身の目標を設定することで，目標達成の責任を引き受ける。これにともない，その達成に向けて上司からの命令や指示によらず自身の判断で行動し，最善を尽くすよう動機づける効果が期待される。このような考えは，目標管理（MBO）に関する理論（考え方）の原点とされる経営学者ドラッカーの「目標と自己統制による管理（Management by objectives and self-control）」というアイデアのなかに見出すことができる（Drucker 1954 = ドラッカー 1996）。

もちろん社員各人が選択しようとする個人目標は，企業が組織目標の達成のために求めるものと必ずしも一致しない。両者をすり合わせるうえでは，職場管理者の役割が重要となる。すなわち目標管理制度では，職場管理者が，人事評価期間における期初の個人目標の設定時や，期中の目標修正の際に職場メンバーの社員と面談を行う。その際に，社員の意向を聞き，組織目標を踏まえて調整のうえ個人目標の設定と修正による再設定を行う。

第 11 章 人事評価

こうしたプロセスのなかで，社員が自身の個人目標の設定に参加することは，それぞれが自らの目標として個人目標の積極的に受け入れ，その達成に向けた動機づけを強める効果をもつと考えられる（Locke and Latham 1984 ＝ロック・ラザム 1984）。こうした目標の受容と動機づけのためには，個人目標の設定の際に，職場管理者がこれを一方的に押し付けるのではなく，目標設定への社員の参加を促すことが重要となる。

とはいえ定型的な仕事の多い職場などでは，社員が個人目標を選択する余地が小さいこともあろう。そうしたなかでも職場管理者には，職場メンバー各人に割り振った個人目標について，組織目標との関係からその意義を説明するなどして納得して受け容れてもらうことが求められる。さらに，社員がその目標を達成できるという自信をもてるよう，励ましたり支援したりすることで，高い水準での目標達成を促すことが期待できる（奥野 2004）。

以上のように，目標管理制度は，事業戦略にもとづく組織目標と社員各人の個人目標をつなげ，事業戦略の実現に向けて社員の貢献を方向づける役割を果たす。個人目標の達成度としての成果評価の成績を賃金などの処遇に反映させるほか，個人目標の設定に社員が関わりこれを受容することによっても，目標達成に向けた社員の動機づけを促すと期待される。

ただしこれらの効果を実現するには，上述のとおり組織目標と個人目標をつなげる職場管理者の役割が重要となる。もちろん動機づけの面だけでなく，職場管理者には，指導や助言などによる人材育成をつうじて社員の目標達成を支援することも求められる。職場管理者がこれらの役割を実行するには，職場メンバーとのコミュニケーションに多くの時間が費やされる。またそのためノウハウも必要であろう。企業としては，労働時間面での配慮や，研修などによるノウハウの提供などをつうじて，目標管理制度を運用する職場管理者を支援することが重要となる。

## (5) 人事評価制度の設計と運用

ところで人事評価ではよく「客観的な評価」が大事といわれる。しかし人事

評価は，社員への期待をもとに評価要素や評価項目を選ぶプロセスからして，企業としての価値判断から中立ではありえない。

たしかに売上や利益，営業職の既存顧客への訪問回数など，できるだけ数値化できる「客観的」基準を用いて人事評価を行うことは，人事評価の成績の根拠を社員に示して，社員の納得性を得るうえでは効果的な方法である。とはいえ数値化できる評価項目は限定される。また例えば同じ売上を基準とする場合も，いくら売上をあげれば高い評価と見なすかは，企業や評価者による社員への期待の大きさという主観的な判断によるところが大きい。それゆえ「客観的」であることは，人事評価制度の設計や運用の最終的な目標とはならない。

人事評価においてより大事にすべきなのは，多くの社員が自らや他の社員の評価結果に納得できるような「公正（fair）」な評価を実現することである。数値化できるような客観的な基準を用いることは，人事評価の「公正」さを保つための手段の一つにすぎない。

もちろん社員としては努力したつもりでも，人事評価の成績が低いことはある。人事評価への社員の不満をなくすことは難しい。それでも，人事評価の制度や運用から見て「仕方がない」と思えるような納得性を保つ必要がある。自らの処遇に関わる人事評価への納得性は，社員の仕事への動機づけの前提となるためである。

「公正」な人事評価の実現に向けて，企業には様々な取り組みが求められる。その一つとして人事評価のための基準を共通にすることが挙げられる。社員によって異なる基準を用いたのでは，同じ行動をして，同じ成果を達成できたとしても成績が異なったりする。それでは成績への納得性は保てないためである。

しかし企業内でも，職種のちがいにより社員が担当する仕事の性質は大きく異なる。これに応じて社員に期待する行動も異なるはずである。またより詳細に見れば，職場や社員ごとにも仕事の内容は異なる。こうしたなか，とくに目標管理制度を用いて個別に定めた個人目標の達成度を評価する成果評価では，具体的な評価項目は社員間で異なるものとなる。

そこで企業としては，少なくとも人事評価を行う管理者（評価者）のあいだで，

第 11 章　人事評価

成績のつけ方に関して，厳しすぎたり甘すぎたりといった偏りを避けることが重要となる。とくに日本企業では，企業の指示で社員を配置する職場を決めることが多い。そうして決まる配置先の職場管理者によって人事評価の成績が大きく異なるようでは，人事評価に対する社員の納得性は保てない。

　評価者訓練は，そうした評価者による評価の偏りを小さくするための手段である。評価者訓練では，評価者となる職場管理者を対象に，企業や職種，部門のなかで共通の評価要素や評価項目についての理解の統一をはかる。また実例や架空の例を用いて実際に人事評価を行い，評価の厳しさのすり合わせを行ったりする。

　また評価者訓練では，評価者がおちいりがちな，評価における代表的なエラーについても学ぶ。人事評価におけるエラーとしては，例えば「語学が得意」などの社員のある側面のみに着目して，他の側面を見ずに全体の成績をつけてしまう「ハロー（後光）効果」や，無意識に部下の良い面を過大に評価したり，過少に評価したり，評価に自信がないために大きな差をつけないために生じる，評価の寛大化傾向や厳格化傾向，中央化傾向などがある（楠田 1981）。評価者訓練により，これらのエラーを避け，適切な差のつく評価を行うことは，昇給や昇格などで社員間に差をつけるための情報を得るうえでも重要となる。

　多段階評価も，評価者による評価の偏りをなくす仕組みとして挙げられる。一般の社員であれば，直属の上司となる職場管理者（課長など）が第一次評価者として成績をつけ，その上の階層の職場管理者（部長など）が第二次評価者としてこれを確認し，評価に偏りがないよう調整する仕組みである。さらにより上位に，最終的な成績の調整と決定を行う会議をもうける企業もある。

　こうしたプロセスのなかで，人事部門は，事業所や部門ごとの成績の分布のちがいが適切な理由によるものかを確認する。とくに社員の成績が前の期と比べて大きく変化していたり，極端に悪い成績の社員がいたりする場合は，職場管理者にその理由を問い合わせる。そうして職場管理者のあいだで評価の偏りがないかを確認し，人事評価の成績の調整を支援する役割を担う（青木 2018）。

　このほか「公正」な評価に向けては，職場管理者が職場メンバーの社員に対

195

して，評価要素や評価項目についての説明を行ったり，成績についてフィード
バックを行い，成績判定の理由や次回の人事評価に向けた改善点などについて
説明したりすることも重要となる。

## 3　事例で理解する：グローバル化と人事評価の公正性

　前節では，人事評価を行う際にその公正性を保つことが課題の一つであり，
そのために企業は様々な取り組みを行っていることを確認した。こうした公正
性の確保は常に課題となるものの，とくにそれが意識される状況として，企業
がグローバル展開し，国境を越えて人事制度を整備しなければならないときが
挙げられる。本節では樋口（2020）によるトヨタ自動車（以下，トヨタと表記）
の事例研究をもとにこの点について考えたい。

　トヨタは1996年に管理職層を対象とした成果主義の人事改革を行っている。
その際には，事業戦略を部門ごとにブレイク・ダウンした目標を最適な業務体
制で遂行し，さらにその成果に対する適正な評価・処遇を実現することが目指
された。図11-3は，この改革で導入された人事評価のフォーマットである。

　図11-3からわかるように，毎年4月に左の「期待されている役割」「重要テー
マ」を記入し，翌年1月に右側の人事評価が行われる。評価要素は「課題創造
力」「課題遂行力」「組織マネジメント力」「人材活用力」「人望」の5つから成
り，本人申告をもとに上司による評価が行われる。上記のとおり，この人事評
価フォーマットは，成果主義改革にともなって導入されたものであり，その目
的は組織目標と人事評価のリンクを強めることにある。

　トヨタでは，社員格付け制度としては一般職から管理職にいたるまで職能資
格制度を維持している。2008年には，外国人材の管理職層についても職能資
格制度を導入し，これをグローバルに運用する方策をとった。この改革は，職
務等級制度が主流の国では，対象となる管理職の社員のもつ公正観とのあいだ
でコンフリクト（摩擦）をおこす可能性があった。そこで，人事担当役員が一
定以上の管理職ポストの社員に広くインタビューをしながら，全社的に納得性

第 11 章　人事評価

年度Mission Statement・職能考課表（マネージャー職用）

Ⅰ．４月登録時に記入
Ⅱ．４月登録を受け、翌年１月に記入

| 本人印 | 面談員 | 確認印 | | 所属 | 氏名 | 順位 | 賃金等級 | | 評価者氏名 |
|---|---|---|---|---|---|---|---|---|---|

Ⅰ－１．期待されている役割

▷　マネージャー職の役割は、組織の氏名・分掌職類・方針の達成そのものですので、敢えてご記入いただく必要がありませんが、特記事項があればご記入ください。

Ⅰ－２．重要テーマ

▷　本年度の役割を遂行するにあたって、中心的な課題をテーマとして設定してください。

◆組織方針達成のために自らが実施すること
◆組織運営上の実施事項（スリム化、人材育成等）

| テーマ（テーマの変更・追加がある場合にも記入） | 到達する上位方針No. | 到達目標 |
|---|---|---|
| | | |
| | | |
| | | |

Ⅱ．職能考課本人申請・上司評価

| 考課要素 | 考課項目 | 本人申請 | 上司評価 | 上司評価（修正） |
|---|---|---|---|---|
| 課題創造力 | （１）慣習にとらわれない革新的発想 | ◎○△ | 100 | 100 |
| | （２）中長期的な展望を踏まえた企画立案と提示 | ◎○△ | 100 | 100 |
| 課題遂行力 | （３）適切な状況判断 | ◎○△ | 100 | 100 |
| | （４）決断 | ◎○△ | 100 | 100 |
| | （５）ねばり強さ | ◎○△ | 100 | 100 |
| 組織マネジメント力 | （６）リソースの重点投入と業務の改善 | ◎○△ | 100 | 100 |
| | （７）仕事の枠組み・仕組みづくり | ◎○△ | 100 | 100 |
| 人材活用力 | （８）適切な評価とフィードバック | ◎○△ | 100 | 100 |
| | （９）計画的な指導・育成 | ◎○△ | 100 | 100 |
| 人望 | （１０）メンバーの信頼感・活力 | ◎○△ | 100 | 100 |
| | 上司評価合計 | | 1000 | 上司評価（修正）合計 1000 |

図 11-3　トヨタ自動車の人事評価フォーマット
（出所）樋口（2020: 141）の資料をもとに筆者作成

が保たれるように職能資格制度を導入していった。

　このように職能資格制度をむしろ貫徹する方針を採用したため，図11-3の人事評価フォーマットについても，それ以前のものから大きな変更はなかった。ただし，「人望」の要素のなかにあった「メンバーの信頼感・活力」という考課項目が「トヨタの価値観にもとづいた使命とビジョンの実現」に改められた。また，すべての評価項目の詳細が３段階のレベルで規定されるようになり，評価基準が明確化されている。樋口（2020）はこれらの修正について，外国人幹部社員に対して日本的な固有性をもつ「職能考課」（職務遂行能力への評価）の納得性を高めるための対応であると位置づけている。

　上で指摘したように，トヨタの人事部門も海外事業体（現地法人）における公正観とのコンフリクトの可能性を認識しており，職能考課を普及・浸透させるために本社人事部門が海外事業体の評価制度の運用にも関わり，周到な評価

プロセスを整備している。すなわち本社人事部門は，1人の評価に対して上下の役職や同程度の資格の社員から10名程度への聞き取りを行い，人事評価の公正性が保たれるよう不断の努力を行っている。こうして本社人事部門は，海外の幹部人材に対する評価の公正性の確保に向けて膨大な情報を収集している。評価の公正性を保つためには企業の取り組みが絶えず必要となることが見て取れるだろう。

## 4　データで理解する：優秀な部下は優秀な上司になれるか

スポーツでは，名選手が名監督になるとはかぎらない。同じように企業においても，役職につく前に活躍していた社員が，役職昇進後に管理職として活躍できるともかぎらない。企業において一般社員は自ら動いて成果を挙げるプレイヤーである。これに対し，管理職つまりマネジャーはプレイヤーとしての部下を動かして成果を挙げるのが仕事である。役職が上になれば，現場だけでなく組織全体にマネジメントの視野を広げる必要がある。役職が変われば優秀だとみなされる基準も変わるのである。

表11-1はパーソル総合研究所が2021年に実施した「人事評価と目標管理に関する定量調査」（調査対象は企業規模100人以上の企業800社に勤務する全国25-59歳の正規従業員）である。

人事評価の基準としてどのような項目を設定しているかを階層別に示している。まず管理職ではない「一般職・メンバークラス」をみると「自己研鑽・自己学習」「誠実さ・真摯さ」「規律遵守・コンプライアンス」「目標達成・責任能力」「挑戦的・積極的な行動／実行力」といった項目の割合が高い。プレイヤーに相当するこの階層の社員については，他者との関係よりも，自分自身の態度や姿勢，行動が評価項目となっている。

しかし，「課長職クラス」になると「自己研鑽・自己学習」の設定率は低くなる。代わって「管理監督・計数管理」や「効率向上・コスト管理」といったマネジメント業務の割合が高くなり，集団を管理する能力が問われるように

第 11 章　人事評価

表 11-1　職位別　人事評価項目設定率

単位：%

| 評価項目 | 一般職・メンバークラス | 課長職クラス | 部長職クラス以上 |
|---|---|---|---|
| 自己研鑽・自己学習 | 55.6 | 39.6 | 27.4 |
| 誠実さ・真摯さ | 55.0 | 43.0 | 35.4 |
| 規律遵守・コンプライアンス | 53.6 | 56.6 | 52.4 |
| 目標達成・責任遂行 | 52.3 | 61.5 | 57.3 |
| 挑戦的・積極的な行動／実行力 | 47.4 | 47.4 | 38.8 |
| 顧客貢献・顧客志向 | 43.0 | 44.0 | 34.5 |
| 好奇心・探究心 | 42.0 | 31.1 | 20.3 |
| ストレス耐性・順応性・柔軟性 | 39.0 | 40.0 | 31.9 |
| 革新志向・アイデア創造 | 38.9 | 44.9 | 37.0 |
| チームワーク・メンバーの動機づけ | 38.3 | 53.6 | 41.1 |
| 効率向上・コスト管理 | 36.0 | 53.5 | 47.4 |
| 情報収集・情報管理 | 35.4 | 45.8 | 35.8 |
| 論理的・分析的思考・問題解決 | 32.5 | 47.6 | 42.5 |
| 他組織との情報共有・協働 | 28.3 | 49.8 | 43.3 |
| 率先垂範・集団への影響力 | 28.0 | 48.8 | 38.3 |
| 対外アピール・情報発信 | 26.0 | 37.6 | 34.3 |
| メンバーの育成・キャリア支援 | 21.0 | 59.0 | 49.9 |
| 資源調達・資源配分 | 15.3 | 33.1 | 35.3 |
| 戦略的企画立案・戦略展開 | 14.6 | 43.9 | 58.4 |
| 管理監督・計数管理 | 12.9 | 56.6 | 58.3 |
| その他 | 5.1 | 7.8 | 5.9 |

企業調査　n ＝ 800

（出所）パーソル総合研究所（2021）「人事評価と目標管理に関する定量調査」

なってくる。関連して，「メンバーの育成・キャリア支援」「チームワーク・メ
ンバーの動機づけ」といった他者との関係が評価項目に入ってくる。自分のこ
とのみを考えるのではなく，他者や担当課の仕事のことを考えられるかが重要
になることが示唆される。

　坂爪・高村（2020）による管理職の役割についての整理によれば，部下のマ

ネジメントにおけるリーダーシップのあり方も変化しつつある。すなわち，上意下達（トップダウン）で部下を動かすというよりは，部下の声にも耳を傾け，部下との対話を重視することが重要になってきている。部下の声を聞くという意味で上司のほうが部下に仕える「サーバント・リーダーシップ」や，部下の多様性を積極的に受け入れて活躍を促す「インクルーシブ・リーダーシップ」など，新しいリーダーのあり方が模索されている。

さらに「部長職クラス以上」になると「戦略的企画立案・戦略展開」のために，より広い視野で意思決定できることが求められる。反対に，「一般職・メンバークラス」と「課長職クラス」において高かった「挑戦的・積極的な行動／実行力」の設定率は低くなる。「顧客貢献・顧客志向」や「チームワーク・メンバーの動機づけ」の設定率も部長職クラス以上では低くなる。今いる顧客やメンバーに働きかけることより，チームや組織の将来を見通す戦略や企画立案のほうが重要になるといえる。

「規律遵守・コンプライアンス」と「目標達成・責任能力」のように，「一般職・メンバークラス」から「部長職クラス以上」まで一貫して設定率が高い項目もあり，これらは企業活動の基本だといえる。しかしその他の項目の設定率は階層ごとに異なり，それぞれに異なる役割や能力が求められているといえる。

| 第**12**章 | 賃金管理 |
| --- | --- |
| | 賃金の配分を決める |

## 1 賃金管理とは何か

　企業は社員の労働への対価（見返り）として賃金を支払わなくてはならない。社員の労働条件に関して企業の義務を定める法律である労働基準法（第11条）は賃金を「賃金，給料，手当，賞与その他名称の如何を問わず，労働の対償として使用者が労働者に支払うすべてのもの」と定義する。そのうえで，企業に対して労働の対価としての賃金支払いの義務を定めている。企業としては，賃金の支払いをこのように義務としてのみとらえるのではなく，これをうまく行うことで人的資源管理上の効果につなげたい。

　多くの人が企業に雇われ，企業が支払う賃金を生活のための主な収入源とする雇用社会において，賃金は働く人々の大きな関心事である。人々にとり，賃金は働くことの主な目的の一つとなる。また賃金の報酬としての性格は，こうした経済的な側面だけでない。すなわち社員各人の賃金水準は，それぞれの貢献に対する企業の評価を示す象徴的（シンボリック）な意味をもつ。

　それゆえ賃金に不満があると社員の仕事意欲の低下や離職にもつながる。これを避けるには，高い賃金水準のほうが有利となるだろう。しかし他方で高い賃金水準は，社員にかける費用（コスト）としての人件費の増加につながる。そこで企業としては，賃金水準を高く設定することによる効果と，人件費の負担とのバランスを考えて，賃金水準を適切な範囲に設定することが重要となる。その際，賃金水準が高ければ賃金への不満がなくなるわけでもない。社員のあいだで「公正（fair）」に賃金が配分されるかも，社員の賃金への評価を左右する。

　賃金管理は，企業活動の成果を賃金として社員に配分する役割を果たす。社

201

員全体に対してどのくらいの賃金を配分するかを決め，さらにそのなかから社員各人にどう賃金を配分するかを決める。前者は社員全体に支払う賃金の総額を決めることから総額賃金管理，後者は社員各人の賃金を個別に決めるため個別賃金管理と呼ばれる。企業はこれらの賃金管理をつうじて，どのようにしたら人件費を適切な範囲内に収めつつ，社員の賃金への不満を抑えて人的資源管理上の効果につなげることができるか。これについて考えることとしたい。

## 2　賃金の配分を決める

### (1)　人材確保と賃金相場

　企業にとって賃金管理の主な目的の一つは，人材の確保にある。企業が社員を採用しようとするうえで，賃金水準が高いほど多くの人材の応募が期待できる。そうなれば，企業は応募者のなかから優秀な人材を採用しやすい。また採用後の社員についても，賃金水準が高いほうが，より高い賃金を求めて他の企業に転職することが少なくなる。その結果，社員が企業に定着すれば，企業としては，教育訓練への投資が無駄にならずにすむ。そのぶん社内に優秀な人材をより多く確保できる。

　とはいえ他方で，どこまでも賃金の水準を高くするわけにはいかない。賃金の水準を高くすれば，そのぶん人件費の負担が増え，企業として利益を確保することが難しくなるためである。企業としては，自社の賃金水準をうまく設定することで，人件費の負担を適度な範囲に抑えつつ，人材の採用と定着を促して人材の確保につなげたい。

　そのためには，労働市場における賃金の相場を目安とすることが重要となる。労働市場では，企業は自社にとって価値のある仕事上の能力（技能）をもつ人材をできるだけ低い賃金で雇用しようとする。他方で，働く側は自分の能力をできるだけ高く評価して高い賃金で雇用してくれる企業で働こうとする。こうしたそれぞれの思惑のもと，採用と就職・転職が繰り返されるなかで，およそ能力の価値に応じた賃金の相場ができてくる。

第12章　賃金管理

　第3章では，社員格付け制度に関して，日本企業では職能資格制度などの能力の価値にもとづく社員格付け，アメリカやイギリスなどの企業では，職務の価値にもとづく社員格付けがそれぞれ普及していることを学んだ。いずれの制度に関しても，社員に毎月支払われる賃金の基本的な部分である基本給の水準は，格付け（等級）ごとに設定されている。

　こうしたなか，アメリカやイギリスなどでは，主な職務について，それぞれ賃金の相場が形成されている。賃金調査を行う民間企業（賃金調査会社）などが，主な職務について，広く企業における格付けに応じた賃金の水準の情報を集め，その集計値を企業に提供している。各企業はこうした賃金調査会社などから情報を入手することで，職務ごとの賃金の相場を把握し，自社の職務等級制度における格付け（等級）ごとの賃金の水準に反映させる。また個々の職務をいずれの格付け（等級）に位置づけるか自体も，労働市場における賃金の相場に見合うかたちで行われる。その結果，企業内での職務の序列も，主な職務については，企業間でおよそ共通のものとなる（石田・樋口 2009；佐野 2021）。

　これに対し日本の社会では，こうした職務ごとの賃金の相場が広く形成されているとはいえない。職務等級制度の導入は，一部の企業にとどまるためである。職能資格制度が普及してきた日本では，これに代えて，例えば課長相当の能力の格付けの社員であれば，およそ基本給の水準はどれくらいかというかたちで，賃金の相場が形成されている。格付けの基準となる能力（「職務遂行能力」）は，企業内での長期的な人材育成をつうじて高まる。それゆえ仕事経験の長さのおよその目安となる年齢も，賃金水準を決めるうえで参照されたりしている。

　こうした実態に関して，例えば国家公務員の給与を定めるうえで民間企業における賃金の情報を集める人事院では，毎年4月分の賃金（「きまって支給する給与」）について，職種・役職・格付け別の平均的な水準を年齢別にも集計して公表している。そうした資料からも，企業における社員格付けや年齢に応じた賃金の相場を把握することができる。

　いずれのタイプの社員等級制度においても，高い格付け（等級）に位置づけられる人材は，それに見合う高い価値のある能力をもつと考えられる。という

のも職務等級制度のもとでは，高い格付けの高度な仕事の遂行が期待される。また職能資格制度などでは，企業における能力の価値が格付け（等級）の根拠となるためである。それゆえ，いずれの社会でも，およそ働く人のもつ能力（技能）の価値が高いほど高い賃金水準を得られるような賃金の相場ができる点は共通である。

　企業は，賃金の相場を参考にすることで，人材を確保するうえで必要十分な賃金の水準について判断することができる。具体的には，自社の賃金を賃金相場と同等以上のいわば「競争力」のある水準とすることで，どこまでも高い賃金水準とすることなく，人材確保を有利に進めることできる。

　とはいえ，すべての企業が競争力のある賃金水準を設定できるわけではない。企業が稼ぐことできる売上や利益に応じて，賃金を支払ううえで負担できる人件費の水準にも差があるためである。いわば「支払い能力」には企業間でちがいがある。大きな傾向としては，大企業と比べて中小企業のほうが，高い賃金水準を保つことが難しい。これにともない，人材確保を大きな課題とする中小企業は少なくない。

　大企業も含めて，賃金の支払いにあてる原資（もとで）がかぎられる企業では，それでも優秀な人材を確保するうえで，①仕事の自動化や効率化などにより，雇用する社員数を少なく抑えて賃金水準を高く保ったり，②働き方の自由度を高めるなど，賃金以外の面で，働く人にとっての自社で働く魅力を高めたりすることがいっそう重要となる。あるいは，③複雑な仕事を単純な作業に分解したり，マニュアルを整備したりして，能力の高い社員を多く雇用しなくても事業を運営できる仕組みとすることも選択肢となる。


## (2) 社員全体への賃金配分を決める

　いずれの企業にも共通して，費用（コスト）としての賃金の総額を適切な水準に抑え，利益を十分に確保できるようにしておくことは重要な課題となる。これを可能にするのが総額賃金管理である。総額賃金管理では，企業が売上として得る稼ぎのなかから，社員に賃金として配分する部分を決める。賃金総額

第 12 章　賃金管理

を大きくすれば，そのぶん賃金の水準を高く保ちやすく，人材確保などの効果を期待できる。他方で，賃金総額に応じて，人件費の負担も大きくなる。両者のバランスを考慮して，社員全体への賃金配分を決めるのが総額賃金管理の役割である。

　社員を雇用するうえでかかる費用である人件費には，賃金として支払う費用のほかに，次章で見る福利厚生や退職金支払いのための費用も含まれる。賃金は，そうした人件費のなかで高い比重を占める。すなわち日本企業では，福利厚生費や退職金の費用などを含む人件費総額の 8 割程度が賃金（表 12-1 に示した賃金（現金給与））に充てられている（今野・佐藤 2022）。それゆえ総額賃金管理をつうじて，賃金の総額を適切な範囲に収めることが人件費を抑制するうえでやはり重要となる。

表 12-1　賃金（現金給与）の構成要素

| 月例賃金 | 基本給 |
| --- | --- |
| | 諸手当：（職務関連手当）役付手当，技能手当，精皆勤手当など／（生活関連手当）通勤手当，家族手当，住宅手当など |
| 賞　　与 | |

（出所）筆者作成

　表 12-1 は，日本企業における賃金の主な構成要素（内わけ）を整理したものである。賃金の構成要素としては，まず企業が毎月支払う月例賃金が挙げられる。これには賃金の最も基本的な部分である基本給と，これに上乗せするかたちで支払われる諸手当が含まれる。諸手当としては，社員の役職に応じて支払う役付（役職）手当や，特定の能力や資格に対して支払われる技能手当，欠勤状況に応じた精勤手当・皆勤手当などの職務関連手当に加え，通勤手当，家族手当，住宅手当といった社員の社員の生活上の要請に対応する生活関連手当などがある。

　さらに賞与も重要な賃金の構成要素である。ボーナスや一時金などともよばれる。多くは夏（6 月）と冬（12 月），年度末（3 月）などに定期的に支払われる。日本企業は他の先進諸国の企業と比べても賃金総額に占める賞与の比率が高い

傾向にある。賞与の支払い額は，基本給の数ヵ月分（2.5ヵ月分など）として示されることが多い。ただしこうした賞与の水準は，固定的なものではなく，年度ごとや半期ごとの企業業績を反映させて決める企業も多い。また多くの企業では，人事評価の成績を反映するかたちで社員各人の賞与額を決めている。これらの点で，賞与は社員全体および各人の貢献に対して，短期的に報いるという役割を果たす。

　以上の賃金の構成要素のなかでは，基本給の人件費に占める比重が最も高い。さらに賞与も，上記のとおり各人の基本給の水準を踏まえつつ，個人の成績などを加味して決められる。このほか退職時に支払われる一時金（退職金）や，企業年金などの額についても，各人の退職時の基本給の水準が基準とされることが多い。それゆえ人件費の管理において，基本給の水準をどのように決めるかがとくに重要となる。

　賃金を含む人件費の総額についての管理は，「総額人件費管理」と呼ばれる。人件費の総額（総額人件費）は，目標とする付加価値額（目標付加価値額）に，そのうち賃金などとして社員に分配する割合を指す「労働分配率」をかけることで算出される（窪田 2004）。

　したがって総額人件費を決めるうえでは，労働分配率をどの程度にするかが重要な判断となる。労働分配率を高くするほど，そのぶん企業の利益は減る。しかし利益確保のために労働分配率をあまりに低くすると，賃金などにあてる原資が少なくなる。その結果，人材確保に向けて競争力のある賃金水準を保ちにくくなる。企業としては，それゆえ両者のバランスをとるかたちで労働分配率を決める必要がある。

　総額賃金管理は，このような総額人件費管理の一環として行われる。総額人件費やこれに関わる労働分配率を考えるにあたって，賃金総額をどうするかが重要な観点となる。

　賃金総額は，社員一人あたりの平均の賃金額に社員数をかけた値になる。それゆえ，企業として利益を確保するうえで賃金総額を一定の範囲に抑えたい場合，賃金の水準を調整するか，社員の人数（要員）を調整するかの2つの選択

肢がある。

このうち賃金水準の調整は，企業側の自由に行えない面もある。とくに基本給は，このあと図12-1で見るように，社員格付け制度と結びついており，等級に対応した賃金の水準を短期的に変えることは望ましくない。格付けの基準となる能力の価値や，職務の価値が変わらないのに，これに対応する賃金の水準を低くすることは，理屈に合わないためである。社員格付け制度への社員の信頼を保ち，賃金による仕事へのインセンティブを保つうえで，格付け（等級）に応じた賃金水準は安定的に維持する必要がある。またすでに見たように賃金の相場があるなかで，自社の基本給の水準を下げることは，人材確保を難しくしてしまう。

それゆえ，賃金の水準の調整は，基本給の水準を変えるのではなく，賞与などに年度ごとの企業業績を反映させるかたちで行うのがふつうである。また希望退職の募集などにより，賃金水準の高い上位の格付け（等級）の社員の退職を促すなどして，平均的な賃金水準を下げるかたちでも行われる。

しかしこうした範囲内での賃金水準の調整には限界もある。そこで，人件費総額を抑えるうえでは，企業全体としての社員の人数（要員）の調整が重要な手段となる。その具体的な方法としては，採用の抑制による退職者の不補充や社員一人当たりの貢献度を高める生産性の向上，業務の社外へのアウトソーシング（業務移管）など様々なものがある。総額賃金管理は，第6章で学んだ要員管理とも密接に結びついているといえる。

### (3) 社員各人への賃金配分と仕事への動機づけ

賃金管理では，総額賃金管理により決められる賃金の総額をもとに，さらに社員各人に対して賃金を配分する。こうして配分される賃金は，社員にとって，それぞれの生活の主なもとでとなっている。それゆえ，多くの社員が高い関心をもつ魅力的な報酬としての意味をもつ。そこで企業としては，社員各人の賃金を社員の貢献度に結び付けて決めることで，社員に対して仕事をつうじた貢献への動機づけを与えることができる。

207

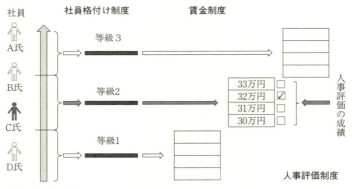

図12-1 人事制度と賃金配分のプロセス
注:等級や賃金の階層の数,賃金の水準などは単純化した仮想の例である。
(出所)筆者作成

このように社員各人への賃金配分を決めるのは個別賃金管理の領域である。社員各人の賃金のことを個別賃金という。これを決めるのが個別賃金管理である。多くの企業で個別賃金管理は,賃金制度にもとづき行われる。賃金制度について,その中心となる基本給の賃金制度に焦点を当てて見ることにしよう。基本給の賃金制度は,社員格付け制度や人事評価制度と密接に結びついている。これらの制度をつうじて,社員の個別賃金が決まるプロセスのイメージを図にすると図12-1のようになる。

まず社員格付け制度との関係を見ると,第3章で学んだように,社員格付け制度は,そのタイプに応じて,年齢・勤続や能力,職務など,社員の貢献度に関わる要素を基準として社員各人の格付け(等級)を決める仕組みである。日本企業で普及する社員格付け制度である職能資格制度などでは能力の価値,アメリカやイギリスなどで一般的な職務等級制度では職務(仕事)の価値が,それぞれ格付けの基準とされる。

例えば図12-1において,グレーの人型で示した社員のC氏は,職能資格制度ではC氏がもつ能力の価値,職務等級制度であればC氏が担当する職務の価値に応じて,格付け(図の例では「等級2」)が決まる。ここまでが,社員格付け

制度の役割である。さらに賃金制度では，さらにそうした社員格付け（等級）ごとに基本給の賃金水準を対応づける（図の例では30万円から33万円の範囲）。

　このような仕組みから，基本給の賃金水準の決め方は，社員格付け制度のタイプ（類型）により異なる。そこで，賃金についても，対応する社員格付け制度に応じてタイプが分けられている。すなわち，能力の価値にもとづく格付けに対応する賃金制度は「能力給」，職務の価値にもとづく格付けに対応する賃金制度は「職務給」と呼ばれる。したがって，それぞれの社会で一般的な社員格付け制度に応じて，日本企業では能力給，アメリカやイギリスなどの企業では職務給の賃金制度が普及している。

　こうしたなか，日本では能力の格付けや年齢に応じた賃金の相場，アメリカやイギリスなどでは主な職務ごとの賃金の相場が見られることはすでに述べた。各企業が格付け（等級）に応じた賃金水準を決めるうえでは，こうした賃金の相場が参照される。このほか，労働組合のある企業では，労働組合からの賃金の引き上げへの要請を受けて，賃金水準を見直すこともある。こうしたなか，格付け（等級）に応じた賃金の水準を見直し，基本給全体の水準を高めることを「ベースアップ」という。

　さらに基本給の賃金制度は人事評価制度とも結びついている。すなわち，各社の人事評価制度における評価要素に照らして社員の貢献度が評価され，人事評価の成績がつけられる。賃金制度では，先に見た格付け（等級）ごとの賃金水準の範囲内で，こうした人事評価の成績を踏まえて社員各人の基本給の賃金水準を決める（図の例ではC氏の基本給の水準が32万円となる）。

　人事評価の成績に応じて，基本給の賃金水準を決める代表的な仕組みとしては「定期昇給」が挙げられる。これは，前年度の賃金水準を基準として，人事評価の成績に応じて，今年度の賃金水準をいくら上げるかという「昇給」の幅を決めるものである。ただし人事評価の成績によらず年齢・勤続年数に応じて自動的に昇給する部分をもうける企業も多い。この場合，自動昇給ぶんに人事評価の成績に応じて昇給するぶんを加えた額が，社員各人の毎年度の昇給額となる。賃金制度によっては，人事評価の成績が低いと，前年度と比べて賃金水

準が下がることつまり「降給」が行われることもある。

　以上のような賃金制度の仕組みから，社員各人の賃金水準には，社員格付け制度によるそれぞれの企業内での序列や，人事評価制度による直近の働きぶりへの評価が反映される。こうした仕組みのもと社員は，自らの賃金水準から，企業からの自身への評価を認識する。そのため社員にとって，自分の賃金水準の高低は，企業による自らへの評価を示す象徴的（シンボリック）な意味をもつことになる。それゆえ賃金は，社員にとり経済的な利害を離れても重要な関心事となる。

　こうしたなか，賃金が「公正（fair）」に配分されていると社員が認識することは，社員の仕事への動機づけの重要な条件となる。またこれにより社員が自らの賃金水準に納得することは，社員の賃金への不満による離職を抑え，人材の確保をはかることにもつながる。

　上記のように，社員各人の基本給の賃金水準は，社員格付け制度や人事評価制度，そしてこれと結びついた賃金制度にもとづいて決まる。こうして企業としてのフォーマル（正式）な制度にもとづいて賃金水準を決めることは，賃金配分の公正さを支える。もちろん制度自体の公正さ，すなわち社員格付け制度や人事評価制度，賃金制度がそれぞれ公正に設計され運用されていると社員に受けとめられることも重要となる。

　社員格付け制度や人事評価制度の公正さを支える条件については，それぞれ第3章および第11章で整理したとおりである。賃金制度では，さらにこれらの制度による社員各人の社員格付け（等級）や人事評価の成績をもとにそれぞれの賃金水準を決める。格付け（等級）が高く，人事評価の成績の良い社員ほど，高い賃金水準とすることが基本となる。

　とはいえ社内でのあまりに大きな賃金水準の差は，公正ではない「格差」として社員に受けとめられてしまう。どの程度までの賃金の差が許容されるかについては，社会の価値観によるところも大きい。

　日本企業の多くはこれまで，勤続年数の近い社員間で賃金の大きな差をつけないことを重視してきた。しかし1990年代以降，「成果主義」の考え方のもと，

210

第12章　賃金管理

人事評価の成績の差をより大きく各人の昇格や昇給に反映させる取り組みも広がる。それでも企業は無限定に社員間の賃金の差を広げているわけではない。仕事への動機づけや人材の確保を実現するには，社員のあいだの賃金水準の差を「格差」として社員に受けとめられない公正な範囲に収める必要がある。

### （4）　雇用関係と賃金制度

　さらに賃金制度の最も基本となる役割は，雇用契約にもとづく企業と社員のあいだの関係である雇用関係を安定的に成り立たせることにある（石田 2023）。ここでいう雇用契約は，社員が企業に対して仕事をつうじて貢献し，企業が社員にその見返り（対価）として賃金を支払うことについての契約である。

　しかし雇用契約は，企業と社員のあいだで取引される仕事や賃金について，その詳細をすべて明確に定めるわけではない。とくに日本企業では，正社員として雇用する社員について，雇用契約上は仕事の範囲を定めないことが多い。企業は社員と雇用契約を結んだあと，つまり採用後にようやく社員各人を配置する職種や職場を定め，その後もこれらを変更したりする。また採用後に昇給などをつうじて賃金の水準を変えることもできる。

　雇用契約を結び直すことなく，こうしたことが可能なのは，雇用契約では社員が担当すべき仕事や支払われる賃金などの詳細をすべて明確には定めず，いわば「空欄」の状態にしているためである。日本企業と比べれば，イギリスやアメリカの企業では，雇用契約を結ぶときに仕事内容がより明確に示されることが多いと見られる。とはいえ，社員を雇用した後に仕事や賃金水準を変更することがある点は同じである。

　こうして雇用契約では，企業と社員のあいだの取引の中心となる仕事と賃金について必ずしも明確に定めない。そのため契約として不備があるように見える。雇用契約のこうした性格は「不完備性」と呼ばれる。しかし実は，雇用契約が「不完備」だからこそ，企業は雇用契約を結んだ後からも，ある程度，柔軟に社員に対して仕事や賃金を配分することが可能となる。

　財やサービスの売買契約のように，何をいくらでということをその都度，当

211

事者間で決めるのでは，こうはいかない。そのための交渉や調整には手間がかかり，合意にいたらず新たな契約が成立しないリスクもある。これを避けて，仕事と賃金の柔軟な配分が可能となることが，「不完備性」を特徴とする雇用契約の企業にとっての大きな利点となる。こうした利点ゆえに企業は，業務委託や外注などにより財やサービスを購入するのではなく，雇用契約にもとづき社員を雇用して柔軟な活用をはかるのだと考えることもできる。

　ところで，このような雇用関係のもとでは，企業はより低い賃金で社員からより大きな貢献を引き出そうとする。これに対し，社員はより少ない努力でより高い賃金を得ようとする。もしも企業と社員がこうしたそれぞれの利害を追求するとしたら，両者の協力関係は成り立たない。

　そこで重要となるのが，社員各人への賃金と仕事の配分に関わるルールということになる。企業だけでなく，社員も公正なものとして納得して受け入れるルールにしたがうことで，相互不信におちいることなく，雇用関係の基本となる賃金と貢献の取引を安定的に行うことが期待できる（Marsden 1999 ＝マースデン 2007）。

　賃金制度は，このうち社員各人にいくらの賃金を支払うべきかを示す賃金の配分に関わるルールである。さらに賃金制度は，それぞれの社員にどのような仕事を担当させるべきかを示す仕事配分のルールと対応関係をもつ。賃金制度の代表的なタイプとして，職務給と能力給について，賃金配分ルールと仕事配分ルールの関係のイメージを示したのが図 12-2 である。

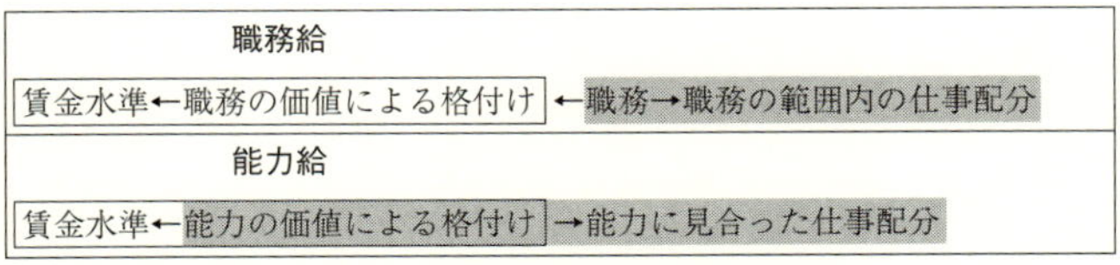

**図 12-2　職務給と能力給における賃金と仕事の配分**
注：□は賃金配分ルール（賃金制度）の関わる部分，▨は仕事配分ルールの
　　関わる部分である。
（出所）筆者作成

職務給に対応する仕事配分ルールのもとでは，職務記述書などによりそれぞれの職務（job）の範囲が定義され，これを担当する社員に職務の範囲内の仕事（tasks）が割り振られる。賃金配分ルール（賃金制度）の面では，その見返りとして，職務の格付け（等級）に応じた水準の賃金を支払う。これに対し，能力給の賃金配分ルール（賃金制度）では，社員各人の能力の価値にもとづく格付け（等級）に応じた水準の賃金を支払う。仕事配分ルールとしては，そうした格付け（等級）を踏まえて，各人の能力に見合った仕事（tasks）を割り振る。

こうして賃金配分のルールである賃金制度と，仕事配分のルールとは対応関係をもつ。両者がいわばセットで成立することで，社員各人について，仕事をつうじた貢献に見合った賃金が支払われる。こうした関係が成立してはじめて，賃金制度は社員も納得して受け入れることのできるルールとなり，雇用関係のもとでの賃金と貢献の安定的な取引を支えることができる（佐野 2021）。

したがって，もしこれまで能力給を用いてきた企業が，職務給を導入するとしたら，併せて仕事配分のルールの変更も必要となる。すなわち賃金水準を決める社員格付け（等級）の根拠となる職務の範囲について，明確に定めなくてはいけない。これにともない，職務の範囲を越えた仕事の割り振りや，配置転換による職務の変更を企業は社員に強く指示できなくなる。

能力給の仕事配分ルールのもとでは，こうした職務給の場合とは異なり，職務の範囲に限定されることなく，企業はより柔軟に仕事配分や配置転換を行える。また能力の価値が高まれば社員格付け（等級）と賃金水準が高まる。そのため社員に対して能力向上へのインセンティブを与えることもできる。これらの利点は，企業内での人材育成をつうじて人材確保をはかるうえで有利と考えられる。

他方で，職務給の賃金配分ルール（賃金制度）では，働き方を問わず，職務の価値に応じた賃金の水準を設定する。それゆえ「同一労働・同一賃金」の観点から賃金への納得性を保ちやすい利点がある。また能力給のように職務と切り離して，高い格付けに応じた高い賃金を得る社員が増えることがない。企業内にある職務の構成に応じた賃金の支払いにより，人件費管理を行いやすい点

も，職務給の利点といえる。

　このように，配置転換や人材育成など，賃金以外の人的資源管理の領域への影響についても広く視野に入れて評価すると，能力給にも職務給にもそれぞれ一長一短がある。全体として，企業にとりいずれの賃金制度が良いかの評価は，各企業がそれらのうちいずれの点を重視するかにより異なるだろう。

　そうした検討の結果，もし企業が賃金制度を変更しようとするならば，これに対応する仕事配分ルールのほか，図12-2で確認したように賃金制度と結びつく社員格付け制度や人事評価制度，さらには人材育成のあり方なども含め，人的資源管理の広い領域についての見直しが必要となる。賃金制度だけを都合よく変えることはできない。

　また能力給と職務給とのちがいは，社員への賃金配分をそれぞれ能力の価値と職務の価値のいずれにもとづいて行うべきかという，社員の価値観によるところも大きい（石田 1990）。それゆえ，企業として両タイプのあいだで賃金制度を変更しようとする場合には，制度変更についての説明や，社員の要望・意見の把握と反映など，社員との合意に向けたコミュニケーションが重要となる。

　これをつうじて社員が新たな賃金制度を公正なものと受け入れることではじめて，賃金制度をつうじ社員への仕事へのインセンティブを効果的に与えることができる。雇用関係のルールは，企業と社員の双方に受け入れられてこそ，両者間の賃金と貢献の取引関係を安定的に支えると考えられるためである。

　ところで以上のような，個別賃金管理による社員各人への賃金配分の結果，社員各人の賃金が勤続や年齢とともにどのように上がっていくか，つまり賃金の「上がり方」についての情報は，総額賃金管理において重要となる。社員各人の勤続や年齢に応じた賃金水準の上昇は，これにともなう人件費の上昇を意味するためである。

　賃金の「上がり方」に関して，図12-3のように横軸に年齢をとり，縦軸に賃金水準をとって，年齢が高くなることにともなう社員の平均的な賃金水準の変化を示したグラフは，年齢・賃金プロファイルと呼ばれる。図には比較のため日本とイギリスのホワイトカラー（管理・事務・技術職）とブルーカラー（生

214

第 12 章　賃金管理

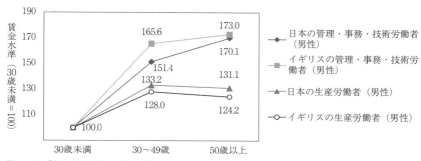

図 12-3　「年功的」年齢・賃金プロファイル
注：厚生労働省「2018 年賃金構造基本統計調査」および Eurostat, *Structure of Earnings Survey 2018* にもとづき労働政策研究・研修機構が指標の値を算出。
(出所) 労働政策研究・研修機構『データブック国際労働比較 2024』に掲載のデータをもとにグラフ化

産職) について，社会を単位とした年齢・賃金プロファイルを示している。ただし両国ともに高年齢になるまで中断なく仕事を継続することの多い男性についてのみ示している。30 歳未満の賃金水準の平均を 100 としたときの，30～49 歳までと，50 歳以上の平均の賃金水準をつないでグラフにしている。

上述のように，日本企業では能力給，イギリス企業では職務給の賃金制度がそれぞれ普及している。両者は，能力の価値にもとづくか，職務の価値にもとづくかというかたちで，個別賃金のいわば「決め方」が異なっている。しかし図 12-3 のグラフを見ると，このような賃金の「決め方」の相違にかかわらず，とくにホワイトカラー男性の平均的な賃金水準は，年齢とともに高くなる「年功的」なかたちとなっていることがわかる。日英のあいだで賃金の「上がり方」には同様の傾向が見られる (小池 2005)。

この背景として，いずれの社会でも中核的な社員層については，企業での教育訓練をつうじて勤続や年齢とともに能力が高まり，企業がこれに応じた高度な仕事に配置する傾向にあると考えられる。この場合，賃金の「決め方」において能力の価値を重視する能力給でも，職務の価値を重視する職務給でも，賃金の「上がり方」は「年功的」なものとなる。いずれも経験をつうじて高まる社員の貢献度に応じた水準の賃金が支払われるためである。

## 3 事例で理解する：ゾーン別賃金表と賃金水準の収斂

　日本企業における賃金制度は近年どのように変化しているか。ここでは，15社の企業事例をもとに，基本給の昇給ルールを示す「賃金表」の変化を検討した労働政策研究・研修機構（2022）から確認したい。

　同研究では，①「積み上げ型」（昇給額が年々積み上げられていくもの），②「範囲給洗い替え方式」（毎年の評価を基準に賃金が変更されるもの），③「シングルレート」（資格等級ごとに定額が設定されているもの），④「ゾーン別賃金表」（各資格等級に設定されている範囲給をさらにゾーンに分けたうえで，評価に対応した昇給・降給額を設定するもの）という賃金表の4タイプを見出している。

　いずれのタイプを採用する企業であっても，総じて同一資格等級内での安定的な昇給部分は縮小する傾向にある。ただし，人事評価の成績に応じて賃金が大きく上下するような制度にはなっていない。総じて「昇給のペースは緩めるが，一定程度の安定性を保つ方向」（労働政策研究・研修機構 2022: 104）に進んでいるとされる。

　こうした動向をつかんだうえで，ここでは賃金表のタイプのなかでもとくに複雑な，ゾーン別賃金表についてより詳細に見ることとしたい。ゾーン別賃金表は，同一資格等級内の範囲給をいくつかのゾーンに区切ったうえで，そのなかで標準的なゾーンを定める。そして同一資格等級に位置する社員の賃金が標準的なゾーンに収斂する（近づいていく）よう人事評価の成績を反映させる賃金決定の方法である。

　具体例として表12-2をみてみよう。表12-2は百貨店J社における特定の資格等級の賃金表である。「ランク」が1～39まであり，それぞれに基本給の金額が設定されている。このうち，20ランクが「標準ランク」と定められている。注目すべきは，20ランクより上位ランクでは最高評価でもランクが上がりにくく標準評価では下がるのに対して，20ランクより下位のランクでは最低評価でもランクが下がりにくく標準評価でも上がる仕組みとなっていることであ

216

第12章 賃金管理

表12-2 J社のゾーン別賃金表

| ランク | 金　額 | 評　価 | | | | | |
|---|---|---|---|---|---|---|---|
| | | 最　高 | （略） | 標　準 | （略） | 最　低 | |
| 39 | ＊＊万円 | 0ランク | | −5ランク | | −10ランク | |
| 38 | ＊＊万円 | 0ランク | | −5ランク | | −10ランク | |
| 37 | ＊＊万円 | 1ランク | | −4ランク | | −9ランク | |
| （略） | | | | | | | |
| 20 | ＊＊万円 | 5ランク | | 0ランク | | −5ランク | ←標準ランク |
| （略） | | | | | | | |
| 3 | ＊＊万円 | 9ランク | | 4ランク | | −1ランク | |
| 2 | ＊＊万円 | 10ランク | | 5ランク | | 0ランク | |
| 1 | ＊＊万円 | 10ランク | | 5ランク | | 0ランク | |

（出所）労働政策研究・研修機構（2022: 96）

る。このような設定により，最高や最低などの極端な人事評価の成績をとり続けないかぎりは，この資格等級に属する多くの社員のランクは20ランク前後に収斂していくことになる。その結果，同じ資格等級に属するかぎりは，標準とする水準を超えて賃金が安定的には上昇していかないかたちとなる。

　ゾーン別賃金表は，人事評価の成績に応じて賃金が上下するという点では，範囲給洗い替え方式と同様である。しかし範囲給洗い替え方式の場合は，毎年の人事評価の成績に応じて定められた水準の賃金が支払われる。その点で，ゾーン別賃金表のように特定の賃金水準への収斂をはかる制度とは異なっている。

　すでに述べたようにゾーン別賃金表であれば表12-2の標準ランク（20ランク）に収斂していく。これに対し，範囲給洗い替え方式の場合は極端な場合には前年が最高の39ランクでも，今年の評価によっては最低の1ランクということも制度上は生じる可能性がある。労働政策研究・研修機構（2022）が指摘するとおり，こうした極端な賃金の上下はどのタイプの賃金表でも実際には起きにくい。とはいえ，ゾーン別賃金表は特定の賃金水準への収斂が制度として組み込まれている点に大きな特徴があるといえる。

　このように社員各人への個別の賃金決定は，賃金表などを用いて詳しく設計

された賃金制度にもとづき行われることが多い。賃金管理について考える際は
こうした制度の詳細を踏まえることが重要である。

## 4　データで確認する：男女の賃金格差はなぜ生じるのか

　日本的雇用慣行の特徴として長期雇用と年功賃金が挙げられる。しかし，そ
の手厚い雇用保障と所得保障をどの程度，享受できるかには，同じ企業に勤務
する社員のあいだにも差がある。

　第1に，雇用区分によって雇用保障と所得保障の程度は異なる。雇用期間を
予め定めて雇用する有期雇用契約には，もちろん長期雇用という発想がない。
また，パート社員などでは，勤続年数に応じて賃金が上がる仕組みがないこと
もある。

　そのため，多くの企業において正社員と非正社員のあいだには勤続年数や賃
金に差がある。勤続に応じて非正社員の賃金が上がる場合でも，その賃金カー
ブは正社員に比べてゆるやかであることが多い。そのため，勤続と年齢を重ね
るほど，正社員と非正社員の賃金の差は大きくなる。

　同じ正社員でも雇用区分を分けることで，賃金に差をもうけることは行われ
ている。職域（勤務地や担当職務など，配置転換の範囲）が限定された限定正社員
よりも，職域の限定のない正社員（総合職社員など）は，配置転換の範囲が広い
ぶんだけ賃金が高く設定されることが多い。

　第2に，同じ雇用区分の正社員であっても，役職や社員格付け（等級）のち
がいによって賃金に差が生じる。年功賃金にはこうした昇進・昇格にともなう
昇給の結果も反映される。それゆえ，同じ勤続年数であっても昇進・昇格の有
無によって賃金水準には差が生じる。

　職能資格制度のもとでは，役職というポストではなく，能力の価値に応じた
社員格付け（等級）に応じて賃金が決まる。とはいえ役職昇進であれ等級が上
がる昇格であれ，管理職相当の賃金を得るには選抜がある。その意味では年功
賃金であっても，競争と選抜にもとづく賃金の差が生じる仕組みとなっている。

218

第 12 章 賃金管理

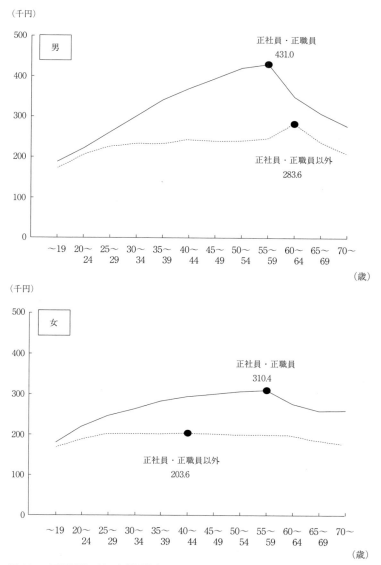

図 12-4 雇用形態, 性, 年齢別賃金
(出所) 厚生労働省「令和 4 年賃金構造基本統計調査」(2022 年)

要するに，同じ企業に勤務していても正社員より非正社員，無限定正社員より限定正社員，役職や等級が上の社員より下の社員のほうが賃金は低くなる。そして，年功的な処遇のもとでは，年齢が高くなるほど，前者と後者の賃金水準の差は大きくなる。

　また，雇用区分や役職にはジェンダー差がある。非正社員や限定正社員，役職のない一般社員には女性が多い。そのため，同じ企業に勤める男性社員と女性社員の平均賃金は男性のほうが高くなる傾向にある。

　図 12-4 は，そのことを端的に表している。これは，厚生労働省の「令和 4 年賃金構造基本統計調査」（2022 年）における性・年齢別の賃金分布を正社員と非正社員に分けて示したグラフである。男女とも正社員は非正社員より賃金が高い。また正社員同士を比較しても，男性は女性より高い。その差は年齢が上がるほど顕著である。

　日本の男女雇用機会均等政策は，男女間賃金格差を是正することを重要な課題としている。男女雇用機会均等法や女性活躍推進法は，女性差別的な人的資源管理を規制し，女性の管理職昇進を支援している。しかし，これらの法律は，同じ雇用区分のなかの男女間格差に焦点を当てており，雇用区分をまたがる男女間格差には十分に対応できていない。

　雇用区分をまたがる待遇格差にはパートタイム・有期雇用労働法が対応している。また労働契約法により，通算 5 年雇用された社員は，本人の申請により無期契約に転換できることになっている。また有期契約であっても特段の事情がないかぎり，契約更新をしてきた社員の雇い止め（契約更新をしないこと）は認められない。

　日本的雇用慣行のもとでとくに断りなく「社員」というときには，暗黙のうち男性正社員を念頭に置き，女性や非正社員の雇用と賃金には無頓着となりがちであったかもしれない。しかし今日では，多様な社員に公平な待遇を与えることが求められている。

220

<table>
<tr><td>第**13**章</td><td>福利厚生<br>社員の生活を支援する</td></tr>
</table>

## 1　福利厚生とは何か

　福利厚生という言葉のなかにある「福利」と「厚生」は，それぞれ人々の幸せと利益，健康と生活の豊かさを意味する。その組み合わせである「福利厚生」は，企業がこれらに資するよう社員とその家族の生活を支援する諸施策である。

　福利厚生には，大きく分けると法定福利と法定外福利とが含まれる。このうち法定福利は，国の社会保障制度の一環として法律により企業が費用を負担することを義務づけられたものである。企業は，健康保険や厚生年金保険，介護保険といった社会保険や，雇用保険と労災保険からなる労働保険の保険料，子ども・子育て拠出金などについて，その一部ないし全額を負担している。

　これに対し，法定外福利は，それぞれの企業ごとの判断で社員に提供する施策である。その内容は，社宅・寮などによる住居の提供や，「人間ドック」の受診費用補助，社員食堂などによる安価での食事の提供，企業内託児所の設置，社内での部活・サークル活動への補助など，各企業の選択に応じて多岐にわたる。

　このように企業は，法定福利の負担をつうじて社会保障制度を支えるとともに，法定外福利により直接的にも，社員とその家族の生活の豊かさや安定に資するサービスを提供している。

　このうちとくに法定外福利は，社員の福利厚生に資するとともに，企業にとっても人的資源管理上の効果が期待できるため，企業があえて費用を負担してサービスを提供している面がある。すなわち企業は，法定外福利を充実させることで働く人にとり魅力的な雇用条件を示すことができれば，優秀な人材の採用

221

や社員の定着化をはかることができる。また，社員の健康維持に資することで貢献を引き出すなどの施策に応じた効果も期待できる。

このほか，社員が退職時に受け取る退職金（退職一時金）や，退職後の一定の期間にわたり受ける企業年金の制度も，企業が社員の退職後の生活を支える仕組みとして，福利厚生に関わる施策と位置づけることができる。本章では，これら退職金や企業年金についても取り上げることとしたい。

## 2　社員の生活を支援する

### (1)　法定福利と法定外福利

上で述べたように，法定福利は，社会保障制度の一環として企業が負担を義務づけられたものである。例えば健康保険は，人々が業務以外での病気やケガなどの際に，本人やその被扶養者が医療費の一部負担のみで医療を受けられるようにする仕組みである。その保険料は，企業と社員とが半分ずつ折半して負担する。公的年金の仕組みである厚生年金の保険料も同じである。企業は，このような社会保険の企業負担ぶんの保険料を支払うことで，人々の生活の安定を支える社会保障制度の維持に寄与している。

こうした社会保障制度への貢献に加えて，さらに企業はそれぞれの選択にもとづき法定外福利を社員に提供する。これにより社員の生活の安定をさらに確かなものとしたり，生活の豊かさを高めたりしている。例えば，企業が契約する医療保険の保険料負担などは，社員の病気などへの備えをより充実させる面がある。また社員食堂の設置や保養施設の提供，スポーツ大会のなどの懇親機会の開催などは，社会保障制度がカバーしない領域で社員の生活を充実させている。このように企業の法定外福利は，社会保障制度を補完するかたちで，社員の生活の安定や豊かさに資する役割を果たしている。

人々のニーズへの対応という観点からすると，社会保障制度は，社会のレベルでの平均的なニーズを踏まえ，長い期間をかけた検討と政治的な利害調整のプロセスを経てようやく法律で定められる。これに対し，法定外福利では，企

業が社員各人のもつ個別的なニーズを受けとめ，それらを満たす施策を企業ごとのより迅速な意思決定にもとづき社員に提供できる（藤田 1997）。

こうして企業は法定外福利により，社会保障制度により提供される水準や範囲を超えて，社員の生活に関するニーズに対応することができる。これにより企業の雇用条件が働く人にとり魅力的なものとなれば，企業は優秀な人材の採用や社員の定着といった人材確保の効果を期待できる（西久保 2013）。

このように法定外福利は，社会保障制度の不十分なところを補ったり，さらに充実させたりするかたちで，社員の生活上のニーズに合わせた追加的なサービスを提供し，社会保障制度を補完する性格をもつ。それゆえ国ごとの社会保障制度がちがえば，企業による法定外福利の内容も異なってくる。

例えば，日本とは異なりアメリカでは，国民のすべてが加入する健康保険制度はない。すなわち公的医療保険制度として，高齢者と障害者などを対象とする「メディケア（Medicare）」と，所得の低い人を対象とする「メディケイド（Medicaid）」の 2 つが主な柱となっている。こうしたなか企業が社員向けに契約する私的医療保険の保険料への支出が大きく，法定外福利の主な施策となっている（渋谷 2000）。また日本では，法定外福利のなかでも住宅関連の費用負担が大きい。これに対しフランスやイタリアなどでは，社会保障制度として公共住宅や家賃補助などがより手厚く，企業による社宅・社員寮の提供は一般的ではないとされる（藤田 1997）。

国ごとの社会保障制度は，社会保険料の負担など，制度を支える企業の法定福利の内容を決めている。それだけでなく，このように企業による法定外福利の選択にも影響を与えていることがわかる。

ただしフランスなどでは，法定外福利についても，企業を超えた産業レベルでの労使交渉にもとづき定められている部分が大きい（鈴木 1997）。これと比べると日本企業では，法定外福利の施策についての選択の自由度は高いと見ることができる。そのぶん企業が人的資源管理上の効果を期待して選択する人事施策としての性格が強いと考えられる。

223

表 13-1　法定外福利の様々な施策（主なものの例）

| 住　宅 | 住宅手当，社宅，社員寮，住宅取得資金の融資（持ち家援助制度）など |
| 医　療 | 民間の医療保険契約，健康診断（法定外）・人間ドックの費用補助，健康相談・カウンセリング・研修の提供など |
| 生活援助 | 社員食堂，食券交付，社内売店，企業内託児所，冠婚葬祭関連の費用補助など |
| 文化・体育・レクリエーション | 社内サークル・部活への費用補助，社内運動会や社員旅行などの開催，ワーケーションへの費用扶助など |

（出所）筆者作成

## (2)　法定外福利の多様な施策

　こうしたなか日本企業は，幅広い内容の法定外福利の施策を社員に提供している。表 13-1 は，日本企業の法定外福利の主な施策を領域ごとに整理したものである。

　表に示したように，法定外福利の主な施策としては，まず住宅関連の施策が挙げられる。具体的には，住宅手当の支給や社宅や社員寮などの提供，住宅取得資金の融資などによる持ち家援助制度などが挙げられる。多くの日本企業において，法定外福利のなかでも最も費用負担の大きい分野となっている。

　こうした住宅関連の施策については，日本企業の配置転換の慣行との対応関係が指摘される。すなわち日本企業では，経営側の権限で社員の配置転換を行うことが多い（第9章を参照のこと）。こうしたなか，企業が社宅や社員寮などとして転勤時の転居先の住宅を用意することは，転勤のたびごとに社員が自ら住居を手配する手間をはぶき，経済的負担を軽減できる。これにより社員の転勤に対する抵抗感を小さくし，企業の指示にもとづく配置転換を円滑に行いやすくすると考えられる（藤田 1997）。

　日本企業の賃金の特徴や，本社での新卒一括採用の慣行との関係も見られる。すなわち，日本企業の賃金は，年功的な賃金プロファイルを特徴とする。すなわち社員の平均的な賃金の水準は年齢とともに高くなる。ただしこうした年功的な賃金プロファイルは，他の先進諸国の企業でも広く見られ，日本企業だけ

224

の特徴ではない。いずれにせよ，若年層の社員の賃金の水準は低い傾向にある（詳しくは第12章）。他方で日本において，首都圏などの都市部において家賃や住宅価格の相場は高く，若年層の社員が賃金の範囲内で住居を確保するのは決して容易ではない。

　こうしたなかにあっても日本企業では，本社人事部門がとりまとめる新卒一括採用により，国内の広い地域から新規学卒者を採用し，都市部も含む全国の拠点へと配属している。また若年層の社員のうちから，転居をともなう配置転換（転勤）も行われる。これらの慣行は，企業が社宅や社員寮などを用意することで支えられる面もある。それらを利用できることで，初任配置や異動先での住居に関わる社員の費用負担を大きく軽減できるためである。そうでなければ，とくに賃金水準が低めとなる若年層の社員にとっては，住居に関わる費用の負担が過大となりかねない（西久保 2004）。

　医療関係の施策も，日本企業の法定外福利の主な施策となっている。日本では国民皆保険，すなわち国民のすべてが，健康保険組合や全国健康保険協会，共済組合，国民健康保険，後期高齢者医療制度といった複数ある公的医療保険のいずれかに加入している。この点は，すでに指摘したように国民皆保険の制度のないアメリカなどとは大きく異なる（渋谷 2000）。医療費の3割の負担などで誰もが医療を受けられるのは，国民皆保険制度があるためである。その保険料は，法定福利として，企業も社員と折半して負担していることは先に述べた。

　こうしたなか，法定外福利としての医療関係の施策は，社員やその家族の医療分野の福祉をさらに充実させる意味をもつ。具体的に見ると，例えば，医療保険に関して，企業が民間の医療保険の契約者となって社員の保険料を負担する。これにより，病気やケガの際の社員の治療費の負担を軽減したり，より高度な治療を選べるようしたりできる。

　病気の早期発見や予防に関して，企業が社員に医師による健康診断を受けさせることは，法律（労働安全衛生法）に定められた義務である。企業は，さらに「人間ドック」の一環などとして，社員が法定の健康診断項目にない検診を受

ける際にも，その費用の全部ないし一部を負担したりする。このほか，法定の
ストレス診断に加えて，法定外福利の施策として，ストレス軽減に関する研修
や，専門家によるカウンセリングの機会の提供など心理面での健康維持に関す
る施策を社員に提供したりする。

　これら医療関連の施策は，医療に関わる費用負担を減らす点で，社員にとっ
て魅力的な雇用条件の一つとなるだけではない。仕事における社員の貢献を高
める効果も期待できる。自身や家族の健康への心配事が少なく，心身ができる
だけ健康な状態であることは，社員が能率的に仕事を行ったり，質の高い意思
決定をしたり，創造的なアイデアを思いついたりするのを促すと考えられるた
めである。また社員が良質な医療を受けることで，早期の職場復帰や，治療を
受けながらの就労を可能にすることもある。

　このほか生活援助に関わる施策も，法定外福利の重要な領域である。社員食
堂の設置や食券交付などの食事関連の援助のほか，社内売店の設置，企業内託
児所の運営，冠婚葬祭に関わる費用補助など多岐にわたる施策が企業ごとに選
ばれている。これらは社員に対して，職場や家庭での生活を支援したり，企業
内託児所のように両生活領域に関わるワークライフバランスの実現を促したり
する施策と見ることができる。

　また自社の保有する保養所などの運営や，社外の宿泊施設の利用料金やス
ポーツジムの利用費，マラソン大会などのスポーツイベント参加費の補助，ボ
ランティア活動参加への支援（休暇の付与など），社内サークル・部活の活動費
の補助，社内運動会や社員旅行の開催など，文化・体育・レクリエーション関
連の施策も法定外福利となる。

　生活援助や文化・体育・レクリエーション関連の施策も，社員にとって魅力
的な雇用条件となれば，人材確保などの効果を企業は期待できる。また，これ
らの施策により社員の生活が充実することで，仕事への意欲も高まるかもしれ
ない。個別の施策を見ると，例えば，社内サークル・部活の活動や，同僚との
社員旅行，社内運動会などへの参加は，社員間の人間関係を円滑にしたり，共
通の体験をつうじて，職場や企業への社員のコミットメントを高めたりすると

第13章　福利厚生

期待される。いずれも社員からの貢献を高めることにつながる（西久保 2004）。

### (3)　法定外福利の効果と課題

　以上のように法定外福利は，社会保障制度を補完しつつ，より充実した福祉を社員とその家族に提供する。また，企業は人的資源管理上の効果も期待して，法定外福利の様々な施策を社員に提供している（藤田 2003）。

　こうした施策全体として社員に魅力的な雇用条件となれば，優秀な人材の採用や社員の定着を促し，人材確保の機能を果たす。また施策ごとの効果も期待できる。すでに見たように，住宅関連の施策は，本社での新卒一括採用や柔軟な初任配置，転勤などを支える面がある。医療関連の施策は，病気やケガの際の社員の復職，病気と仕事の両立などを可能にしたりする。社員の心身の健康を維持し，社員の貢献を引き出す効果もある。生活援助や文化・体育・レクリエーション関連の施策も，これに資するほか，社員の仕事意欲の向上や職場・企業へのコミットメントの醸成などをつうじて，やはり企業への貢献を促すと期待できる（西久保 2013）。

　法定外福利の諸施策は，賃金とは異なり，現物の給付として，あるいは使途を限定した金銭的補助のかたちで社員に提供される。例えば企業内託児所での保育サービスなどのかたちで現物として提供したり，「人間ドック」受診費用の補助のように使途を限定して金銭を補助したりする。それゆえ，前者の例であれば就業の両立できる保育サービスの利用，後者であれば健康維持のための充実した健康診断の受診を社員に促すことができる。

　このように法定外福利は，社員のプライベートな選択に関わる領域で，企業への貢献につながる具体的な行動を社員に促すインセンティブを与える。こうした効果は，企業が使途を限定できない賃金には期待できない。賃金と比べた法定外福利の利点と見ることができる（西久保 2004）。

　ところで，法定外福利の施策が社員にとり魅力的であるかは，社員の働き方や生活のあり方によっても異なるはずである。これに応じて，採用や定着をつうじた人材確保などの効果も左右されよう。

227

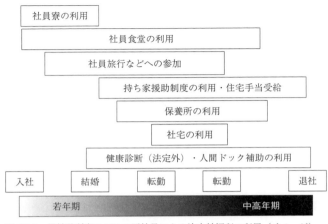

図 13-1　男性稼ぎ主モデルの正社員による法定外福利の利用（イメージ）
（出所）筆者作成

　例えば，正社員として新卒採用された男性社員が，やがて家族をもち，転勤を経験しながら，主な稼ぎ主として定年まで働くというキャリアを想定してみよう。いわゆる男性稼ぎ主（男性ブレッドウィナー = male bread-winner）モデルの正社員の場合である。かつての日本企業であれば，社員の多くを占めていたため，そうしたいわば典型的な社員像をイメージして法定外福利の施策を用意すれば，多くの社員のニーズに応えることができたと考えられる（佐藤・藤村・八代 2023）。

　こうした男性稼ぎ主モデルの正社員による法定外福利の利用について，想定されるパターンを考えると，図 13-1 のようになるだろう

　若年層のうちは，入社前の地元から離れて勤務地に近い社員寮に住み，食事の多くは社員食堂で安価にすませる。ときに社員旅行などに参加し，長く企業内キャリアをともにする上司や同僚とのレクリエーションで親睦を深める。一定の年齢で結婚して家族をもつと，世帯主として住宅ローンを組んで住宅を購入し，企業の持ち家援助制度を利用して低金利の融資も受け，住宅手当も利用してローンを返済していく。休日には，家族と企業が保有する保養所に行き楽しむ。転勤時には単身赴任で社宅に住み，企業からの交通費の支援を得て定期

第13章　福利厚生

的に家族の住む自宅に帰ったりする。健康診断のほか，一定の年齢になると「人間ドック」も企業の補助で受診して健康維持につとめたりする。

　もしもこうした男性稼ぎ主モデルの正社員ばかりであれば，図に例示したような法定外福利の諸施策をひととおり用意すれば，社員の生活上のニーズを共通に広く満たすことができる。

　しかし，現状ではこうした社員像に当てはまる社員は，ますます少なくなっている。女性が正社員として長く働くことも一般的となるほか，共稼ぎの社員や未婚・非婚の社員も多くなっている。勤務地限定正社員や契約社員・パート社員など，基本的に転勤のない社員も増えている。中途採用で入社する社員も多くなり，やがて転職することを考える社員も少なくない。

　このようななか，企業が男性稼ぎ主モデルの正社員を想定した施策をひととおり用意しても，それらをあまり利用しない社員が増えてくる。他方で，例えば未就学の子供をもつ共働きの社員に対して，企業内託児所などの育児に関わる支援へのニーズを満たせない状況となる。

　こうなると，法定外福利の社員にとっての魅力は小さくなるだろう。また社員間で施策の利用状況の大きな差ができてしまう。そうなると公平さを損なうことで社員の不満につながりかねない。企業がこうした状況を避けて社員の定着などの効果につなげるには，多様化する社員のニーズに合わせて，法定外福利の施策の構成を見直すことが重要となる（佐藤・藤村・八代 2023）。

　とはいえ社員のニーズの多様化に応じて，法定外福利の施策を広げればよいというわけではない。法定外福利の施策にはそれぞれ金銭的な費用がかかるためである。企業が利益を確保していくためには，法定外福利の費用を無限定に増やすわけにはいかない。しかも日本社会では高齢化が進むなか社会保障制度を支えるうえで，企業における法定福利の負担は大きくなってきている。社員の高齢化にともない，このあと見る退職金の支払いに関わる負担も高まる傾向にある。基本的な報酬である賃金の抑制を容易には行えないなかで，法定外福利の費用については，むしろ削減する方向へと圧力が働いている（西久保 2000）。

　こうした状況のもと，企業の対応としては，法定外福利の施策の取捨選択を

229

行うことも重要となる。すなわち企業として，社員の生活上のニーズと人的資源管理上の効果とを考慮して，重要と判断される施策を維持したり，新たに加えたりする。その一方で，重要度が低いと判断される施策を廃止していく。

　このような観点から，例えば，病気などに備えたり心身の健康を維持したりして，社員の就業と貢献を支える健康関連の施策は充実させる。また配置転換を円滑に実施するため住宅関連の施策を維持する。他方で，社員の貢献との関係が見えにくい文化・体育・レクリエーション関連の施策を減らしたりする。このような法定外福利の取捨選択は，企業ごとの判断にもとづき実際にも進められている（西久保 2004）。

　このほか「カフェテリア・プラン」と呼ばれる制度を取り入れる企業も見られる。これは，企業が社員に対し一定のポイントを付与し，その範囲内で利用する施策を各人が選ぶ仕組みである。利用できる施策を広くとることで社員の多様なニーズに対応できる。同時に各人が利用できるポイントに枠をもうけることで，費用を一定の範囲に抑えるとともに，利用状況の社員間の相違を小さくして公平性にも配慮することができる。このようなカフェテリア・プランについては，対応するサービスを提供する企業へのアウトソーシング（外部委託）の利用も広がってきている（佐藤 1997；西久保 2013）。

### (4) 退職金と企業年金

　退職金や企業年金は，社員の退職後の生活を金銭面で支える施策と見ることができる。このうち退職金の制度をもつ企業では，社員は退職時にまとまった金額を一時金（退職一時金）として受け取る。こうした退職金制度があることは，退職後の生活の安定を望む社員にとって重要な雇用条件となる。それゆえ退職金制度の有無や充実度は，人材の採用や定着に影響を与えると考えられる。

　このような人材確保に関わる効果のほかにも，企業がなぜ退職金制度をもつかについては，大きく2つの見方がある。一つは退職金を「功労褒賞金」と見るものである。この見方では，企業は社員の退職までの長年にわたる努力をねぎらう褒賞金として，恩情により退職金を支払うとする。しかし退職金制度を

第13章　福利厚生

もつ企業には，支払い額を算定する基準などを就業規則に明記し，支払いの原資を積み立てることが義務づけられる。それゆえ社員にとって退職金を受け取ることは，当然の権利として意識されやすいだろう。

退職金についてのもう一つの見方は，「後払い賃金」と見るものである。すなわち退職金は，社員が在職中に受け取るはずの賃金の一部を企業が積み立てておき，退職時に支払う「後払い」の賃金であると解釈される。このような見方では，退職金は社員が当然に受け取るべき権利と位置づけられる。

それではなぜ賃金を「後払い」にする必要があるのか。企業は，社員の勤続年数が長くなるほど退職金の額の増加率が高くなるように退職金制度を設計できる。また社員の自己都合による退職よりも，定年による退職や会社都合の退職の場合に支給額が高くなる制度にできる。そうすることで，社員に対して，より大きい額の退職金を得られるよう，転職などを目的とする自己都合の退職をせずに長く勤続するインセンティブを与えることができる。こうして企業は，退職金として「後払い賃金」を支払う制度をうまく設計することで，社員の定着を促していると考えることができる（白井 1992；今野・佐藤 2022）。

退職金は，社員が退職時に一度かぎりの一時金として受け取るのに対し，企業年金は，退職後の一定の年数にわたり社員が受け取るものである。企業としては，企業年金として分割して支払うほうが，年度ごとの退職者数にバラツキがあっても，毎年の支払い総額を平準化して管理しやすい。こうした利点もあり，企業年金の制度を取り入れる企業も広がっている（白井 1992）。

企業年金には，あらかじめ定められた算定基準にもとづく額を社員が受け取る「確定給付型」と，企業が一定額の掛け金を拠出し，その運用益との合計額をもとに社員の受け取り額が決まる「確定拠出型」とがある。後者では資金の運用のための金融商品の選択などに社員が関わり，運用成績次第で，社員の受取額が増えることも減ることもある。それゆえ「確定拠出型」の年金制度を取り入れる企業では，金融商品の運用知識に関する研修の機会などを用意することも，社員の退職後の生活の安定に資する施策となる（今野・佐藤 2022）。

231

## 3 事例で理解する：法定外福利としての団体長期障害所得補償保険

　法定外福利として，医療関係の施策には重要な役割があることを前節でも確認した。ここでは，実際に社員が傷病（ケガや病気）に見舞われるリスクを想定して企業が提供する福利厚生の施策の例を紹介したい。労働政策研究・研修機構（2019）では，「病気の治療と仕事の両立」をテーマとして，企業と患者に対するインタビュー調査を行っており，以下はそのなかの企業事例にもとづく。

　どんな人であっても，思いがけず病気やケガなどにより休職し，長期的に職場を離れる必要が生じるリスクがある。企業がこうしたリスクに可能なかぎり対応することは，社員が安心して働ける環境をととのえることにつながる。とくにここでは休業期間中の所得保障として注目されている，団体長期障害所得補償保険（GLTD：Group Long Term Disability）をとくに取り上げる。

　GLTD は社員が病気やケガで長期間，働けなくなった際に生活費をまかなうための収入を補償する保険である。団体で加入するぶん安価で加入できるというメリットがあり，企業によっては社員が安心して働き続けられる環境をととのえるために福利厚生施策に組み込んでいる。

　実際に GLTD を導入している事例として製造業 F 社がある。F 社では福利厚生の充実により採用や定着を促進していきたいというねらいから，GLTD を導入している。図 13-2 は F 社における GLTD の制度のイメージを図示したものである。

　制度概要としては，①社員が休業してから最長 3 年間，会社補償分の補助を上乗せ（1 年 6 ヵ月：標準報酬月額の 10％，次の 1 年 6 ヵ月：30％を保証），②一般的な傷病だけではなく，精神障害，天災によるケガも補償対象，③傷病が原因で退職した後も支払条件を満たすかぎり補償が継続，⑤非正社員も加入対象というかたちになっている。会社補償分は，F 社が企業として保険会社と GLTD を契約している。

232

第 13 章　福利厚生

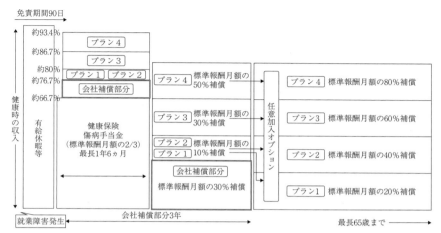

図 13-2　F 社の団体長期障害所得補償保険のイメージ
(出所) 労働政策研究・研修機構 (2019: 160)

　プラン 1 〜 4 とある部分は，社員の任意加入部分である。プラン 1 から 4 は，就業障害発生後 3 年間は補償額を会社補償分に上乗せされ，会社補償分がなくなる 3 年経過後もプランに応じた補償額が支払われる。

　調査時点での加入実績では，全社員の 4 割程度（正社員の 5 割弱，非正社員の 3 割弱）が加入している。正社員では半数程度が加入しているので制度のニーズが一定程度あることがわかる。非正社員のなかでは，シングルマザーなど就業不能による生計維持に不安感がある社員が加入する傾向にある。他方で家計補助的な働き方の性格が強い非正社員は加入しない傾向にあるという。とはいえ，F 社としては GLTD の制度が一定程度，社員に「響いた」と考えている。

　このような福利厚生の制度は，まずは社員の福祉の充実という観点で行われているものである。同時に採用や定着といった企業の課題解決の手段としても位置づけられていることが重要である。福利厚生がもつ人的資源管理上の意味については多角的にとらえる必要がある。

233

## 4　データで確認する：人件費には福利厚生費も含まれる

　企業の人件費というと，現金で毎月支給される賃金が真っ先に思い浮かぶ。しかし実際には，福利厚生に関わる費用（福利費）も発生している。

　図 13-3 は企業の福利厚生費の推移である。1980 年代は日本経済が活況を呈していた時期であり，とくに 80 年代後半はバブル期にあたる。その後，1990年代から，日本経済は停滞が続いている。法定外福利費の対現金給与総額比率は，この動きと歩調を合わせるように，1980 年代後半から 1990 年代初頭にかけて上昇した後，1990 年代半ば以降は低下傾向を示している。

　法定外福利は，企業が自主的に社員への便益として提供するものである。大企業のように多くの社員が利用して規模の経済が働く場合は，現金を賃金として支払うより，現物を支給したほうが 1 人当たりの費用を安く抑えることができる。また，社宅や保養所の土地・建物は企業にとっては資産であり，バブル期のように資産価格が上がっているときは，企業資産の有効活用という意味でも，これらの法定外福利を提供することには合理性があった。

　しかし，福利厚生に対する社員のニーズが多様化すると，利用者が減り，規模の経済が働かなくなる。さらにデフレが続くと資産運用の面でもメリットは小さくなる。1990 年代の平成不況期には，企業が人件費の抑制と負債の整理を目的に，法定外福利を見直し，保養所を手放した。社員もまた，企業が提供する宿泊施設を利用するより，自らの好みに応じて自由に選択することを望むようになった。その意味では，法定外福利のなかには歴史的使命を終えたといえるものもある。

　また，近年は社員の多様な嗜好に応えるようカフェテリア方式でレジャー施設を利用できるクーポンを発行したり，企業が住宅を保有するのではなく，借り上げ住宅というかたちで民間の賃貸住宅を利用したりといったかたちで，法定外福利の形態が変化しているものもある。さらに，物質的な消費財より，ベビーシッターの費用補助や介護相談，テレワークなど，法定を超える水準のワー

第 13 章　福利厚生

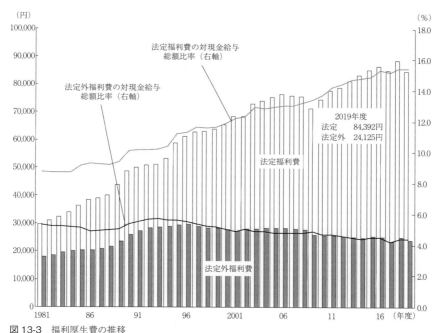

図 13-3　福利厚生費の推移
（出所）日本経済団体連合会「福利厚生費調査」

クライフバランス施策を福利厚生として提供する企業も増えている。
　つまり，単に企業が法定外福利の費用を節約するようになっただけでなく，時代の変化に対応してハコモノからサービスへと法定外福利のあり方が変わっていることにも着目する必要がある。
　一方，法定福利費は 1980 年代から一貫して増加している。背景には少子高齢化がある。健康保険や年金保険は平均年齢が上がると保険料も上げざるをえない。しかも，この負担は法律で企業に義務づけられている。この負担を免れるために，企業は正社員の採用を抑制して社会保険や雇用保険が適用されない短時間労働の非正社員を雇用してきた。しかし，政府は短時間労働者にも社会保険の適用範囲を拡大しており，企業が法定福利費の上昇を抑えることはいっそう難しくなっている。

235

<table>
<tr><td>第14章</td><td>多様な人材と就業形態の管理<br>人々と働き方の多様性を取り込む</td></tr>
</table>

## 1　人々と働き方の多様性を取り込む

　ここまでの章では，社員として働く人々の属性の相違にはあまり焦点をあてずに，企業に求められる適切な人的資源管理のあり方について考えてきた。しかし，第4章での雇用区分の管理や，第7章の労働時間管理などに関して考察したように，働く人のもつ仕事やキャリア，働き方への期待の多様性に対応することは，人的資源管理において重要な課題となる。

　そうすることで，より幅広い人材を採用，定着させ，様々な仕事に登用することができれば，企業に貢献する人材の確保を促すことになるためである。また，これにより，働く人々の多くが公正と思える人的資源管理を行うことは，人材確保だけでなく，企業に対する働く人々の信頼を高め，かれらの仕事への意欲を高めることにもつながる。

　その実現のためには，性別や年齢，国籍といった各人の個人属性のちがいに焦点をあてることが大事となる。企業の人的資源管理の現状が，例えば女性や高齢の社員，外国籍社員，あるいは障がいのある社員といった特定の個人属性の人々の活躍をさまたげる不利な状況をともなうものでないないかを確認する。さらにその是正に取り組むことで，企業として人材の多様性を積極的に取り込み，幅広い人材からの貢献を引き出すことにつなげられる。また，そうして個人属性の相違による格差のない公正な人的資源管理を実現することは，ますます社会から期待される企業の責務ともなってきている。

　さらに人々がそれぞれの希望する働き方を実現するうえで，労働者派遣による派遣社員やフリーランスといった，働く場のある企業に雇われない働き方（就

業形態）も選ばれるようになってきている。企業としては，こうした雇用関係によらない人材を自社の事業運営のために活用することも重要な選択肢となる。とはいえ，その際には，ここまでの章で見てきたような，自社が雇用する社員（employee）を対象とする人的資源管理とは，また異なる工夫や配慮も必要となる。本章では，このような自社から見て雇用関係をもたない，多様な働き方の人材を対象とする適切な人的資源管理についても考えることとしたい。

## 2　多様な属性の社員の人的資源管理

### (1)　壮年男性中心的な人的資源管理の曲がり角

　かつて日本的雇用慣行は，社員の勤勉性を引き出す優れた人的資源管理の仕組みとして，国際的に高く評価されていた。

　新卒採用された若者は，長期的な雇用保障のもと，一から仕事を教わり，勤続にともなって仕事を行う能力が向上するという想定のもとで賃金も年功的に上がっていた。「遅い」選抜を特徴とする昇進管理では，エリート（幹部候補）とノンエリート（その他の社員）の区別が明確でなく，多くの社員が十数年の長きにわたって昇進の希望をもって競争し続ける。企業の業績が向上すれば，賃金原資のパイが拡大するため，協調的な労使関係が生まれやすい。

　しかし，この手厚い処遇を享受できていたのは，主として若年期・壮年期の男性正社員であり，女性や高齢者は，その外に置かれていた。外国人や障がい者については，雇用すること自体が少なかった。つまり，もともとの日本的雇用慣行は，性別・年齢などの属性にもとづいて社員を配置し，その処遇を決める属性主義の強い人的資源管理の仕組みであった。

　このようにマイノリティの社員を周辺に置く人的資源管理は「差別的」という批判を受けることもある。しかし，そのような倫理的な問題意識だけでなく，近年は多様な属性をもつ社員を活用することが企業の競争力強化につながるという考え方をする企業が増えつつある。このような人的資源管理をダイバーシティマネジメント（diversity management）という。

## (2) 倫理的善悪と経済的損得

多様な人材の活用に企業が取り組む理由を理解するためには，倫理的善悪と経済的損得の両面から人的資源管理のあり方を考えることが重要である。

人的資源管理を経済的損得の観点から考えるなら，企業にとってコスト・パフォーマンスの高い人材を採用し，重要なポジションに配置することは合理的な判断である。しかし，その人材の使いやすさを，性別・年齢・国籍・障がいの有無といった属性で区別することは差別とみなされることがある。差別的な人的資源管理は，それがいくら経済的な損得のうえで合理的であっても，倫理的な善悪の問題として容認されない。

例えば，男性のみを募集することは男女雇用機会均等法によって禁止されている。同法の制定は 1985 年である。国連（国際連合）の女性差別撤廃条約に批准するために制定された経緯があり，採用，配置・異動・昇進・能力開発，賃金制度，退職制度など，職業キャリアのあらゆる局面について，女性差別的な人的資源管理を禁止している。

企業のなかには，このような規制が経営の足かせになっていると感じているところがあるかもしれない。男性は体力がある，男性のほうが長期勤続する，男性のほうが勤勉に働く等々，言い分は様々にあるだろう。実際，均等法制定前は，そのような理由で女性差別的な人的資源管理が堂々と行われていた。

同じ新卒の正社員であっても，男性は長期勤続を前提とした基幹的労働力，女性は短期勤続を前提とした補助的労働力という区別があった（今田 1996）。前提には，女性は結婚や出産を機に仕事をやめて家事・育児に専念し，男性が一家の大黒柱（稼得者 = Breadwinner）として妻子を扶養するという性別役割があった。つまり，上述の日本的雇用慣行による長期的・安定的な雇用保障と所得保障は，男性の稼得役割を支えるものであり，労働組合もまたそうした男性役割を保護することに注力してきた面がある。

今日でも「男性は仕事，女性は家庭」という性別役割分業を前提に人的資源管理を行ったほうが合理的であるように思われる仕事があるかもしれない。しかし，ダメなものはダメだというのが倫理的な価値判断である。なかには，男

性を優遇する根拠として，男性のほうが企業への貢献度が高い傾向にあるということを示す人事データを示して納得を得ようとする者もいる。しかし，これは「統計的差別」といって，やはり差別の一種とみなされている。

マックス・ウェーバー（Weber 1922 ＝ウェーバー 1987）は，経済的利益の追求という目的を実現する手段として合理的な行為を目的合理的行為，目的の実現という結果を問わずに倫理的な価値基準に照らして理に適っている行為を価値合理的行為と呼んで，これら2つの合理性を区別した。目的合理性は経済的損得の問題であり，価値合理性は倫理的善悪の問題である。善悪の基準において「悪」として退けられる行為を，損得の基準で容認することはできない。

実は，ダイバーシティマネジメントの先進国として有名なアメリカは，差別禁止の規制が厳しい国としても有名である。同国の差別禁止の源流には公民権運動があるため，人種差別禁止が起点になっているものの，性別，国籍，年齢など，差別禁止の対象はあらゆる属性におよぶ。定年退職も，アメリカでは年齢差別として規制されている。定年退職は英語で mandatory retirement（強制的な退職）という。どれだけ高い能力を有していても年齢という理由だけで強制的に退職させられるのは差別だという考え方である。

とはいえ，経済的に損をしても倫理的に善いことだから女性や高齢者を雇用するのは，企業経営として様々な調整の負担が生じる。

女性差別との関係について，日本では，女性社員を対象に，職域拡大や昇進などのキャリア形成を支援する「ポジティブアクション」を行うことも男女雇用機会均等法が企業に義務づけている。しかし男性にも昇進できない者はいる。にもかかわらず，女性だけを対象にキャリア形成支援を行うのは逆差別だという批判が起こることもある。

これは年齢や国籍，障がいの有無についても起こることである。若者や日本人，健常者のなかにも雇用機会に恵まれない人はいる。それにもかかわらず，高年齢者雇用安定法は定年後の高齢者の継続雇用を企業に義務づけており，障がい者については，法定雇用率（企業が雇うべき，社員に占める障がい者の割合）を満たすことを企業に義務づけるかたちで雇用機会を保障している。外国人労

働者が国内の雇用機会を奪っているという批判が起きることもある。

これに対して，ダイバーシティマネジメントは経済的な損得の問題として，女性や高齢者，外国人，障がい者といった多様な属性をもつ社員を雇用したほうが企業経営において得だという発想に立つ。佐藤・武石編著(2017)はダイバーシティマネジメントを「多様な人材を受け入れ，それぞれが保有する能力を発揮し，それを経営成果として結実すること」と定義する。多様な人材を受け入れることや，その人材の能力発揮を支援することは，例えば男性だけでなく，女性も採用し，ポジティブアクションによって能力発揮を支援するという意味では，差別禁止の発想と共通している。しかし，それが「経営成果として結実する」ように人材活用をするというところが大きく異なる。

裏返していえば，経営成果につながる能力をもっている社員を，属性ではなく能力に応じて雇用し，活躍の機会を与えるという意味で，適材適所の考え方につうじる。同じ仕事を，男性より女性のほうができるなら女性に任せれば良いし，日本人より外国人，若者より高齢者のほうができるなら，その社員に任せれば良い。仕事ができるなら，障がいの有無も問わないということである。

例えば世界で唯一といえる創造的なアイデアや革新的な技術をもっている社員は，なかなかいない。それゆえ，能力があれば性別・年齢・国籍・障がいの有無は不問であるという考え方からダイバーシティマネジメントに取り組んでいる企業がある。

今日の日本企業においては，人手不足によって社員の属性にこだわっていられなくなっている面もある。例えば，2000年代初頭に日本企業は女性活躍に積極的な姿勢を示し始めたが，その背景には経営のスリム化がある。労働政策研究・研修機構 (2010) は，平成不況期の大幅な人員削減の結果として，男女の職域を統合しなければ業務の担い手を確保できなくなったという地方銀行の事例を紹介している。昨今は人口減少にともなう慢性的な人手不足を埋めるために女性や高齢者，外国人，障がい者など，多様な属性をもつ社員の活用に積極的な姿勢を示す企業も目立つようになっている。

前出のウェーバーは，目的合理性（経済的損得）と価値合理性（倫理的善悪）

240

## 第14章 多様な人材と就業形態の管理

のどちらが重要かという問題ではなく,両者の一致に着目していた。有名な『プロテスタンティズムの倫理と資本主義の精神』(Weber 1920＝ヴェーバー 1989)は,宗教改革によって生まれたプロテスタントの教義は経済的利益の追求を倫理的に善いこととした。この経済的損得と倫理的善悪の一致によって,資本主義が西洋において成立したとする。

倫理的善悪と経済的損得の一致という意味で,近年のダイバーシティマネジメントの広がりにも似たところがある。マイノリティを排除しないことが経済的利益につながるというかたちで,倫理的善悪と経済的損得が矛盾なくつながることで,多くの企業がこの施策を取り入れるようになっている。

企業は単に営利を追求する私的な団体ではなく,人びとの社会生活の基盤となる公器であるという考え方に立てば,倫理的に善い行いをする社会的責任が企業にはある。また,善い行いをしているというイメージの向上が,採用やその後の離職率にプラスの効果をもたらすこともある。企業は自由な市場で経済活動をしているのではなく,そこには文化的な制約がある。日本では倫理的な問題にされない行為が海外では問題になることもある。そのような意味で,倫理的な善悪と経済的な損得はつながっている面がある。

図14-1は,こうしたダイバーシティマネジメントがもつ倫理的善悪の側面と経済的損得の側面を整理したものである。

図14-1 ダイバーシティマネジメントの倫理的善悪と経済的損得
(出所) 筆者作成

「差別禁止」「平等」「機会均等」「公正」「包摂」「社会的責任」といった言葉により,女性や高齢者,外国人,障がい者にも雇用機会を与え,職場から排除

しないことを説くのは倫理的善悪の側面である。この場合，多様な属性をもつ社員を雇用することの経済的損得はさし当たり問わない。

　一方，経済的損得の面から多様な属性をもつ社員の活用が語られるときには，「経営効率」「能力発揮」「適材適所」「離職防止」「人手不足」などの言葉がよく出てくる。経済学者の川口（2008）は経営改革に取り組む企業のほうが，女性活躍が進んでいることをデータ分析により明らかにしている。これは典型的な経済的損得の視点である。

　そして，この倫理的側面と経済的側面が重なり，一致しているところにダイバーシティマネジメントは位置づけられるということである。例えば，女性の職域を拡大し，男女の職域を統合することは，女性差別禁止・男女平等という倫理的側面だけでなく，能力のある女性を適材適所で配置し，経営効率を高めるという経済的利益につながるという面もある。

　ただし，適材適所の発想は，同じ「女性」「高齢者」「外国人」「障がい者」のなかに能力が認められて登用される者とそうでない者の格差を生み出す面もある。例えば，2000年代は企業が女性活躍に積極的に取り組み，女性の管理職が増え始めた時代である。しかし同時に，低賃金・不安定雇用の非正規雇用で働く女性が増えた時代でもあった。非正規雇用者は圧倒的に女性のほうが多い。倫理的な善悪と経済的な損得が一致しない場合の人的資源管理は，今なお難しい舵取りを迫られるといえる。その意味で，ダイバーシティマネジメントは倫理的善悪と経済的損得の緊張関係をともなう。

　この点に関して，近年はD&I（Diversity and Inclusion），DEI（Diversity, Equity and Inclusion）という言葉で，ダイバーシティマネジメントの倫理的側面が強調されるようになっている。Equityは公平性という意味であり，Inclusionは包摂という意味である。

　もともとダイバーシティマネジメントの倫理的側面においては，雇用機会均等＝Equal Employment OpportunityのようにEquality＝平等であることが強調されてきた。しかし，多様な人材が様々な特徴をもつということは，その特徴が働くうえで制約になっていることも意味する。そうした制約条件の差が

242

第 14 章　多様な人材と就業形態の管理

賃金格差や昇進格差につながっているなら，制約条件の差が即座に結果の差に
つながらないよう環境を整備する。これが Equity の発想である。

　例えば，男女を区別せず，仕事の機会を平等に与えているという企業でも，
男女間賃金格差が生じることがある。その理由として，育児などのケアを担う
ことにともなう労働時間の限定など，女性社員がもつ制約を考慮していないた
めに，結果的に男性に有利な評価をしていることがある。もちろん，そうした
制約を管理職が意識していれば，その制約が不利にならないよう仕事の進め方
や評価基準を見直すということができる。しかし，無意識のうちに管理職が男
女の部下マネジメントを変えてしまうアンコンシャスバイアス（unconscious
bias ＝無意識の偏見）の問題もある。

　一方，異なる属性をもつ社員が異なる仕事をしているために，賃金格差が生
じていることもある。性別との関係では，男女の職域分離が古くから問題にさ
れてきた。職域分離には水平分離と垂直分離がある。水平分離とは，男性は営
業職，女性は事務職というように，同じ職位で異なる仕事をしている場合を指
す。これに対して垂直分離は，職位のちがいによって担当する仕事が異なる場
合を指す。そして，しばしば事務職より営業職のほうが昇進しやすいといった
ように，水平分離が垂直分離につながっていることがある。このような職域分
離の解消を目指し，男女の職域統合を目指すのが Inclusion の考え方である。


### （3）　差異のジレンマ

　ダイバーシティマネジメントは属性にとらわれることなく，多様な属性をも
つ社員の能力を経営成果に結びつけようと考える。しかし，このことは個人の
属性を無視することを意味するものではない。

　稲上（2005）は，具体的個人がもつ性別や年齢といった属性を問わない「抽
象的個人」に，努力や資質や能力といったものを基準に能力発揮の機会を与え
て，正当な報酬を保障しようとすることを「抽象的個人」主義と呼ぶ。この抽
象的個人主義とダイバーシティマネジメントは適材適所を徹底するという意味
で共通しているところがある。しかし，やはり両者は似て非なる考え方である。

243

ダイバーシティマネジメントは無色透明の個人を想定していない。反対に，多様な属性をもつ社員がもつ多様な視点，発想，価値意識，その文化的背景と向き合うことを求める。これにより，一つの属性（例えば健常者の日本人男性）だけで構成される組織では出せないような成果を出すことが期待されている。システム論では，組織が環境に適応するために，変化する環境の多様性と少なくとも同じ程度の多様性をもっている必要があるとされている。Ashby（1956）は，これを「最小多様性の法則」と呼んだ。経営環境の変化が激しい現代社会のなかで，企業組織が生き残っていくためには，組織内部の多様性を高めることが必須であるといえる。

　しかし，属性の多様性というのは表面的な多様性である。これを「表層的ダイバーシティ」という。これに対して，それぞれの属性の背景にある宗教や文化，考え方，行動様式などの多様性を指して「深層的ダイバーシティ」と呼ぶ。性別でいえば，女性の管理職を増やすこと自体は表層的ダイバーシティに着目した施策であるものの，これによって男性だけが管理職をしていたときよりも多様な考え方をもつ管理職が増える。結果として，企業経営にプラスの効果が期待できる。これが深層的ダイバーシティである。

　なお，表層的ダイバーシティと深層的ダイバーシティは1対1の関係にあるわけではない。例えば，女性の管理職が増えることは，女性という属性に固有の一つの考え方や行動様式をもつ管理職として，いわば「女性らしい管理職」が増えることではない。一口に女性といっても，その考え方や行動様式は多様である。外国人についてはなおさらである。そもそも「外国」という国籍の人は存在しない。同じ外国人でも出身国によって文化的背景は異なるし，同じ出身国の人がみな同じ考え方や行動様式をもっているともかぎらない。そのようにいうと，男性も様々であるといわれるかもしれない。そのとおりではあるものの，表層的ダイバーシティのレベルで，多様な属性をもつ者が職場に増えることで，男性だけの多様性より，いっそう多様な深層的ダイバーシティが実現される。

　ダイバーシティマネジメントは，この深層的ダイバーシティとしての考え方

や行動様式において，多様な属性をもつ社員が相乗的に能力を発揮し，経営成果を挙げていくことを目指す。しかし，これは「言うは易く行うは難し」である。D&I や DEI という言葉で Inclusion が改めて強調されるのは，そのためであると理解できる。

マイノリティを集団に包摂することには「差異のジレンマ」（Minow 1990）がつきまとう。これは，マイノリティが，その本質においてマジョリティと異なると仮定しても，異ならないと仮定しても，集団から排除されるというジレンマである。

例えば，男女はその本質が異なると仮定した場合，女性は男性と異なる働き方をすることになり，男性中心的な職場からは排除される。つまり，男女の職域分離が正当化されることになる。一方，男女はその本質において異ならないと仮定した場合，女性も男性と同じように働くことが求められる。結果として男性と同じようには働けない女性が職場から排除される。男女を区別していないという企業においても，男女間に昇進格差や賃金格差が生じるのは，そのためだと理解できる。

そして，性別の例を国籍や障がいの有無に変えても同じ論理が成り立つ。ダイバーシティマネジメントが抽象的個人主義と異なるのも，属性を見なければ差異のジレンマを克服できるという単純な話ではないからである。

この問題に対して日本の女性労働政策は以下のような対策をしてきた。女性は男性と異なると仮定した場合，その差異を前提に女性を支援することが重要になる。ポジティブアクションはこれにあたる。一方，男性と女性は異ならないという場合，従来の男性の働き方に女性が合わせるのではなく，男性の働き方を女性に合わせて変えることが重要になる。これが男性も含めて，拘束度の高い働き方を見直す働き方改革である。つまり，マイノリティがマジョリティに一方的に合わせるのではなく，マジョリティもマイノリティに合わせて変わることで多様な社員を一つの集団のなかに包摂することができる。

マジョリティの働き方を変える過程で，従来の仕事の進め方を見直して効率化したり，従来の発想にとらわれていたら見えなかった問題が見えてきたりす

るようになることがある。このことが創造的な仕事や革新的な仕事につながり，生産性の向上につながる可能性がある。そのためにワークライフバランスや働き方改革は経済対策や経営戦略になり得るということができる。

企業における多様な属性をもつ社員の公平性（Equity）と包摂（Inclusion）の問題は，マイノリティの報酬や評価が低いという「分配」と「承認」の問題として理解できる。しかし，マイノリティの便益を高めることがダイバーシティマネジメントにつながるとはかぎらないことにも注意が必要である。

例えば，仕事と育児の両立が難しいという女性に長期間の育児休業（育休）や短時間勤務ができるようにすれば，女性の働きやすさは増すだろう。しかし，その結果，育児休業や短時間勤務を選ぶ女性が「マミートラック」と呼ばれる昇進から遠いキャリアを歩むことになり，夫婦の育児分担も妻に偏ることで「女性は育児，男性は仕事」という性別役割が強化される面もある。男女の職域を統合し，夫婦が平等に仕事と育児の両立を図れるようになるためには，女性（妻）だけでなく男性（夫）も育休や短時間勤務をするように支援することが重要である。その意味でも，マジョリティが変わることが重要であるといえる。

そのためにも，フルタイム勤務の正社員のような一つの就業形態だけでは，多様な属性の社員にとって働きやすい職場をつくるうえで限界がある。パートタイム労働や派遣労働，フリーランスといった多様な就業形態で働けるようにすることも，多様性の時代の人的資源管理の課題として重要になってくる。

## 3　派遣社員とフリーランスの人的資源管理

### (1)　雇用関係とメンバーシップ

働き方が多様化するなかで，企業と就業者（働く人々）が結ぶ契約上の関係も多様化している。ここまで本書が主に念頭に置いてきたのは，企業と就業者が直接に雇用契約を結ぶ，直接雇用の社員（employee）に対する人的資源管理である。しかし，これとは異なる契約を結ぶ就業者もいる。本節であつかう派遣社員（労働者派遣法上の派遣労働者）とフリーランスがこれにあたる。

246

第14章　多様な人材と就業形態の管理

　このうち派遣社員は，人材派遣事業を行う派遣元企業と雇用関係を結び，働く職場のある派遣先企業から指揮命令を受けて仕事を行うという特徴をもつ。フリーランスについては指揮命令の発生する雇用契約ではなく，就業者が完成された仕事の成果を取引先に納めて報酬を得る請負契約という契約関係にある。

　人的資源管理の観点から重要となるのは，派遣社員やフリーランスが上記のように直接雇用の社員とは異なる契約関係をもつことに加え，実際の職場においては同じ業務や事業に関わるメンバーとして直接雇用の社員とも協働することが多いという点である。したがって企業から見て，雇用関係でみればメンバーシップ（成員＝メンバーとしての位置づけ）をもたないものの，現実の仕事においては同じチームの一員としてのメンバーシップをもつといえる。このような特殊な性格がどのようなものであり，その特徴に即してどのような人的資源管理を提供するかが課題となる。

　第4章でも紹介した「柔軟な企業」モデルにもとづけば，派遣社員やフリーランスはパートタイム労働者などと同じく「周縁グループ」に位置づけられ，数量的柔軟性を保つための就業形態とされる。ただし次に示すように，企業が派遣社員を活用する理由について，調査では「即戦力・能力のある人材を確保するため」という理由が上位となるなど（厚生労働省 2019），直接雇用の非正社員であるパートタイム労働者と比較して，より高い技能を企業は派遣社員に期待している。

　こうした派遣社員やフリーランスを対象とする人的資源管理の現状や課題について整理したい。


## (2)　派遣社員に対する人的資源管理

　まず派遣社員を受け入れる企業（派遣先企業）がどのような理由で派遣社員を活用しているのかについて確認したい。

　「令和元年就業形態の多様化に関する総合実態調査」では企業が派遣社員を活用する理由について尋ねており，回答の多い上位3つの理由は「正社員を確

247

保できないため」（47.8%），「即戦力・能力のある人材を確保するため」（33.3%），「正社員を重要業務に特化させるため」（27.1%）となっている。比較対象としてパートタイム労働者について見ると，「1日，週のなかの仕事の繁閑に対応するため」（37.4%），「賃金の節約のため」（34.8%），「正社員を確保するため」（33.6%）が上位3つの理由であった。

また派遣社員については，4つ目に「臨時・季節的業務量の変化に対応するため」（25.2%）という理由が挙げられており，派遣社員を活用する理由として，「柔軟な企業」モデルにおける数量的柔軟性の確保に関わる部分はパートタイム労働と共通といえる。しかし他方で上記の結果から，能力の高い人材を確保するという点では，派遣社員のほうが，正社員により近い位置づけにあるともいえるだろう。

島貫・守島（2004）は，派遣社員に対しては，派遣先企業と派遣元企業（人材派遣会社など）という二つの人的資源管理の主体がおり，人的資源管理機能が分割されていることにともない様々な「人材マネジメントのミスマッチ」が生じることを議論している。

人材の調達を例にすると，派遣先企業は人材要件の明確化を担い，派遣元企業は人材要件を踏まえて募集・選考を行う役割を担う。しかし派遣先企業は，どのような人材のプールが派遣社員の候補者として存在するのかについての情報を十分にもたない，他方で派遣元企業は，派遣先企業における業務の詳細な情報をもたない。その結果，職務と派遣される人材のあいだにミスマッチが生じやすくなる。

島貫・守島（2004）は，このような人材マネジメント機能の分割にともなうミスマッチが，育成や評価・処遇に関しても見られ，派遣社員に対してマイナスの影響をもたらしていることを示す。さらにそうしたミスマッチは，派遣先企業と派遣先企業がともに派遣社員の処遇についての長期的な展望を欠いていることからも生じることを指摘する。

このように，派遣社員であっても長期的な視点をもった人的資源管理が求められることと関連して，佐野・高橋（2010）は技術職の派遣社員（派遣技術者）

248

の技能形成・キャリア形成について考察している。この研究では，製品開発の現場で働く派遣技術者が，企画・構想設計や基本設計にも関わるような幅広い工程で活用されていること，そして下流工程から上流工程に向けてというかたちで徐々に仕事が高度化するようなキャリアを歩んでいることを示す。こういったキャリア形成には，より高度な仕事を経験できるような派遣先への転換が重要な役割を果たしている。

　同研究では，派遣社員側の視点も考察しており，派遣技術者が実際に技術者としての長期的なキャリアを望んでいることを明らかにしている。そのうえで，派遣技術者の仕事意欲を高めるにあたって，派遣技術者のOJTを担う派遣先企業が，かれらに技能向上の機会を提供することが重要とする。

　このように，非典型雇用として位置づけられる派遣社員も，長期的な視点をもってキャリア形成を行おうとしている。そこに例えばOJTの機会を最少限にしか提供しないなどの，短期的な視点にもとづく人的資源管理を行うと，派遣社員のもつ期待を満たせず，派遣社員の仕事意欲が低下することで，かれらからより大きな貢献を引き出すことが難しくなる。もちろん派遣社員のなかにも様々なキャリア展望があり，短期的に高い賃金を得ることを重視する社員もいるだろう。そうした派遣社員の多様なニーズも踏まえたうえで，派遣先企業として有効に人材を活用する方策を構築することが求められる。


### ⑶　フリーランスに対する人的資源管理

　フリーランスは一般に，企業に雇用されず，かつ人を雇わず，自身の知識や能力を活かして報酬を得る就業者であると定義できる。企業で雇われて働く社員とは異なり，フリーランスは特定の企業と雇用関係をもたずに働くという特徴がある。したがって，フリーランスと呼ばれる人々のなかにはもっぱら業務を一人で遂行しており，他者からのマネジメントの対象とならずに働いている人もいる。

　他方でフリーランスでは，雇用関係は結んでいなくても特定の企業との継続的な取引関係をもって働いたり，実際には企業に雇用される社員と同じ事業の

チームメンバーとして働いたりする場合もある。これらの場合には，フリーランスから仕事の成果の提供を受ける企業にとって，かれらを人的資源管理の対象に含めていく合理性が生じることになる。

　フリーランスに対する人的資源管理においてまず課題となるのは，実質的に直接雇用の社員（employee）と同じと見なされるような管理をどのようにして回避するかという点である。一般に，雇用契約のある社員の場合には，企業はその社員の業務内容・労働時間・場所・業務遂行方法などについて指揮命令を行うことができる。これに対しフリーランスの場合は，仕事の成果の提供を受けて報酬を支払う請負契約や業務委託契約にもとづくため，指揮命令は認められない。しかし，現実の問題としてフリーランスに対して何らかの管理を行うときに，指揮命令に近い要素が入らざるをえない部分もある。それゆえ企業には，フリーランスにとって納得性のある，よく配慮した対応を行う必要がある。

　関連して，フリーランス自身も企業との関係性をめぐってはアンビヴァレント（板挟み）な状況に置かれていることが多い。すなわち，フリーランスは社員とは異なり，定められた労働時間を働けば報酬が得られるわけではない。そのため意識的に，継続して仕事を得られる状況を作る必要がある。この点では，企業との関係性が強まることは好都合である。その一方で，フリーランス自身が企業から管理される働き方を望ましくないと考えるがゆえにその就業形態を選択していることも多い。この点からは，企業との関係性が強いことは管理的な関係が強まることにつながるため，かえって望ましくない事柄となる。

　現実のフリーランスは，こういった互いに矛盾する両立の難しい要請のあいだでのアンビヴァレントな状況にあり，安定的な取引関係がありつつ管理されすぎない，という関係性をいかに取引先の企業とのあいだで築けるかが重要な課題となる。

　松永（2020）は，アニメ産業で働く作画担当者（アニメーター）の労働に対するエスノグラフィーをとおして，かれらがこうしたフリーランスの直面する困難な課題をいかに解決しているのかについて考察している。調査対象のX社におけるフリーランスとX社の管理者，他の制作会社のあいだの三者関係を示し

第 14 章　多様な人材と就業形態の管理

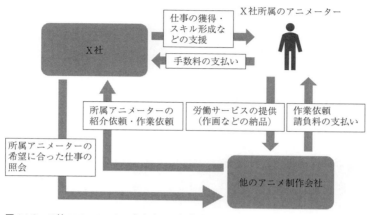

図 14-2　X社のアニメーターを中心にした取引関係
（出所）松永（2020）をもとに筆者作成

たのが図 14-2 である。

　アニメーターが行う一つ一つの仕事の期間は短く，常に「手空き」と呼ばれる無収入の状態になってしまうリスクがある。これに加えて，とくに若手アニメーターを中心として，教育訓練の機会がとぼしく，しばしば能力向上を自助努力にたよらざるをえないという課題も抱えている。

　松永（2020）が調査したアニメ制作会社では，こうしたフリーランスが直面する課題に対して組織的支援を提供している。すなわち「手空き」状態になってしまうことが見込まれるアニメーターに対しては企業内の担当者（マネージャー）が他の制作会社に掛け合って仕事を斡旋したり，社長や先輩アニメーターから指導の機会が提供されたりしていた。

　一方で，それぞれのアニメーターがフリーランスとして企業からは独立した存在であることには配慮がなされている。具体的には，働く時間や場所については企業からはもちろんフリーランス同士でも干渉がなされず，また仮にマネージャーが斡旋してきた仕事をフリーランス本人が断ったとしても問題化されることはなかった。さらに，雑談を含めた職場でのコミュニケーションが互いの仕事の進行の阻害とならないように，話しかけるタイミングや話しかけ方など

も含めて細部にわたる相互の配慮がなされていた。

　この事例は，企業がフリーランスと良好な関係性を築くうえで，日常的なコミュニケーションまでを含めた繊細なマネジメントが必要であることを示唆している。

　フリーランスの人的資源管理として，これに加えて重要な点としては，フリーランスが報酬を安定させるためや，さらなる仕事経験を積むために，複数の仕事を掛け持ちする場合があるという点である。

　労働政策研究・研修機構（2018）の調査においても，複数の企業と取引をしていると回答しているフリーランスは57.1％と過半数を超える。このように複数の仕事を担いながらキャリア形成を行うフリーランスの働き方は「ポートフォリオキャリア」あるいは「ポートフォリオワーク」として以前から注目されている（Fraser and Gold 2001; Gold and Fraser 2002）。

　例えば Gold and Fraser（2002）は，フリーランスの通訳者に対する調査をとおして，かれらが実際に多くの顧客に対してサービスを提供するとともに，それぞれの仕事において，プロフェッショナルとしての承認や自らの生活との両立など様々な意味を認識しながら，望ましい仕事の組み合わせを模索して働いていることを論じている。実際，うまく仕事の組み合わせを作れることは，フリーランスとして一つの成功とみなされることも指摘されている。

　企業からみたときに，このようにポートフォリオワークを実践しているフリーランスが，そのなかの一つの仕事として取引するということが想定される。ここにもまたミスマッチのリスクがある。すなわち企業とフリーランスでお互いに取引上，何を求めているかについての相互理解が不足していると，企業としても取引関係を続けられなくなったりする。フリーランス側がもつ仕事上のニーズを子細にとらえた人的資源管理を行うことが重要といえるだろう。

### (4)　就業形態の多様化とダイバーシティマネジメント

　派遣社員やフリーランスを含む多様な就業形態に関わる人的資源管理の課題は，現状において様々な働き方を望む人々がおり，そのなかには正社員に企業

が求める働き方とは異なる働き方に積極的な意味を見いだす人が増えていることを反映している。前節で議論したダイバーシティマネジメントに関わる問題も含めて、働く個人がもつニーズがきわめて多様化しているのである。このことによって、企業からすれば人的資源管理を行ううえでの対応が複雑化することにもなる。しかし、うまく対応すれば企業としてもこれまで活用できていなかったタイプの人材にアプローチすることも可能になる。その結果として効果的な人的資源管理の実現につながるだろう。

前節で論じたダイバーシティマネジメントと本節で論じた派遣社員やフリーランスのマネジメントとを切り離して考えるべきではない。職種などによっては、性別や国籍などの属性と就業形態とのあいだに密接な関係性が認められることがある。この意味で、人的資源管理を効果的に行うにあたって、複数の属性の重なりによる社会的影響をとらえる交差性（インターセクショナリティ）の発想をもつことは人的資源管理にとっても不可欠である。

百瀬（2023）は、健康上の問題がある女性の経済的機会損失を明らかにするという課題に即して、このインターセクショナリティの概念を用いて障がい者と健常者の境界にいるとみられる女性の就業状況や行政支援対象状況などについて分析している。障がい者といえば障害者手帳所持者が想起されるかもしれない。しかし実際には、健康上の問題を抱えながら非所持の人も多く存在しており、障がい者という存在をめぐる境界のあいまいさにも焦点を当てている。

分析結果としては、障害者手帳非所持者が女性に多いことや、男女ともに障害者手帳非所持者が無職となっている可能性が高いことを明らかにしている。さらに、女性のなかでも、障害者手帳非所持の女性は軽度障がいの女性や難病の女性よりも就業していない傾向が確認され、不利な就業状況にあることを指摘している。

このように性別と障がいの有無など、複数の属性が交差することにともなう問題があることは、人的資源管理について論じる際にも多角的な視点が求められることを示唆している。本章であつかった内容により近いところでいえば、例えばフリーランスで働く女性の問題についてアニメ産業の事例をあつかった

議論がある（永田・松永 2022）。

　この研究では，職業達成するために一定以上の強い職業へのコミットメントが求められるアニメーターの仕事において，フリーランスとして働きながら様々なライフステージの変化に対応できるかという問題に着目している。分析から，女性には男性とは異なる課題が生じてくることや，同じ女性のアニメーターのなかでも請け負っている仕事のタイプなどによって差異が生じてくることを明らかにしている。

　このように，同じフリーランスであっても，女性特有の問題や，女性のなかにあるさらなる差異によって，生じてくる問題が多様に分化していることがわかる。

　人的資源管理としては，このように多様化している社員の課題に対して，雇用区分ごとの人的資源管理を保ちつつその具体的な内容を見直していくのか，あるいはより個別的な人的資源管理を行うのかなど，様々な選択肢がさらに生じてくることになるだろう。いずれにしても，効果的な人的資源管理は，企業を取り巻く社会的文脈との関係で成立することを認識することが重要である。インターセクショナリティの問題も含めて，多様性の問題は現代におけるその代表的な例題となっているのである。

# 参考文献

青木宏之（2018）「個別人事における人事部門の役割——戦後史研究の視点から」『日本労働研究雑誌』No.698, 4-14 頁。

荒木尚志（2001）『雇用システムと労働条件変更法理』有斐閣。

荒木尚志（2023）「労働時間規制の展開と課題——裁量労働制を中心に」『日本労働研究雑誌』No.752, 10-19 頁。

池田心豪（2017）「日本的雇用システムと女性のキャリア——管理職昇進を中心に」労働政策研究・研修機構『日本的雇用システムのゆくえ』JILPT 第 3 期プロジェクト研究シリーズ No.4, 146-175 頁。

池田心豪（2020）「企業における配置・異動と女性の就業意欲」『社会志林』第 66 巻 4 号, 97-110 頁。

池田心豪（2023）『介護離職の構造——育児・介護休業法と両立支援ニーズ』労働政策研究・研修機構。

石田光男（1990）『賃金の社会科学——日本とイギリス』中央経済社。

石田光男（2006）「賃金制度改革の着地点」『日本労働研究雑誌』No.554, 47-60 頁。

石田光男（2023）『仕事と賃金のルール——「働き方改革」の社会的対話に向けて』法律文化社。

石田光男・樋口純平（2009）『人事制度の日米比較——成果主義とアメリカの現実』ミネルヴァ書房。

石山恒貴（2018）『越境的学習のメカニズム——実践共同体を往還しキャリア構築するナレッジ・ブローカーの実像』福村出版。

伊丹敬之（2003）『経営戦略の論理』〔第 3 版〕日本経済新聞社。

稲上毅（1990）『現代英国労働事情——サッチャーイズム・雇用・労使関係』東京大学出版会。

稲上毅（2003）『企業グループ経営と出向転籍慣行』東京大学出版会。

稲上毅（2005）『ポスト工業化と企業社会』ミネルヴァ書房。

今田幸子（1996）「女子労働と就業継続」『日本労働研究雑誌』No.433, 37-48 頁。

今田幸子（2000）「働き方の再構築——多様化し混迷する勤労意識のゆくえ」『日本労働研究雑誌』No.479, 2-13 頁。

今田幸子・平田周一（1995）『ホワイトカラーの昇進構造』日本労働研究機構。

今野浩一郎（1998）『勝ち抜く賃金改革』日本経済新聞出版。

今野浩一郎（2008）『人事管理入門』〔第2版〕日本経済新聞出版。

今野浩一郎・佐藤博樹（2022）『新装版 人事管理入門』日本経済新聞出版社。

岩出博（1989）『アメリカ労務管理論史』三嶺書房。

岩出博（2002）『戦略的人的資源管理論の実相――アメリカSHRM論研究ノート』泉文堂。

上田眞士（2007）『現代イギリス労使関係の変容と展開――個別管理の発展と労働組合』
　　ミネルヴァ書房。

上原克仁（2007）「大手企業における昇進・昇格と異動の実証分析」『日本労働研究雑誌』
　　No.561，86-101頁。

内田恭彦（2009）「次世代経営幹部候補者のキャリアと技量」『日本労働研究雑誌』
　　No.592，60-72頁。

梅崎修（2021）『日本のキャリア形成と労使関係――調査の労働経済学』慶應義塾大学
　　出版会。

大木栄一（2003）「成果主義と教育訓練投資」今野浩一郎編著『個と組織の成果主義』
　　中央経済社，98-118頁。

太田聰一（2010）『若年者就業の経済学』日本経済新聞出版社。

太田肇（2008）「成果主義の挫折と再生」若林直樹・松山一紀編『企業変革の人材マネ
　　ジメント』ナカニシヤ出版，75-86頁。

岡田行正（2008）『アメリカ人事管理・人的資源管理史 新版』同文舘。

奥野明子（2004）『目標管理のコンティンジェンシー・アプローチ』白桃書房。

小倉一哉（2003）『日本人の年休取得行動――年次有給休暇に関する経済分析』日本労
　　働研究機構。

小倉一哉（2011）『過労社会ニッポン――長時間労働大国の実態に迫る』日本経済新聞
　　出版社。

尾高邦雄（1941）『職業社会学』岩波書店。

小野旭（1989）「長期勤続と企業内労働移動」小野旭『日本的雇用慣行と労働市場』東
　　洋経済新報社，110-134頁。

小野旭（1989）『日本的雇用慣行と労働市場』東洋経済新報社。

金井郁（2021）「人事制度改革と雇用管理区分の統合――女性労働者へのインパクトに
　　着目して」『社会政策』第13巻2号，7-20頁。

金井壽宏（2002）『働くひとのためのキャリア・デザイン』PHP研究所。

河合克彦（2020）『適正要員・総額人件費マネジメント』日本生産性本部生産性労働情
　　報センター。

川口章（2008）『ジェンダー経済格差』勁草書房。

楠田丘（1981）『人事考課の手引』日本経済新聞社。

窪田千貫（2004）『要員計画の立て方と総額人件費管理——余剰人員か人手不足か』中央経済社。

黒田祥子（2017）「長時間労働と健康，労働生産性との関係」『日本労働研究雑誌』No.679，18-28頁。

小池和男（1977）『職場の労働組合と参加——労資関係の日米比較』東洋経済新報社。

小池和男編（1991）『大卒ホワイトカラーの人材開発』東洋経済新報社。

小池和男（2005）『仕事の経済学』［第3版］東洋経済新報社。

小池和男・猪木武徳編著（2002）『ホワイトカラーの人材形成——日米英独の比較』東洋経済新報社。

厚生労働省（1990；1995；2000；2005；2010；2015；2020；2022）『賃金構造基本統計調査』。

厚生労働省（2001；2009；2012；2017；2022）『就労条件総合調査』。

厚生労働省（2003；2007；2010；2014；2019）『就業形態の多様化に関する総合実態調査』。

厚生労働省（2007-2022）『能力開発基本調査』。

厚生労働省（2019）『労使コミュニケーション調査』。

坂爪洋美・高村静（2020）『管理職の役割』佐藤博樹・武石恵美子責任編集，シリーズダイバーシティ経営，中央経済社。

笹島芳雄（2008）『最新 アメリカの賃金・評価制度——日米比較から学ぶもの』日本経団連出版。

佐藤厚（2001）『ホワイトカラーの世界——仕事とキャリアのスペクトラム』日本労働研究機構。

佐藤厚（2012）「仕事管理・労働時間・労働時間規制——人的資源管理論の超克」石田光男・寺井基博編『労働時間の決定——時間管理の実態分析』ミネルヴァ書房，135-167頁。

佐藤厚（2022）『日本の人材育成とキャリア形成——日英独の比較』中央経済社。

佐藤純（2019）『コンピテンシー評価モデル集——各社事例にみる評価と活用』〔改訂増補 第5版〕日本生産性本部生産性労働情報センター。

佐藤博樹（1997）「企業内福祉の再編とその方向——フェテリアプランと退職金制度」藤田至孝・塩野谷祐一編『企業内福祉と社会保障』東京大学出版会，315-334頁。

佐藤博樹（2002）「キャリア形成と能力開発の日英独比較」小池和男・猪木武徳編著『ホワイトカラーの人材形成——日米英独の比較』東洋経済新報社，249-267頁。

佐藤博樹編著（2008）『パート・契約・派遣・請負の人材活用』〔第2版〕日本経済新聞出版社。

佐藤博樹（2012）『人材活用進化論』日本経済新聞出版社。

佐藤博樹・佐野嘉秀・原ひろみ（2003）「雇用区分の多元化と人事管理の課題――雇用区分間の均衡処遇」『日本労働研究雑誌』No.518, 31-46 頁。

佐藤博樹・武石恵美子（2010）『職場のワーク・ライフ・バランス』日本経済新聞出版社。

佐藤博樹・武石恵美子編著（2017）『ダイバーシティ経営と人材活用――多様な働き方を支援する企業の取り組み』東京大学出版会。

佐藤博樹・藤村博之・八代充史（2023）『新しい人事労務管理』〔第 7 版〕有斐閣。

佐野陽子（2007）『はじめての人的資源マネジメント』有斐閣。

佐野嘉秀（2015）「正社員のキャリア志向とキャリア――多様化の現状と正社員区分の多様化」『日本労働研究雑誌』No.655, 59-72 頁。

佐野嘉秀（2021）『英国の人事管理・日本の人事管理――日英百貨店の仕事と雇用システム』東京大学出版会。

佐野嘉秀（2024 a）「『遅い』昇進選抜からの移行と昇進意思・教育訓練」藤本真・佐野嘉秀編著『日本企業の能力開発システム――変化のなかの人事・職場・社員』労働政策研究・研修機構, 127-148 頁。

佐野嘉秀（2024 b）「能力開発に関する人事部門と職場管理者の連携」藤本真・佐野嘉秀編著『日本企業の能力開発システム――変化のなかの人事・職場・社員』労働政策研究・研修機構, 173-197 頁。

佐野嘉秀・高橋康二（2010）「派遣技術者のキャリアと仕事意欲」佐藤博樹・佐野嘉秀・堀田聰子編『実証研究 日本の人材ビジネス』日本経済新聞出版社, 463-487 頁。

渋谷博史（2000）「アメリカにおける社会福祉と企業保障」武川正吾・佐藤博樹編『企業保障と社会保障』東京大学出版会, 207-225 頁。

島貫智行・守島基博（2004）「派遣労働者の人材マネジメントの課題」『日本労働研究雑誌』No.526, 4-15 頁。

白井泰四郎（1992）『現代日本の労務管理』〔第 2 版〕東洋経済新報社。

菅野和夫（2004）『新・雇用社会の法』〔補訂版〕有斐閣。

鈴木宏昌（1997）「欧米の企業内福祉の動向」藤田至孝・塩野谷祐一編『企業内福祉と社会保障』東京大学出版会, 335-356 頁。

鈴木宏昌（2016）「主要先進国の労働時間――多様化する労働時間と働き方」『日本労働研究雑誌』No.677, 4-14 頁。

須田敏子（2004）『日本型賃金制度の行方――日英の比較で探る職務・人・市場』慶應義塾大学出版会。

高橋潔（2010）『人事評価の総合科学――努力と能力と行動の評価』白桃書房。

高原暢恭（2008）『人事評価の教科書――悩みを抱えるすべての評価者のために』労務行政。

高見具広（2024）「職種特性に応じた能力開発のマネジメント――ホワイトカラー職種における検討」藤本真・佐野嘉秀編著『日本企業の能力開発システム――変化のなかの人事・職場・社員』労働政策研究・研修機構，229-249 頁。

武石恵美子（2003）「非正規労働者の基幹労働力化と雇用管理の変化」『ニッセイ基礎研所報』Vol.26. 1-36 頁。

武石恵美子（2006）『雇用システムと女性のキャリア』勁草書房。

武石恵美子（2022）「転勤施策の運用実態と課題――勤務地を決めるのはだれか」『日本労働研究雑誌』No.746，15-30 頁。

竹内洋（2016）『日本のメリトクラシー――構造と心性』〔増補版〕東京大学出版会。

田中萬年・大木栄一編著（2007）『働く人の「学習」論――生涯職業能力開発論』〔第 2 版〕学文社。

谷口智彦（2006）『マネジャーのキャリアと学習』白桃書房。

永野仁（1989）『企業グループ内人材移動の研究――出向を中心とした実証分析』多賀出版。

永野仁（2007）「企業の人材採用の変化――景気回復後の採用行動」『日本労働研究雑誌』No.567，4-14 頁。

永野仁（2016）「タイトな労働市場における人材の採用・定着――企業インタビュー調査を踏まえて」『日本労働研究雑誌』No.673，4-16 頁。

中原淳（2010 a）『職場学習論――仕事の学びを科学する』東京大学出版会。

中原淳（2010 b）「企業における学び」佐伯胖監修・渡部信一編『「学び」の認知科学事典』大修館書店，264-275 頁。

中村天江（2020）『採用のストラテジー』慶應義塾大学出版会。

中村圭介（1988）「内部化を進め，離職率を下げるか」中村圭介・佐藤博樹・神谷拓平『労働組合は本当に役に立っているのか』総合労働研究所，47-69 頁。

西岡由美（2018）『多様化する雇用形態の人事管理――人材ポートフォリオの実証分析』中央経済社。

西久保浩二（2000）「法定福利費負担と企業行動――近年のわが国企業のリストラ行動と事業主負担の関連性」武川正吾・佐藤博樹編『企業保障と社会保障』東京大学出版会，53-76 頁。

西久保浩二（2004）『戦略的福利厚生――経営的効果とその戦略貢献性の検証』日本生産性本部生産性労働情報センター。

西久保浩二（2013）『戦略的福利厚生の新展開――人材投資としての福利厚生，その本質と管理』日本生産性本部生産性労働情報センター。

西村純・池田心豪・田上皓大（2023）『雇用流動化と日本経済――ホワイトカラーの採

用と転職』JILPT 第 4 期プロジェクト研究シリーズ No.6，労働政策研究・研修機構。

日経連能力主義管理研究会編（1969）『能力主義管理――その理論と実践』日本経営者団体連盟。

仁田道夫（1988）『日本の労働者参加』東京大学出版会。

仁田道夫（2003）『変化のなかの雇用システム』東京大学出版会。

日本経済団体連合会（1981-2019）『福利厚生費調査』（日本経済団体連合会（2020）『第 64 回福利厚生費調査結果報告』より引用）。

野川忍（2021）「労働組合と法――労働組合法」仁田道夫・中村圭介・野川忍編『労働組合の基礎――働く人の未来を創る』日本評論社，59-85 頁。

野田知彦（2010）『雇用保障の経済分析――企業パネルデータによる労使関係』ミネルヴァ書房。

野村正實（1994）『終身雇用』岩波書店。

パーソル総合研究所（2021）『人事評価と目標管理に関する定量調査 調査報告書』。

間宏（1974）『イギリスの社会と労使関係――比較社会学的考察』日本労働協会。

服部泰宏（2010）「日本企業のリストラと心理的契約」『日本労働研究雑誌』No.597，70-73 頁。

服部泰宏・矢寺顕行（2018）『日本企業の採用革新』中央経済社。

濱口桂一郎（2009）『新しい労働社会――雇用システムの再構築へ』岩波書店。

晴山俊雄（2005）『日本賃金管理史――日本的経営論序説』文眞堂。

樋口純平（2020）「人事制度グローバル標準化における能力主義の可能性――トヨタ自動車の事例」樋口純平・西村純編著『雇用関係の制度分析――職場を質的に科学する』ミネルヴァ書房，137-156 頁。

久本憲夫（2008）「正社員のキャリア管理」若林直樹・松山一紀編『企業変革の人材マネジメント』ナカニシヤ出版，219-240 頁。

平野光俊（2018）「総合スーパーのパートの基幹化と均衡・均等処遇の取り組み――A 社の 2000 年以降の人事制度の変遷の事例から」『日本労働研究雑誌』No.701，40-51 頁。

藤田至孝（1997）「企業内福祉と社会保障の一般的関係」藤田至孝・塩野谷祐一編『企業内福祉と社会保障』東京大学出版会，17-52 頁。

藤村博之（2006）「労使コミュニケーションの現状と課題」『日本労働研究雑誌』No.546，23-36 頁。

藤本武（1963）『労働時間』岩波書店。

本田一成（2007）『チェーンストアのパートタイマー――基幹化と新しい労使関係』白桃書房。

松島静雄（1962）『労務管理の日本的特質と変遷』ダイヤモンド社。

松永伸太朗（2020）『アニメーターはどう働いているのか——集まって働くフリーランサーたちの労働社会学』ナカニシヤ出版。

百瀬由璃絵（2023）「埋もれたインターセクショナリティ——『障害者／健常者』の境界にいる女性」『日本労働研究雑誌』No.751，148-163 頁。

守島基博（2004）『人材マネジメント入門』日本経済新聞社。

守島基博（2009）「人材育成の未来」佐藤博樹編著『人事マネジメント』ミネルヴァ書房，55-80 頁。

八代充史（1995）『大企業ホワイトカラーのキャリア——異動と昇進の実証分析』日本労働研究機構。

八代充史（2002）『管理職層の人的資源管理——労働市場論的アプローチ』有斐閣。

労働政策研究・研修機構（1999；2000；2001；2004；2007；2011；2015）『勤労生活に関する調査』（労働政策研究・研修機構（2016）「Press Release『第 7 回勤労生活に関する調査』結果」より引用）。

労働政策研究・研修機構（2009）『大学新卒者採用において重視する行動特性（コンピテンシー）に関する調査——企業ヒアリング調査結果報告』JILPT 調査シリーズ N0.56，労働政策研究・研修機構。

労働政策研究・研修機構（2010）『女性の働き方と出産・育児期の就業継続——就業継続プロセスの支援と就業継続意欲を高める職場づくりの課題』労働政策研究報告書No.109。

労働政策研究・研修機構（2016）『企業の転勤の実態に関する調査』（労働政策研究・研修機構（2017）『企業の転勤の実態に関する調査』JILPT 調査シリーズ No.174，労働政策研究・研修機構）。

労働政策研究・研修機構（2016）『企業における転勤の実態に関するヒアリング調査』JILPT 資料シリーズ No.179，労働政策研究・研修機構。

労働政策研究・研修機構（2017）『企業の多様な採用に関する調査』（労働政策研究・研修機構（2018）『企業の多様な採用に関する調査』JILPT 調査シリーズ No.179，労働政策研究・研修機構）。

労働政策研究・研修機構（2018）『「独立自営業者」の就業実態』JILPT 調査シリーズ No.187，労働政策研究・研修機構。

労働政策研究・研修機構（2019）『病気の治療と仕事の両立に関するヒアリング調査（企業調査・患者調査）』JILPT 調査シリーズ No.218，労働政策研究・研修機構。

労働政策研究・研修機構（2020）『年次有給休暇の取得に関するアンケート調査』（労働政策研究・研修機構（2021）『年次有給休暇の取得に関するアンケート調査』JILPT 調査シリーズ No.211，労働政策研究・研修機構）。

労働政策研究・研修機構（2022）『企業の賃金決定に関する研究』労働政策研究報告書 No.212, 労働政策研究・研修機構。

労働政策研究・研修機構（2024）『データブック国際労働比較 2024』労働政策研究・研修機構。

労務行政研究所（2016）「ダイキン工業」『労政時報』No.3914, 23-33 頁。

労務行政研究所（2018）「JFE スチール」『労政時報』No.3958, 22-31 頁。

脇坂明（1998）『職場類型と女性のキャリア形成』〔増補版〕御茶の水書房。

脇坂明（2018）『女性労働に関する基礎的研究——女性の働き方が示す日本企業の現状と将来』日本評論社。


Appelbaum, E., Bailey, T., Berg, P. and Kalleberg, A.（2000）*Manufacturing Advantage: Why High-Performance Work Systems Pay off*, Cornell University Press.

Ashby, W. R.（1956）*An Introduction to Cybernetics*, John Wiley & Sons.

Atkinson, J.（1985）*Flexibility, Uncertainty and Manpower Management,* IMS Report No.89. Institute of Manpower Studies.

Barley, S. R. and Kunda, G.（1992）'Design and Devotion: Surges of Rational and Normative Ideologies of Control in Managerial Discourse', *Administrative Science Quarterly*, Vol. 37, No. 3, Sage, pp.363-399.

Barney, J. B.（2002）*Gaining and Sustaining Competitive Advantage, Second Edition*, Prentice Hall（岡田正大訳（2003）『企業戦略論——競争優位の構築と持続』（上・中・下）ダイヤモンド社）。

Becker, G. S.（1964）*Human Capital: A Theoretical and Empirical Analysis, with Special Reference to Education, Third Edition*, The University of Chicago Press（佐野陽子訳（1976）『人的資本——教育を中心とした理論的・経験的分析』東洋経済新報社）。

Boxall, P. and Purcell, J.（2003）*Strategy and Human Resource Management*, Palgrave Macmillan Limited.

Collins, A., Brown, J. S. and Newman, S. E.（1989）'Cognitive Apprenticeship: Teaching the Crafts of Reading, Writing, and Mathematics', In Resnick, L. B.（ed.）, *Knowing, Learning, and Instruction: Essays in honor of Robert Glaser*, Lawrence Erlbaum Associates, Inc., pp. 453-494.

Doeringer, P. B. and Piore, M. J.（1971）*Internal Labor Markets and Manpower Analysis*, Heath.（白木三秀監訳（2007）『内部労働市場とマンパワー分析』早稲田大学出版部）。

Dore, R. P.（1973）*British Factory-Japanese Factory: The Origins of National Diversity in Industrial Relations*, University of California Press（山之内靖・永易浩一訳（1987）『イ

ギリスの工場・日本の工場——労使関係の比較社会学』筑摩書房).

Drucker, P. F.（1954）*The Practice of Management*, Harper（上田惇生訳（1996）『[新訳] 現代の経営』（上・下）ダイヤモンド社).

Fraser, J. and Gold, M.（2001）'"Portfolio Workers": Autonomy and Control amongst Freelance Translators', *Work, Employment and Society*, Vol. 15, No. 4, pp.679–97.

Freeman, R. B. and Medoff, J. L.（1984）*What Do Unions Do?*, Basic Books（島田晴雄・岸智子訳（1987）『労働組合の活路』日本生産性本部).

Gold, M. and Fraser, J.（2002）'Managing Self-Management: Successful Transitions to Portfolio Careers', *Work, Employment and Society*, Vol. 16, No. 4, pp.579–97.

Guest, D. E.（1987）'Human Resource Management and Industrial Relations', *Journal of Management Studies*, Vol. 24, Issue5, Wiley, pp.503–521.

Heraty, N. and Morley, M.（1995）'Line Managers and Human Resource Development', *Journal of European Industrial Training*, No. 19, pp.31–37.

Hunter, L. and MacInnes, J.（1991）*Employers' Labour Use Strategies – Case studies*, *Research paper*, No.87, Department of Employment.

Jacoby, S. M.（2005）*The Embedded Corporation: Corporate Governance and Employment Relations in Japan and the United States*, Princeton University Press（鈴木良始・伊藤健市・堀龍二訳（2005）『日本の人事部・アメリカの人事部——日本企業のコーポレート・ガバナンスと雇用関係』東洋経済新報社).

Kaufman, B. E.（2007）'The Development of HRM in Historical and International Perspective', In Boxall, P., Purcell, J. and Wright, P. M.（ed.）*The Oxford Handbook of Human Resource Management*, Oxford University Press, pp. 19–47.

Kolb, D. A.（1984）*Experiential Learning: Experience as the Source of Learning and Development*, Prentice Hall.

Lepak, D. P. and Snell, S.（1999）'The Human Resource Architecture: Toward a Theory of Human Capital Allocation and Development', *The Academy of Management Review*, Vol. 24, No. 1, pp. 31–48.

Locke, E. A. and Latham, G. P.（1984）*Goal Setting: A Motivational Technique that Works!*, Englewood Cliffs, Prentice-Hall（松井賚夫・角山剛訳（1984）『目標が人を動かす——効果的な意欲づけの技法』ダイヤモンド社).

Marsden, D.（1999）*A Theory of Employment Systems: Micro Foundations of Societal Diversity*, Oxford University Press（宮本光晴・久保克行訳（2007）『雇用システムの理論——社会的多様性の比較制度分析』NTT出版).

Merton, R. K.（1949）*Social Theory and Social Structure: Toward the Codification of Theory and Research*, The Free Press（森東吾・森好夫・金沢実・中島竜太郎訳（2024）『社会理論と社会構造』〔新装版〕みすず書房）.

Miles, R. E. and Snow, C. C.（1984）'Designing Strategic Human Resources Systems', *Organizational Dynamics*, Vol. 13, No. 1, pp.36–52.

Minow, M.（1990）*Making All the Difference: Inclusion, Exclusion, and American Law*, Cornel University Press.

O'Reilly, C. A. and Pfeffer, J.（2000）*Hidden Value: How Great Companies Achieve Extraordinary Results with Ordinary People*, Harvard Business School Press（長谷川喜一郎監修・廣田里子・有賀裕子訳（2002）『隠れた人材価値——高業績を続ける組織の秘密』翔泳社）.

Ouchi, W. G.（1981）*Theory Z: How American Business Can Meet the Japanese Challenge*. Reading, Addison-Wesley（徳山二郎監訳（1981）『セオリーＺ——日本に学び，日本を超える』CBS ソニー出版）.

Paauwe, J. and Farndale, E.（2017）*Strategy, HRM and Performance: A Contextual Approach, Second edition*, Oxford University Press.

Pfeffer, J.（1998）*The Human Equation: Building Profits by Putting People First*, Harvard Business School Press（守島基博監修・佐藤洋一訳（2010）『人材を生かす企業——「人材」と「利益」の方程式』翔泳社）.

Rosenbaum, J. E.（1979）'Tournament Mobility: Career Patterns in a Corporation', *Administrative Science Quarterly*, Vol. 24, No. 2, pp.220-241.

Schuler, R. S. and Jackson, S. E.（1987）'Linking Competitive Strategies and Human Resource Management Practices', *Academy of Management Executive*, Vol. 1, No. 3, pp.207-219.

Spencer, L. M. and Spencer, S. M.（1993）*Competence at Work: Models for Superior Performance*, John Wiley & Sons（梅津祐良・成田攻・横山哲夫訳（2011）『コンピテンシー・マネジメントの展開』〔完訳版〕生産性出版）.

Thurow, L. C.（1975）*Generating Inequality: Mechanisms of Distribution in the US Economy*, Basic Books（小池和男・脇坂明訳（1984）『不平等を生み出すもの』同文舘）.

Turner, R. H.（1960）'Sponsored and Contest Mobility and the School System', *American Sociological Review*, Vol. 25, No. 6, pp.855-867.

Walker, C. R. and Guest, R. H.（1952）*The Man on the Assembly Line*, Harvard University Press.

Wanous, J. P.（1980）*Organizational Entry: Recruitment, Selection, and Socialization of Newcomers*, Addison-Wesley.

参考文献

Weber, M.（1920）*Die protestantische Ethik und der Geist des Kapitalismus*, Verlag von J. C. B. Mohr（大塚久雄訳（1989）『プロテスタンティズムの倫理と資本主義の精神』岩波書店）.

Weber, M.（1922）*Wirtschaft und Gesellschaft*, Verlag Von J. C. B. Mohr（阿閉吉男・内藤莞爾訳（1987）『社会学の基礎概念』恒星社厚生閣）.

Yoder, D.（1956）*Personnel Management and Industrial Relations, 4th ed.*, Prentice Hall（森五郎監修／岡本英昭・細谷康雄訳（1967）『労務管理』（Ⅰ・Ⅱ）日本生産性本部）.

# 索　引　＊は人名

## あ　行

後払い賃金　231
アンコンシャスバイアス　243
育児・介護休業法　114, 163
一般職　69, 70
　　——正社員　65
インターセクショナリティ　253
縁故（採用）　80
応援　146
「遅い」選抜　171–173, 179, 180
＊尾高邦雄　16

## か　行

解雇　100, 101, 104, 105
　　整理——　101, 104, 148
科学的管理法　11
カフェテリア・プラン　230
管理職研修　135
機会費用　139, 150
基幹化　32, 69
　　質的——　65, 70
　　量的——　64
企業コミュニティ　35
企業年金　230, 231
　　確定給付型——　231
　　確定拠出型——　231
技術革新　43
基礎的能力　86
技能　34
　　企業特殊的——　60, 77, 78, 130
　　一般的——　60, 77, 130
希望退職募集　104
規模の経済　79

基本給　205, 206
キャリア　14
　　——形成　14, 15, 65, 157, 249
キャリア志向　64
休暇　123
教育訓練　126
　　——投資　139
　　——の費用　138, 143
競争移動　170
競争戦略　20, 23
競争優位　23, 77, 141
均衡処遇　32
勤務地限定正社員　65, 155
訓練可能性　85, 86
経営資源　2, 3, 18, 19
経営戦略　18, 19
経験学習　149
月例賃金　205
健康保険　222
限定正社員　65
降格　172
「公正」な人事評価　194
公正観　30, 40, 184
交替勤務制　116
行動科学　8, 9
行動特性　45
高年齢者雇用安定法　239
個人選択型の配置転換　155–157
「個別型」管理　65, 67, 68
個別管理　184
コミットメント効果　83
雇用関係　211
雇用区分　54
「雇用区分型」管理　61, 63–65, 67, 68

267

雇用契約　211
雇用システム　14
雇用調整　103-105, 147, 161
雇用保障　100-104, 112, 148, 156
コンテクスト　19
コンピテンシー　44
　　——評価　45, 47, 87-89, 188

### さ　行

差異のジレンマ　245
採用管理　74
採用計画　75, 99
採用の母集団　81, 83
　　——形成　84
裁量労働制　120, 121
　　企画業務型——　120
　　専門業務型——　120
＊サロー, L.（Thurow, L.）　85
三六（サブロク）協定　111
残業　111
時間外労働　111
自己啓発　144
　　——支援　138, 143
自己申告制度　155
仕事管理　122, 123
仕事配分ルール　212, 213
システム合理主義　12
シフト制　117
社員格付け制度　36
　　「仕事系」の——　46, 47
　　「人間系」の——　46, 47
社会的地位　168, 170
社会保障制度　222, 223
社内公募制度　153, 154, 156
周縁グループ　59, 60
週休2日制　114
終身雇用　17, 99, 100, 107, 108
柔軟性　47
　　機能的——　59, 60, 148

数量的——　59, 60, 148
「柔軟な企業」モデル　58-60, 248
柔軟な労働時間制度　120, 121
熟練　142
出向　157, 158
準拠集団　169
春闘　33
情意評価　188
昇格　39, 164, 165, 167
昇進管理　165
昇進競争　168
昇進選抜　167-169
賞与　205, 206
職域　56, 62
（性別）職域分離　245
職業　16
職種限定正社員　65, 155
職種別採用　86
職能　152
職能資格制度　42, 43, 47-51, 68, 164, 165, 167, 183, 196, 197, 203
職務拡大　9
職務関連手当　205
職務記述書　47, 213
職務給　98, 153, 209, 212-214
職務再設計　9
職務充実　9
職務序列　46
職務遂行能力　44, 50, 203
職務等級制度　42, 46, 47, 68, 166, 183, 203
職務評価　188
女性活躍推進法　179, 220
女性管理職　177-180
所定外労働　111
所定労働時間　110, 111
ジョブ型　46, 52
ジョブグレード　46
「白い布」仮説　78
人員整理　99, 100, 104

索　引

人件費　48, 92, 201, 202, 205
人材育成　127-131, 158, 159, 168
人材ニーズ　74, 126, 127
人材の抱え込み　154
人事管理　7, 9-11
人事権　146, 152
人事制度　i-iii
人事評価　181
　──制度　181
　──におけるエラー　195
　──の公正性　196, 198
新卒採用　76, 78, 79, 88-90
人的資源管理論　3
人的資本　7, 8
人的ネットワーク　149, 150
スクリーニング効果　83
ストレッチ経験　149
スペック人事　158
成果主義　43-45, 136, 156, 191, 192, 210
生活関連手当　205
成果評価　188
生産性運動　34
正社員　61-63
セーフティネット　108
絶対評価法　185-187
選考基準　85
選考プロセス　83, 84
先任権制度（シニオリティ・ルール）　183
専門職制度　176
総額人件費管理　206
総合職　69, 70
　──正社員　65, 67
相対評価法　185, 186
即戦力採用　76, 89
組織文化論　12
「ソフト」な管理　11-13, 15

た　行

第一選抜　171

退職金　230, 231
退職者の不補充　104, 207
第二新卒　80
ダイバーシティ（多様性）　244
　深層的──　244
　表層的──　244
ダイバーシティマネジメント　237, 240-242
タスク（tasks）　127, 213
多段階評価　195
団結権　25
短時間勤務制度　114
短時間正社員　65, 114
男女雇用機会均等法　65, 179, 220, 238
男性稼ぎ主モデル　228
団体交渉権　25
団体行動権　26
知的熟練　133, 141
中核グループ　59, 60
中途採用　76, 89-91
超過勤務（超勤）　111
長期勤続　140
長期雇用　100, 107, 143
長時間労働　98, 112-114, 122
賃金管理　201
　個別──　202, 208
　総額──　202, 204, 207
賃金制度　208, 212-214
賃金の「上がり方」　214, 215
賃金表　216, 217
（能力の）陳腐化　128
積み上げ方式　93-96
定期昇給　209
転勤　146, 159, 161
転籍　157, 158
同一労働・同一賃金　33, 213
同期　51
　──集団　169, 171
＊ドーア，R.（Dore, R.）　14
トーナメント移動　170, 171

269

\*ドラッカー，P.（Drucker, P.）　192

## な　行

内部昇進　168
日本生産性本部　34
日本的雇用慣行　179, 180, 218, 220, 237
人間関係論　11
人間序列　46
認知的徒弟制　131, 132
年休→年次有給休暇
　　——取得率　124
年功制度　42, 43
年功賃金　17, 218
年功的な賃金プロファイル　224
年次有給休暇（年休）　114, 124
年齢・賃金プロファイル　214
能力給　98, 153, 209, 213, 214
能力主義　43
　　——管理　43
能力評価　188

## は　行

「ハード」な管理　11-13, 15
パートタイム・有期雇用労働法　72, 220
パートタイム労働者　71, 72
配置転換　146
パイの拡大　28
パイの分配　28
派遣社員　71, 72, 75, 246
発揮能力　44, 45
　　——による格付け制度　42
抜擢人事　175
はば広い専門性　152
「早い」選抜　171, 173
ハロー（後光）効果　195
庇護移動　170
非正社員　61-63
評価者訓練　195
評価要素　187-190, 196

ファストトラック　174
　日本型——　174, 175
\*フェファー，J.（Pfeffer, J.）　22
不確実性への対応　133, 148
（雇用契約の）不完備性　211, 212
福利厚生　221
フリーランス　247, 249
ブルーカラー　30, 148, 182-184, 214
フレックスタイム制　119, 120
ベースアップ　209
ベストフィット　19, 21, 24
ベストプラクティス　22-24
\*ベッカー，G.（Becker, G.）　77
法定外福利　221
　　——費　234
法定時間外労働→時間外労働
法定福利　221, 222
　　——費　235
法定労働時間　111, 112
ポジティブアクション　239, 240, 245
ホワイトカラー　119, 120, 133, 148, 184, 214

## ま　行

\*マートン，R. K.（Merton, R. K.）　169
マミートラック　246
目標管理制度　191-193
目標要員決定方式　93-96
モティベーション論　8

## や　行

役職昇進　164, 165, 167
役職につかない管理職　175, 176
役割等級制度　45
有給休暇　115
要員管理　92
　集権的な——　96-98, 105
　分権的な——　97
要員計画　93

## 索引

### ら 行

リアリティ・ショック　82, 83
離職　82
　――率　91
リファラル（referral）採用　80
レイオフ　183
労使関係　28
　個別的――　33
　集団的――　33
労使コミュニケーション　25
　個別的な――　29
　集団的な――　29
労働基準法　123, 201
労働組合　25-27, 30, 33
　企業内――　102
　企業別――　27, 28
　産業別――　27
　職業別――　27
労働契約法　220
労働時間管理　109
労働時間の柔軟性　117
　企業にとっての――　117, 118
　社員にとっての――　117, 118

労働時間のタイミング管理　116, 117
労働市場　74, 91, 202
　準内部――　157
労働需要　115, 116
労働分配率　34, 94, 95, 206
＊ローゼンバウム，J.（Rosenbaum, J.）　170
ローテーション　146

### わ 行

ワークライフバランス　109, 110, 113-115, 121,
　155, 162, 226, 234, 246
割増賃金　111-113

### 数字・欧文

2重のランキング・システム　165, 166, 175
AMO 理論　4-6
DEI（Diversity, Equity and Inclusion）　242,
　245
MBO（Management by Objectives）　191
Off-JT　136, 137, 143, 144
OJT　131, 132, 134, 137, 144
　幅広い――　133, 134, 148
RJP（Realistic Job Preview）　82, 83

271

## 《著者紹介》

### 佐野嘉秀 （さの　よしひで）

法政大学経営学部教授。東京大学人文社会系研究科博士課程単位取得後退学，博士（社会学，東京大学）。著書・論文に『英国の人事管理・日本の人事管理——日英百貨店の仕事と雇用システム』東京大学出版会，2021 年，沖永賞・日本労務学会賞（学術賞）を受賞。『日本企業の能力開発システム——変化のなかの能力開発と人事・職場・社員』（共編著）労働政策研究・研修機構，2024 年，「企業組織の国際比較における方法——人事管理・労使関係の事例研究を中心に」『社会と調査』No.26，2021 年などがある。専門分野は人的資源管理論・産業社会学。

### 池田心豪 （いけだ　しんごう）

労働政策研究・研修機構副統括研究員。東京工業大学大学院社会理工学研究科博士課程単位取得後退学，博士（経営学，法政大学）。著書に『介護離職の構造——育児・介護休業法と両立支援ニーズ』労働政策研究・研修機構，2023 年，労働関係図書優秀賞を受賞。『社会学で考えるライフ＆キャリア』（共編著）中央経済社，2023 年，『労働・職場調査ガイドブック』（共編著）中央経済社，2019 年などがある。専門分野は人的資源管理論・職業社会学。

### 松永伸太朗 （まつなが　しんたろう）

長野大学企業情報学部准教授。一橋大学大学院社会学研究科博士後期課程修了。博士（社会学，一橋大学）。著書に『産業変動の労働社会学——アニメーターの経験史』晃洋書房，2022 年，日本アニメーション学会賞を受賞。『アニメーターはどう働いているのか——集まって働くフリーランサーたちの労働社会学』（共著）ナカニシヤ出版，2020 年，労働関係図書優秀賞を受賞などがある。専門分野は人的資源管理論・労働社会学。

人的資源管理
事例とデータで学ぶ人事制度

2025年4月20日　初版第1刷発行　　　　　　　　　　〈検印省略〉

定価はカバーに
表示しています

|  |  |  |  |  |
|---|---|---|---|---|
| 著　者 | 佐 | 野 | 嘉 | 秀 |
|  | 池 | 田 | 心 | 豪 |
|  | 松 | 永 | 伸太朗 |  |
| 発 行 者 | 杉 | 田 | 啓 | 三 |
| 印 刷 者 | 藤 | 森 | 英 | 夫 |

発行所　株式会社　ミネルヴァ書房
607-8494　京都市山科区日ノ岡堤谷町1
電話代表　（075）581-5191
振替口座　01020-0-8076

©佐野・池田・松永, 2025　　　亜細亜印刷・吉田三誠堂製本
ISBN978-4-623-09870-5
Printed in Japan

平澤克彦／中村艶子 編著
ワークライフ・インテグレーション
四六・338頁
本体3,200円

櫻井純理 編著
どうする日本の労働政策
Ａ５・256頁
本体3,000円

平澤克彦／中村艶子 編著
ワーク・ライフ・バランスと経営学
Ａ５・244頁
本体2,800円

澤田 幹／谷本 啓／橋場俊展／山本大造 著
ヒト・仕事・職場のマネジメント
Ａ５・240頁
本体3,000円

守屋貴司／中村艶子／橋場俊展 編著
価値創発（EVP）時代の人的資源管理
Ａ５・256頁
本体2,800円

岩田正美／遠藤公嗣ほか 監修　吉田 誠 著
戦後初期日産労使関係史
Ａ５・386頁
本体7,500円

岩田正美／遠藤公嗣ほか 監修　宮下さおり 著
家族経営の労働分析
Ａ５・266頁
本体6,000円

黒田兼一 著
戦後日本の人事労務管理
Ａ５・300頁
本体3,200円

小松史朗 著
日本的生産システムにおける労働と管理
Ａ５・552頁
本体9,000円

━━━ ミネルヴァ書房 ━━━
https://www.minervashobo.co.jp/